高职高专"十一五"规划教材·物流系列

GAOZHI GAOZHUAN "SHIYIWU" GUIHUA JIAOCAI

配送作业与管理

吴理门 编著

WUHAN UNIVERSITY PRESS

武汉大学出版社

图书在版编目(CIP)数据

配送作业与管理/吴理门编著 . —武汉:武汉大学出版社,2011.2
高职高专"十一五"规划教材·物流系列
ISBN 978-7-307-08507-7

Ⅰ.配… Ⅱ.吴… Ⅲ.物流—配送中心—企业管理 Ⅳ.F253

中国版本图书馆 CIP 数据核字(2011)第 011959 号

责任编辑:柴 艺　　责任校对:黄添生　　版式设计:马 佳

出版发行:**武汉大学出版社** （430072　武昌　珞珈山）
　　　　　（电子邮件:cbs22@ whu. edu. cn 网址:www. wdp. com. cn）
印刷:湖北鄂东印务有限公司
开本:787×1092 1/16 印张:14.5 字数:339 千字
版次:2011 年 2 月第 1 版 2011 年 2 月第 1 次印刷
ISBN 978-7-307-08507-7/F·1469 定价:28.00 元

前　　言

　　如何开发出符合高职高专职业教育需要的、符合企业对毕业生职业能力要求的、以培养学生岗位技能为核心的物流管理专业核心教材，一直是高教专家认真思索、高职高专教师孜孜探索、高职高专学生苦苦祈求的事情。这本《配送作业与管理》教材，或许能使物流专业人士眼睛为之一亮。它是作者深入物流企业一线调查研究，指导学生在物流企业实习实训，同时在高职高专院校进行课堂教学实践，"从实践中来、到实践中去"的成果。

　　本教材源于我国高职教育培养生产、服务和管理工作第一线的高素质、操作型、应用性专门人才的办学宗旨。它以真实的典型企业的配送运作为例，是基于配送工作过程开发、设计的。本教材以大众消费品配送中心的企业岗位需求为导向，以项目为载体，以工作任务为驱动，以项目任务单为引领，以企业岗位能力要求为主线，兼顾其他类型配送中心的岗位能力要求，讲述配送过程每一个流程、每一个环节的实现过程及其所需的知识和技能。

　　配送是物流活动中一种特殊的综合物流活动形式，是商流与物流的紧密结合，基本包含了所有的物流功能，是物流的一个缩影。掌握配送的运作方法，按照用户的需要，有效、合理地开展物流配送活动，不断提高物流服务水平和提高物流配送效率，降低物流配送成本，是物流配送从业人员必备的基本技能。

　　鉴于此，本教材的设计思路是：

　　选择典型企业，作者和该企业物流配送总监一起，以工学结合为切入点，基于物流企业配送活动的工作过程，分析、归纳完成一项配送活动所需要的工作环节，提炼出 12 个典型项目，再围绕"项目"分解为一个或少数几个工作岗位，然后对工作岗位进行工作任务分析，确定职业岗位所应具备的知识和能力，从而进一步转化为一个个教学任务。本教材设计思路示意图如图 1 所示。

　　本教材的 12 个项目基本涵盖了物流配送作业的所有作业活动，分别为：订单处理作业、收货作业、装卸搬运作业、进仓作业、分拣作业、转仓出仓作业、盘点作业、补货作业、退货作业、出货作业、配送运输作业及管理、成本控制作业。本教材按照工作流程的作业逻辑对上述项目进行排序，使各教学项目之间既自成体系，又前后相关，最后通过配送作业逻辑结合在一起，形成本教材，并以此顺序传授相关的课程内容，实现实践技能与理论知识的整合，充分体现高职教育职业性、实践性和开放性的要求及特点。本教材的教学项目逻辑示意图如图 2 所示。

　　本教材具有下列特点：

　　(1) 基于真实的典型企业，具有实践性、职业性。

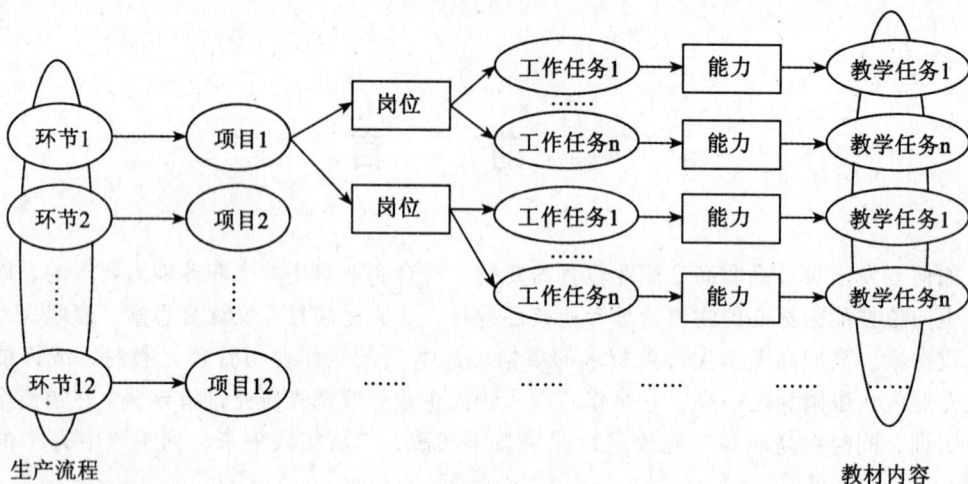

图1　教材设计思路示意图

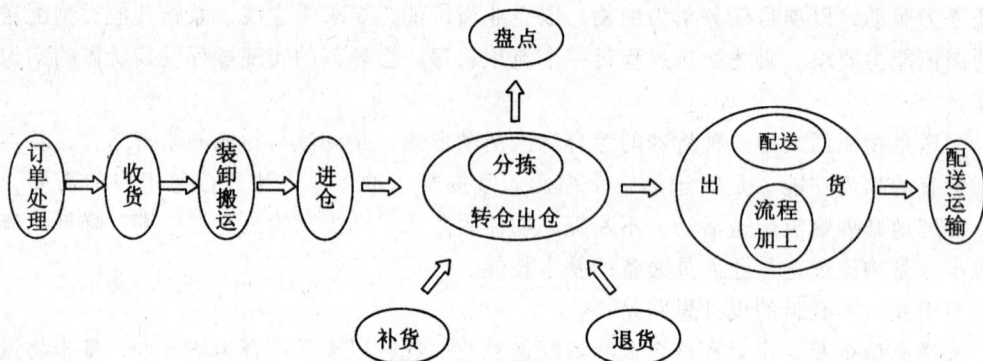

图2　教学项目逻辑示意图

（2）基于配送工作过程开发、设计。13个教学项目及任务情景，来源于物流企业的作业流程及环节。

（3）以企业岗位需要为导向，以项目任务单引领教学。按照"逆向拉引"法设计，即企业岗位→岗位职责→完成岗位职责所需要的知识和能力→教学任务。

（4）以企业岗位技能为核心，以知识"够用"为原则。遵循"以过程性知识为主、陈述性知识为辅"的原则，把知识内容融入操作技能实践中进行讲授，并且强调知识性内容和技能性内容的比例为4∶6；同时为避免知识内容的重复，删除了运输管理实务、仓储管理实务等课程中学过的知识性内容，具有较强的针对性。

（5）突出教材实践性、职业性特点。教材中安排了实践与思考、实习实训等内容。它和项目任务单、任务情景有机结合、相得益彰，共同突出强调教材的实践性、职业性特点。

（6）为便于教师使用本教材，准备了精美的教学课件和习题及参考答案。

本教材查阅了大量文献资料，由于时间仓促、精力有限，很多资料未能一一列出，特此致歉！同时由于编者工作繁忙，有些内容未能仔细斟酌，难免出错，望同行专家指正。

编　者
2011 年 1 月 12 日

目　录

项目一　配送中心认知

一、企业岗位

市场业务员 \ 业务受理员 \ 经理

二、岗位职责

1. 市场业务员岗位职责

（1）负责配送业务的洽谈及合同签订；

（2）负责配送业务和配送客户的开发与管理工作。

2. 业务受理员岗位职责

（1）负责接收订单资料，接受客户的收发货作业；

（2）负责受理客户的退货请求，协助退货组完成退货处理工作；

（3）完成有关业务单证与资料的统计、建账工作，出具各类业务报表；

（4）向有关部门及客户提供所管货物的相关资料和信息查询、咨询服务。

3. 配送中心经理岗位职责

（1）主持制定配送中心长期发展规划和年度、月度生产经营工作计划，并负责组织实施与督促、检查，保证经营目标的实现；

（2）组织协调各个生产经营环节和各种业务间关系，负责定期召开生产经营分析会，处理和协调生产经营中出现的各种问题，掌握生产经营动态，及时发现问题；

（3）负责业务开发和客户管理与协调，了解和掌握存货、仓容、客户及市场动态变化；

（4）负责配送安全生产和业务质量管理，强化内部管理，杜绝和减少各种事故和差错发生；

（5）负责审核、签发、授权业务部门提交的业务单证、资料及其变更申请。

三、完成配送中心管理所需知识和能力

1. 知识

配送及配送中心概念、配送中心的分类、配送中心的基本环节及职能、配送中心结构、配送中心结构设计原则、配送中心功能区构成、配送中心的内部布局、配送中心作业流程、配送中心组织结构设计、配送中心岗位设置及职责等。

2. 能力

（1）能说明一般配送中心的结构、功能区构成、内部布局；

（2）能对典型物流配送中心的配送流程与配送模式进行分析；

（3）认知配送中心（特别是大众消费品配送中心）的组织结构、工作岗位与工作环境，对今后所要从事的职业岗位有一个初步的了解。

四、项目教学任务

序号	教学任务	课时
1	任务一：了解配送中心的概念及分类	1
2	任务二：认知配送中心的基本环节及功能	
3	任务三：认知配送中心结构	
4	任务四：了解配送中心内部布局方法及步骤	
5	任务五：认知配送中心作业流程	
6	任务六：进行配送中心组织结构设计	1
7	任务七：认知配送中心岗位设置	

任务情境

☞ **任务一：了解配送中心的概念及分类**

（一）配送及配送中心概念

配送是物流一种特殊的、综合的活动形式，是商流与物流的紧密结合。配送几乎包括了所有的物流功能要素，是物流的一个缩影或某个小范围内全部物流活动的体现。配送不同于一般物流的地方在于分拣配货。

配送中心是从事配送业务的物流场所或组织，应基本符合下列要求：

（1）主要为特定的客户服务；（2）配送功能健全；（3）完善的信息网络；（4）辐射范围小；（5）多品种、小批量；（6）以配送为主，储存为辅。

（二）配送中心的分类

配送中心从不同角度，可以有多种分类形式，见表1-1。

表1-1   配送中心分类表

分类标志	配送中心的经济功能	配送对象的专业性	配送中心的辐射范围	配送的经营形式
类型	流通型配送中心 储存型配送中心 加工型配送中心	专业配送中心 柔性配送中心	城市配送中心 区域配送中心	供应型配送中心 销售型配送中心

1. 按配送中心的经营形式分类

（1）供应型配送中心。供应型配送中心是专门向某些用户供应货物、提供后勤保障的配送中心。特点是：配送的用户有限并且稳定，用户的配送要求也比较确定，属于企业型用户；配送中心集中库存的品种比较固定；计划性较强。这种类型的配送中心一般都建有大型的现代仓库，存储一定数量的商品，如英国斯温登 HONDA 汽车配件配送中心、美国洛杉矶 SUZUKI 汽车配件配送中心、上海 6 家造船厂共同组建的钢板配送中心。

（2）销售型配送中心。以销售商品为主要目的，以开展配送为手段而组建的配送中心属销售型配送中心。任务包括：代替客户理货、加工和送货等，为用户提供系列化、一体化的后勤服务。特点是：配送的用户一般是不确定的，而且用户的数量很大，但购买数量少，属于消费者型用户；计划性较差。因隶属单位不同，又可细分为：①生产企业为了直接销售自己的产品及扩大自己的市场份额而建立的销售型配送中心。②专门从事商品销售活动的流通企业，为扩大销售而自建或合作建立的销售型配送中心。③"公用型"配送中心。

2. 按配送中心的经济功能分类

（1）储存型配送中心。储存型配送中心是充分强化商品的储备和储存功能，在充分发挥储存作用的基础上开展配送活动的配送中心，如中国物资储运总公司天津物资储运公司唐家港仓库、美国福来明公司的食品配送中心、瑞士 GIBA-GEIGY 公司所属的配送中心。

（2）加工型配送中心。这种配送中心的主要功能是对商品进行清洗、下料、分解、集装等加工活动，以流通加工为核心开展配送活动，如深圳市菜篮子配送中心、水泥等建筑材料以及煤炭等商品的专业配送中心。

（3）流通型配送中心。流通型配送中心没有长期储存功能，是仅以暂存或随时进随时出方式进行配货、送货的配送中心。

3. 按配送领域的广泛程度分类

（1）城市配送中心。这种配送中心的配送范围以城市为中心，其服务对象多为连锁零售商业的门店或最终消费者。它采取多品种、少批量、多用户的配送方式，一般采用"日配"，也有时采取"时配"。

（2）区域配送中心。这是一种辐射能力较强、活动范围较大，可以跨市、跨省进行配送活动的物流中心。特点是：（1）经营规模比较大，设施齐备；（2）配送货物批量比较大而批次较少。

4. 按配送对象的专业性分类

（1）专业配送中心。这是配送对象、配送技术属于某一专业范畴，在某一专业范畴有一定的综合性，综合这一专业的多种物资进行配送的配送中心。

（2）柔性配送中心。这种配送中心不向固定化、专业化方向发展。

☞任务二：认知配送中心的基本环节及职能

配送的基本环节有集货、分拣配货、流通加工和配送运输等，根据不同配送中心的规模大小不同，配送中心的作业环节及功能也不一样。图 1-1 为配送中心的基本环节示意图。

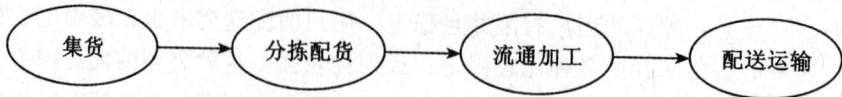

图 1-1　配送中心的基本环节示意图

配送中心的职能包括：

（1）集货。这是配送的准备工作和基础工作。主要包括：筹备货源、订货、采购、进货及有关的质量检查、结算、交接等。

（2）储存。配送中的储存有储备及暂存两种形态。

（3）分拣及理货。这是配送不同于其他物流形式的具有现代特点的职能，是完善送货、支持送货的准备性工作，是不同配送企业在送货时进行竞争和提高自身经济效益的必然延伸，是决定配送系统水平的关键要素。

（4）配货、分放。配货、分放可以大大提高送货水平及降低送货成本。

（5）倒装、分装。不同规模的货载在配送中心应能高效地分解组合，形成新的装运组合或装运形态。

（6）装卸、搬运。有效的装卸、搬运能大大提高配送中心的运作水平。

（7）运输。配送运输属于运输中的末端运输、支线运输，和一般干线运输形态的主要区别在于：配送运输是距离较短、规模较小、频度较高的运输形式，一般使用汽车和其他小型车辆作为运输工具；配送运输路线选择问题是一般干线运输所没有的，配送运输由于配送用户多，一般城市交通路线又较复杂，如何组成最佳路线，如何使配装和路线有效搭配等，是配送运输的特点，也是难度较大的工作。

（8）传递信息。信息在供应链各个环节之间进行流动，使配送中心在干线物流与末端物流之间起衔接作用（见图1-2）。

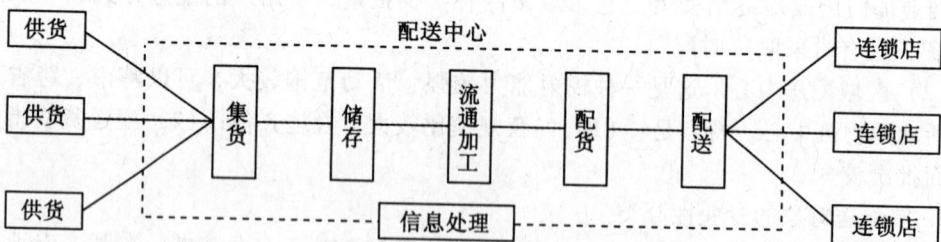

图 1-2　某配送中心作业环节

配送中心是一种多功能、集约化的物流据点。作为现代物流方式和优化销售手段的配送中心，把收货验货、储存保管、装卸搬运、拣选、分拣、流通加工、配送、结算和信息处理甚至订货等作业有机地结合起来，形成多功能、集约化和全方位服务的供货枢纽。

☞**任务三：认知配送中心结构**

（一）配送中心结构设计原则

（1）配送中心内车流、人流布置，遵循畅通无阻碍原则；

（2）必须设计"车辆行驶线路图"；

（3）一般遵循"单向行驶、分门出入"的原则；

（4）考虑主要道路、次要道路的宽度；

（5）功能分区遵循高相关、高效、安全运营原则。

（二）配送中心功能区构成

1. 配送中心的内部作业功能

（1）流通行销功能；（2）仓储保管功能；（3）分拣配送功能；（4）流通加工功能；（5）信息提供功能。

2. 配置的工作区

（1）接货区；（2）储存区；（3）理货、备货区；（4）分放、配装区；（5）外运发货区；（6）加工区；（7）管理指挥区。

3. 配送中心的内部设施构造

（1）仓储设施；（2）物料搬运设施；（3）订单拣取设备；（4）流通加工设备；（5）周边配合设施。

带有储存库的配送中心结构见图1-3。

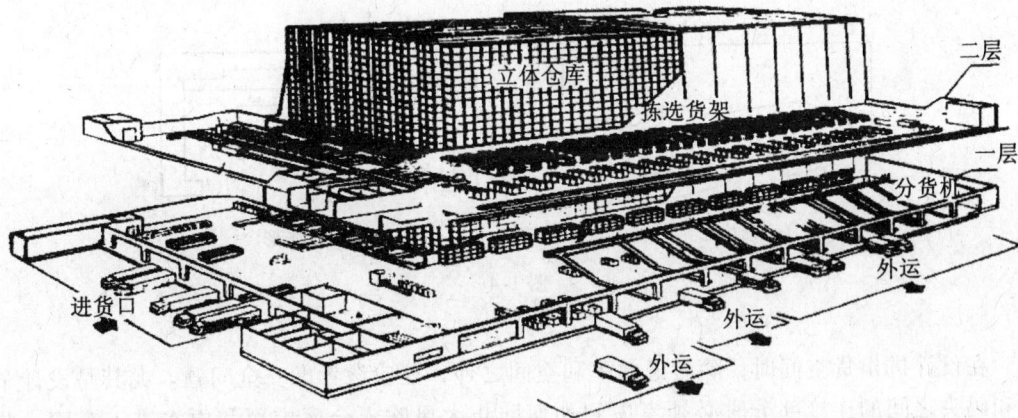

图1-3　带有储存库的配送中心结构图

（三）配送中心通道

通道的正确安排和宽度的设计直接影响物流效率。一般在规划布置厂房时，首先设计通道位置和宽度。影响通道位置和宽度的因素有：通道形式，搬运设备的型号和尺寸、能力和旋转半径，储存货物尺寸，到进出口和装卸区的距离，储存的批量尺寸，防火墙位置，行列空间，服务区和设备的位置，地板负载能力，电梯和斜道位置及出入方便性等。

（四）配送中心码头

1. 进出货码头配置形式

可根据作业性质、厂房形式以及仓库内物流动线决定码头的安排形式。为使物料顺畅进出仓库，进货码头与发货码头的相对位置是很重要的，二者的位置将直接影响进出货效率。

（1）进出货公用码头。这种形式可提高空间和设备利用率，但管理困难。特别是进出货高峰时间，容易造成进出货相互影响的不良后果。这种形式适合于进出货时间错开的仓库。

（2）进出货区分开使用码头，二者相邻管理。这种设计方案使进出货空间分开，不会使进出货相互影响，但空间利用率低。这种设计适用于厂房空间较大，进出货容易互相影响的仓库。

（3）进出货区分开使用码头，二者不相邻。这是进出货作业完全独立的情况，不但空间分开而且设备也独立。优点是进货与动线更加畅通迅速，但设备利用率低。这种设计适用于厂房空间不足的情况。

（4）多个进出货码头。这适用于进出货频繁且空间足够的仓库。

2. 码头的设计形式

码头形式有锯齿形和直线形两种（见图1-4）。锯齿形的优点是车辆旋转纵深较浅，但缺点是占用仓库内部空间较大。直线形的优点在于占用仓库内部空间较小，缺点是车辆旋转纵深较深，且需要较大的外部空间。究竟选用哪种形式的停车码头，可根据土地和建筑物的价格而定。如果土地费用远低于仓库造价时，以选直线形为最佳。

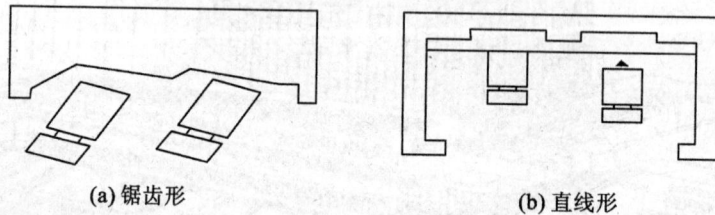

(a) 锯齿形　　　　　　　　(b) 直线形

图 1-4

在设计进出货空间时，除考虑效率和空间之外，还应该考虑安全问题。尤其是设计车辆和码头之间的连接部分时必须考虑到如何防止大风吹入仓库内部和雨水进入仓库。此外，还应该避免库内空调的冷暖气外溢和能源损失。为此停车码头有以下三种形式（见图1-5）：

（1）内围式。把码头围在厂房内，进出车辆可直接进入厂房装卸货。其优点在于安全、不怕风吹雨打以及避免冷暖气外溢。

（2）齐平式。码头与仓库外边齐平，优点是整个码头仍在仓库内，可避免能源浪费。此种形式造价低，目前被广泛采用。

（3）开放式。码头全部突出在厂房之外，码头上的货物完全没有遮掩，库内冷暖气

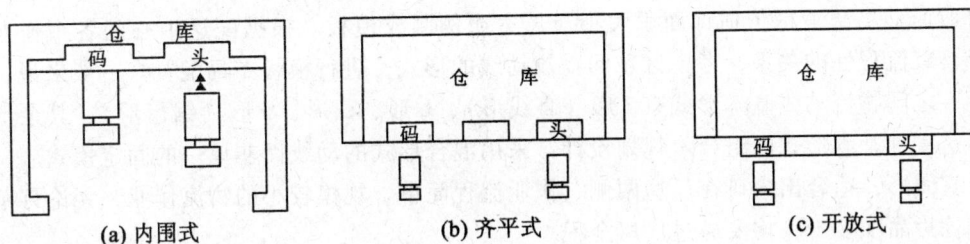

(a) 内围式 (b) 齐平式 (c) 开放式

图 1-5

易外溢。

3. 码头数量计算

为了计算码头数量，首先应掌握有关进出货的历史资料、高峰时段车辆数以及每车装卸货需要的时间。此外，还应该考虑到将来厂房的扩大发展。为了使设备顺利进出码头，必须考虑每一个停车码头的门面尺寸。一般配送中心码头门高为 2.44 米，门宽为 2.75 米。

☞**任务四：了解配送中心内部布局方法及步骤**

功能布局应建立在商品数量分析、物流分析、设施的关联性分析、设施面积的基础之上。在进行各区域位置的安排时，首先决定配送中心对外的道路形式，然后决定配送中心厂房空间的范围、大小和长宽比例，接着决定配送中心内由进货到出货的主要物流动线形式，最后根据作业流程顺序安排各个区域的位置。

（一）应用关联线图法进行配送中心内部布局的基本步骤

1. 建立关联图

首先需要对设施内部的各活动之间的相互关系进行定性分析，确定两两活动区域间的关联程度，建立定性关联图，并以此为设施规划的空间布置提供设计上的基本依据。在定性关联图中，任何两个区域之间都有将两个区域联系在一起的一对三角形，其中上三角记录两个区域关联程度等级的评估值，下三角记录关联程度等级的理由编号。关联程度等级一般分为：A（绝对重要）、E（特别重要）、I（重要）、O（普通重要）、U（不重要）、X（不可接近）等几个等级。

2. 将关联图转化为关联线图底稿表

建立关联图后，根据作业关联图的基本资料，按照作业区间的各级接近程度将其转化为关联线图底稿表。

3. 进行平面布局

首先选定第一个进入布置的作业区。选择具有"A"最多的关联作业区作为开始。若有多个作业区同时符合条件，则以下列顺序加以选定："E"最多的关联，"I"最多的关联，"X"最少的关联。最后若还是无法选定，就在这些条件完全相同的作业区中，任选一个作业区作为第一个进入布置的作业区。

以后区域的布置以此类推。

（二）应用动线布局法进行配送中心内部布局的基本步骤

（1）将各作业区依估计面积大小与长宽比例制成模板。根据配送中心的各个作业区多半具有流程性的关系，考虑区域间物流动线的形式，进行模板布局配置。一般来说，各作业区之间物流动线基本形式有 I 形（直线形）、L 形、U 形、S 形（锯齿形），其余形式均为这 4 种基本形式的组合。规划设计常采用混合形式的动线而非单一的固定模式。

直线形，适合出入口在厂房两侧、作业流程简单、规模较小的物流作业，无论订单大小和拣货品项多少，均要通过厂房全程。

双直线形，适合出入口在厂房两侧，作业流程相似，但有两种不同进出货形态的物流作业。

锯齿形，通常适合多排并列的库存货架区。

U 形，适合出入口在厂房同侧，根据进出频率大小安排靠近进出口端的储区，缩短拣货搬运路线。

分流式，适用于批量拣货的分流作业。

集中式，适用于根据储区特性把订单分割在不同区域拣货后再进行集货作业的情况。

以上物流动线形式见图 1-6。

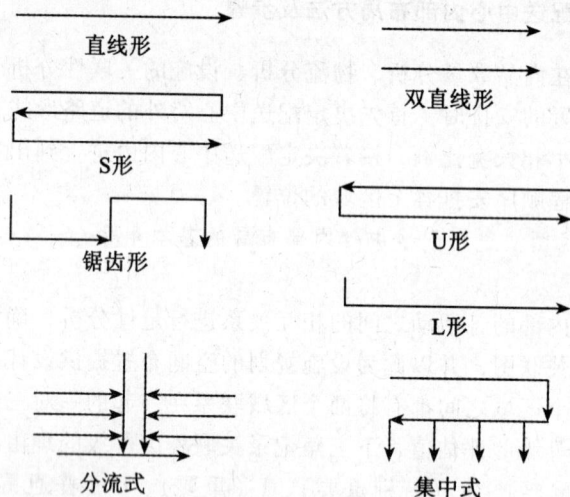

图 1-6　物流动线形式

（2）布置面积较大且长宽比例不易变更的区域，如托盘料架区、分类输送区等。

（3）布置面积较大但长宽比例可变更调整的区域，如集货区、多层料架区。

（4）布置面积较小且长宽比例可变更调整的区域，如进出货暂存区、流通加工区。

（5）最后布置行政管理与办公区域。

另外，使用以上各种区域布置方法，但各区域的面积无法完全置入厂房时，则必须修改部分区域面积或长宽比例，若修改的幅度超过设备规划的底线，则必须进行设备规划的变更，再重新进入作业区布局规划程序及进行面积布置。各区域布置经部分调整后即可确定，并绘制区域布置图。

还要注意的是，由于顾客需求和竞争环境的变化，许多作业活动经常需要扩充或缩减，导致其空间需求和设备需求有所改变，此时区域布置即成为一个动态过程。为了让每一个作业区能够更有效率地运作，应针对特定的流程需求，设计出不同的替代布置方案，特别是在初步设计时，必须考虑足够的弹性，能适应物流需求一定程度的变化，否则有可能产生作业瓶颈。

☞**任务五：认知配送中心作业流程**

配送中心的作业流程差异较大，图 1-7 和图 1-8 为两个不同配送中心的作业流程图。作业流程不同，作业效率会有较大差异，因此可以通过分析作业环节和相关因素及环境条件变化，对作业流程进行重构，实现流程优化。

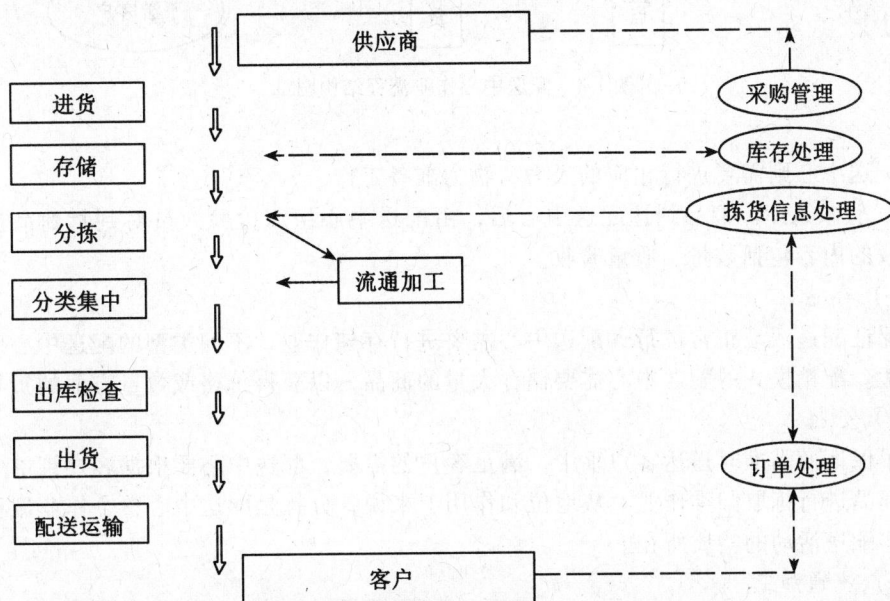

图 1-7　配送中心作业流程结构图一

配送中心作业流程的基本构成环节如下：

（一）订单处理

配送中心与其他经营实体一样，有明确的经营目标和服务对象。因此，在配送中心开展配送活动之前，必须根据订单信息，对顾客分布情况、商品特性、商品品项数、顾客对配送时间要求等资料进行分析，以此确定所要配送的商品品种、规格、数量和时间等，并把信息传递给业务部门。

（二）进货

配送中心的进货主要包括进货计划分析、接货和验收入库主要三个环节。

（1）进货计划分析。进货计划制定的依据是采购计划、库存情况等。

（2）接货。当供应商接到配送中心或用户发出的订单之后，会根据订单的要求组织

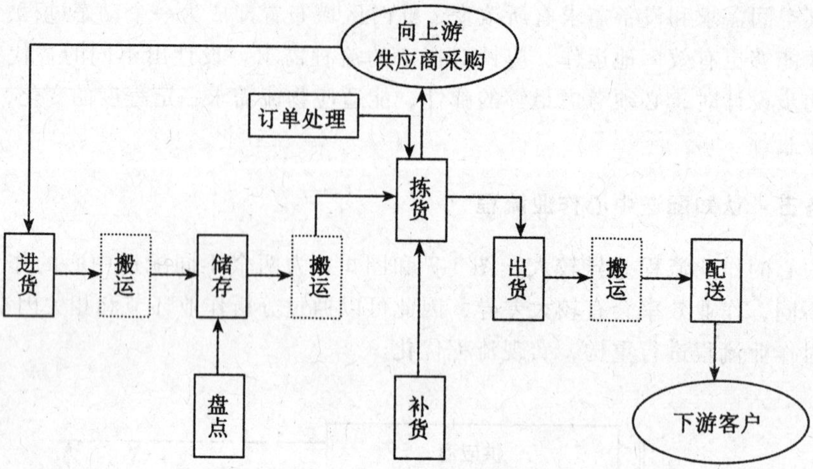

图 1-8　配送中心作业流程结构图二

供货，配送中心则需要进行相应的人力、物力准备工作。

（3）验收入库。商品到达配送中心后，由配送中心组织检验人员对到货商品进行验收，验收的内容包括数量、质量验收。

（三）存储

为保证配送活动正常进行，配送中心需要进行存储作业，不同类型的配送中心库存量相差很大。配销模式的配送中心需要储存大量的商品，以获得价格或数量方面的折扣。

（四）分拣

为了保证商品准时送达客户手中，满足客户的需要，配送中心要根据客户订单要求对储存的商品进行拣取归类作业。从地位和作用上来说，分拣是配送中心整个作业流程的关键环节、配送活动的实质所在。

（五）流通加工

配送中心的流通加工主要是根据客户的要求进行初加工活动，加工作业属于增值性经济活动，能够完善配送中心的服务功能。

（六）配装出货

为了充分利用载货车辆的容积和载重能力，提高运输效率，降低运输成本，配送中心要按照配送线路、客户分布情况等因素对配送商品进行合理的配装、配载作业。

（七）送货

送货是根据客户的要求，在准确的时间和准确的地点把商品送到客户手中的作业。送货是配送中心的最后一个作业环节，直接面对最终客户，因此必须提高送货人员的服务质量。

☞**任务六：进行配送中心组织结构设计**

（一）掌握组织结构的概念及类型

组织结构（organizational structure）就是表现组织各部分排列顺序、空间位置、聚集状态、联系方式以及各要素之间相互关系的一种模式，是执行管理和经营任务的体制。

组织结构的类型是由生产力水平决定的。随着生产力的不断发展，市场竞争日益激烈，组织结构类型也在由低级向高级演变。目前组织结构类型主要有：直线制、职能制、直线职能制（U 形）、事业部制（M 形）、矩阵制、集团控股制（H 形）、网络式等。

（二）明确组织结构的特点

1. 直线制

（1）优点：结构简单，指挥系统清晰、统一；责权关系明确，横向联系少，内部协调容易；信息沟通迅速，解决问题及时，管理效率比较高，管理费用较低。

（2）缺点：缺乏专业化的管理分工，要求行政负责人通晓多种知识和技能，亲自处理各种业务；管理工作简单粗放，成员之间和组织之间横向联系差，不利于后备管理人员的选拔。

该模式仅适用于规模较小、业务活动简单、对生产技术和经营管理要求较低的小型企业。

2. 职能制

（1）优点：职能之间分工明确，各职能部门人员的业务熟练，能适应现代企业生产技术比较复杂、管理工作比较精细的特点；能充分发挥职能机构的专业管理作用，对下级工作指导具体，从而弥补行政领导管理能力的不足。

（2）缺点：违背统一指挥的原则，容易形成多头领导，当命令出现冲突时造成下级无所适从，影响工作的正常进行，容易造成纪律松弛，生产管理秩序混乱；不利于建立和健全各职能部门的责任制，在管理过程中往往会出现有功大家抢、有过大家推的现象。

由于这种组织结构模式明显的缺陷，职能制组织结构在现实中很少被企业采用。

3. 直线职能制

（1）优点：既保证了集中统一的指挥，又可以发挥职能管理部门的参谋、指导作用，弥补相互的不足。

（2）缺点：各职能单位自成体系，不重视信息的横向沟通，工作易重复，造成效率不高；若职能部门权力过大，容易干扰直线指挥命令系统；职能部门缺乏弹性，对环境变化的反应迟钝，可能导致管理费用的增加。

该模式适用于中等规模的企业，随着规模的进一步扩大，企业将倾向于更多的分权。目前我国绝大多数企业采用这种组织结构模式。

4. 事业部制

（1）优点：权力下放，有利于管理高层人员从日常行政事务中摆脱出来，集中精力考虑重大战略问题。各事业部主管拥有很大的自主权，有助于增强其责任感，发挥主动性和创造性，提高企业经营适应能力。各事业部集中从事某一方面的经营活动，实现高度专业化，整个企业可以容纳若干经营特点有很大差别的事业部，形成大型联合企业；各事业部经营责任和权限明确，物质利益与经营状况紧密挂钩。

（2）缺点：容易造成机构重叠，管理人员膨胀；各事业部本位性强，考虑问题时容易忽视企业整体利益；事业部间竞争激烈，可能发生内耗，协调也较困难。

该模式适用于规模庞大、品种繁多、业务多样化、技术复杂的大型企业。事业部制是欧美、日本大型企业所采用的典型的组织形式。近几年我国一些大型企业集团或公司也引进了这种组织结构模式。

事业部制可分为产品事业部制、区域事业部制。

5. 矩阵制

（1）优点：各职能部门抽调人员共同组成项目小组，对企业横向、纵向进行很好的联合，实现企业综合管理与专业管理的结合，克服了职能部门相互脱节、各自为政的问题，便于互通情报，集体攻关，保证任务的顺利完成；在不增加人员的前提下，将不同部门专业人员集中起来，较好地解决了组织结构相对稳定和管理任务多变之间的矛盾；具有较大的机动性，任务完成，项目小组即解体，人力、物力有较高的利用率。

（2）缺点：组织关系比较复杂，成员不固定在一个位置，有临时观念，有时责任心不够强，人员受双重领导，出了问题，很难分清责任。

该模式适用于环境复杂多变、创新性强、工作任务需要多种技术的组织。

6. 集团控股制

（1）优点：易于筹集资本，产权清晰，可以实行多角化经营，将业务扩展到多个领域，以增强实力，分散风险；这种结构使合并后的各子公司保持较大的独立性，可以充分发挥专业化管理的作用，获得规模经济效益。

（2）缺点：子公司独立性过强，缺乏必要的战略联系和协调，使公司整体资源战略运用存在一定的难度；证券市场高度发达，使上市公司的股份流转加快，公司股份日益分散，出现了少数大股东控制公司的情形；同时公司经营趋向复杂化、专门化，公司的经营决策只能依赖于具有专业知识的董事和经理，许多股东无法参与经营活动，使股东会流于形式。

这种组织结构模式较多地出现在由横向合并而形成的企业之中。

7. 网络式

（1）优点：网络经济条件下可以充分利用互联网强大的资源整合能力，进行网络化管理。通过互联网，将企业所面临的众多分散的信息资源加以整合利用，通过一个界面观察到很多不同的系统，从而实现迅速而准确的决策；组织将产品生产、销售和广告业务等通过合同关系交给其他协作单位完成，自己只保留很小的核心部门，从而能够使管理者集中精力从事主要业务，具有高度的灵活性；由于人员减少，费用支出降低；共同研究开发、共同营销、互补生产，以避免重复投资，加快资金回收，分散风险。

（2）缺点：由于与其他组织的协作关系较为复杂，管理者只能与协作单位进行协调，不能很好地对协作单位的产品质量进行控制和监督。

该模式既适用于大型组织，也适用于小型组织。

（三）进行配送中心组织结构设计

配送中心的组织结构设计可以从以下角度进行，包括人数、时间、地域、企业职能、顾客、工艺流程、产品、项目等。配送中心常见的组织结构有：直线职能型组织结构、产品型组织结构、区域型组织结构。

1. 直线职能型组织结构

直线职能型组织结构是指按职能来划分部门，并按所划分的职能部门来组织经营活动的模式。它能充分体现企业活动的特点。配送中心利用其高效、快速的配送能力来保证商品顺畅流通，其基本的配送职能是货物采购、储存、加工、分拣、包装、配货及配送运输，同时还包括一些为保证配送活动能顺利进行的辅助职能，如人事、保卫、客户服务、维修、财务等。某些大的职能部门又可根据具体的业务需要进一步细分为一些子部门，以适应管理工作的需要。

2. 产品型组织结构

随着配送中心配送产品的多样化，将所有配送产品全部集中在同一职能部门，会给企业的运行带来很多困难，而管理跨度又限制其增加下级人员的可能性。在这种情况下，就需要按所配送的产品或者产品系列来进行组织结构的设置，建立产品型组织结构。该结构要求高层管理者的主要职能为规划整个企业的发展方向、控制财务、人事等方面，而将具体配送产品的权力广泛授予产品部门经理，并要求产品部门经理承担一部分利润指标的责任。

3. 区域型组织结构

对于经营范围分布很广的配送中心，应按区域划分部门，建立区域型组织结构，即将某一特定地区内的配送活动集中在一起，委托给一个管理者去管理。

☞**任务七：认知配送中心岗位设置**

（一）配送中心的岗位设置

配送中心的一些必要的岗位设置应由配送中心的作业流程来决定。一般可设置以下岗位：（1）采购或进货组；（2）仓储组；（3）加工组；（4）运输组；（5）装卸组；（6）调度组；（7）质量管理组；（8）退货组。

（二）配送中心岗位设置的基本原则

"因事设岗"是配送中心岗位设置的基本原则。在具体设置岗位时还应该考虑以下几个原则：

（1）岗位设置的数目符合最低数量的原则。

（2）所有岗位有效配合，保证组织的总目标、总任务实现的原则。

（3）每个岗位发挥积极效应，与其他相关岗位之间相互协调的原则。

（4）所有岗位充分体现经济、科学、合理、系统化的原则。

（三）配送系统设计的岗位设置及岗位职责

1. 配送系统设计负责人岗位职责

（1）对配送中心的规划作整体战略决策；

（2）组织并要求市场调研员进行相关资料和信息的调查与收集；

（3）聘请物流咨询专家及物流策划师对配送中心的规划作相关分析与投资论证；

（4）确定配送中心的规划条件，进行人员调遣与资源配置，进行配送中心的系统规划。

2. 市场调研员岗位职责

（1）了解未来配送中心的发展趋势，掌握现有配送中心的发展动态；

（2）制定调查方案，应用科学的方法和手段，系统而广泛地调查与收集配送中心系统设计时所需要的相关资料和信息，并对所收集到的资料和信息进行整理、建立相应的资料、信息库；

（3）对整理后的相关资料和信息进行深入细致的分析与研究，写出分析、调查报告，为配送系统设计提供科学的依据。

3. 系统规划员的岗位职责

根据企业发展目标、需要和政策以及上级的指示，对配送中心信息管理与决策支持系统、运营系统等进行规划，以实现配送中心的高效化、信息化、标准化和制度化。

（四）配送方案设计的岗位设置及岗位职责

1. 配送方案设计负责人的岗位职责

（1）对配送方案设计作整体战略决策；

（2）具体组织和实施配送方案设计；

（3）对配送方案设计部门员工的工作进行指挥、检查、监督、考核和评比。

2. 配送计划员的岗位职责

（1）按照客户需求、时间及任务量，拟订出切实可行的配送计划；

（2）认真分析配送计划，并根据客户的不同要求、各种车辆的特点及载重量的不同，设计既能满足要求，又能使车辆得到充分利用，且总费用最低的配送路线；

（3）合理、有效地调配与利用资源，并协助配送作业人员具体执行该计划。

3. 配送信息管理员的岗位职责

（1）对配送方案设计中所需的相关资料和信息进行收集、整理及保管；

（2）对配送计划员编制的配送计划进行管理；

（3）建立并不断充实完善配送方案设计的相关档案，为配送方案设计及配送中心业务运营提供信息、资料的查询服务。

4. 财务分析人员的岗位职责

对配送成本进行计算与分析，了解配送过程的实际状态，找出有可能造成成本浪费的环节，并给予相应的节约建议与解决措施。

（五）配送中心业务运营岗位设置及岗位职责

（1）进货组。负责订货、采购、进货等作业环节的安排及具体实施，同时负责到货货物的现场验收工作。

（2）仓储组。负责货物的入库验收、储存、保管及养护、出库等作业的运作及管理。

（3）加工组。负责按照用户的不同要求对货物进行包装、分割、计量、分拣、刷标志、栓标签、组装等简单的流通加工作业。

（4）运输组。负责按照所设计好的配送运输方案，将货物完好无损地送交客户，同时对所完成的配送任务进行确认。

（5）装卸组。负责配送业务中所涉及的各项装卸搬运作业的具体运作和管理。

（6）退货组。负责对客户服务部收到的退货信息进行相应的处理，并将回收的退货商品集中到仓库的退货处理区进行重新清点和整理。

（7）调度组。负责对配送业务运营中所需的人员、车辆及其他设备、设施等进行总体协调和派遣。及时协调、处理和解决收发货业务中出现的各种特殊情况和问题。

（8）质量管理组。负责对配送业务运营中的作业质量进行检查、监督、指导和处理。

实践与思考

苏果超市物流配送中心如何提高运营效率

1. 苏果超市有限公司基本情况

苏果超市有限公司（以下简称苏果）是一家集批发、配送、物流、加工、零售于一体的大型连锁企业，成立于1996年7月，2006年网点总数达1612家，网点覆盖苏、皖、鲁、豫、鄂、冀等六个省份，销售规模达222.8亿元，位列中国连锁业前十强，为超市行业第四名，是中国500强企业第176强。

苏果以物流技术为其核心竞争力，建立了技术密集型的大型配送中心，其物流方面的软件和硬件条件在全国连锁业遥遥领先。由于物流配送中心是企业专属物流，在服务中心—成本控制—利润中心的转型发展中，为门店提供配送服务仍然是其主要职责。虽然苏果对其提出了成本核算要求，但还没有成为利润中心。苏果有两个配送中心：城南配送中心、马群配送中心。

马群配送中心为1000多家苏果门店提供常温商品配送服务，每天通过苏果局域网接收门店订单，根据门店需求实行每天配送，一般订单24小时内履行，物流服务半径超过250公里。此外，还面向社会客户提供批发、第三方物流等服务，不过规模较小。2005年，配送中心日吞吐量峰值已突破30万箱，全年商品吞吐总额超过70亿元。

在建立自身发展所需的大型物流配送中心后，苏果开始考虑如何才能更加充分地利用现有资源，从而获得更大的规模效益。

为此，应该深入剖析苏果配送中心的利用程度、利用效果，如何进行改进，改进方案对苏果未来的经营会产生哪些影响。

2. 苏果存在的问题

（1）建设成本和投资风险较大：马群配送中心总投资约2亿元，带来了较大的投资风险。管理如此大规模的物流配送中心，需要具有丰富经验和专业知识的人才，否则将会带来较大的管理风险。

（2）配送规模缺乏柔性，配送客户单一：马群配送中心的服务对象仅仅是苏果在南京的各超市，配送规模缺乏柔性，客户单一，难以提高配送效率、创造规模效益。

（3）专业人员缺乏，员工素质不高，导致管理不完善，使物流资源没有实现最大化应用。

（4）缺乏完善的供应链支持，货源风险仍然存在：苏果超市供应链体系中的信息流往往不稳定，物流支持也不是很固定，并且由于组织间合作的临时性，信任与支撑也无从谈起。因此，配送中心的运营，并未减少商品质量、商品数量等货源风险。

（5）缺乏完善的信息平台支持，运营效率较低：零售商因货架管理不善导致部分顾客流失，销售额下降，进而利润下降。由于缺乏有效的信息，整个分销和配送过程效率较低。

3. 苏果运营方式的改进

苏果要提升现有的配送能力，首先要从配送中心的各项物流活动及其作业流程着手，用科学的方法努力降低各项物流活动的成本，并优化物流流程使之趋于合理，从而能从被称为第三利润源的物流活动中获得更多的利益。

企业专属物流应采取如下提高效率、降低成本的方法：

（1）提高直流比重，降低配送成本。商品运抵仓库或配送中心后无须上架储存，而是直接转运到门店，不断提高直流品种的比重，不仅可以提高配送效率，而且可以大大降低物流成本。

（2）增强供应链协同能力，挖掘利润增长点，摊薄专属物流运营成本。苏果超市物流配送中心的现代化设施都是专业性很强的资源，也是一种稀缺资源，如何提高这些资源的利用率，社会化是一条重要途径。

（3）建立科学的核算体系，加快向利润中心转变。企业专属物流要成为利润中心，就必须向社会化、市场化运作转型，分步骤、分阶段实施。

（4）加快完善供应链体系。目前的供应链是采购人员根据超市的商品需求临时组建的，成员之间缺乏合作的基础和长期合作的意愿，各个环节的衔接也不连贯。

（5）参与社会化配送。将商品配送业务委托给由多家生产厂家和批发企业共同设立的"配送中心"进行，以提高商品物流的效率。

（6）连锁经营效益产生的一个重要途径是配送中心的统一进货和统一配送。配送中心的组织成本高低，很大程度上与连锁业的发展水平紧密相关。在中国发展连锁经营的过程中（尤其是发展期），建立连锁企业的社会化配送中心具有重要的意义。

（7）实施高效的品类配送战略，在生产商的协作下，针对顾客偏好和品牌业绩进行商品的配置，以改善货物配送结构，增加商品的销售额和顾客的满意度。

（8）做好配送人员的安排与培训工作。

资料来源：百度文库：《苏果超市物流配送中心如何提高运营效率》（http://wenku.baidu.com/view/ec21966748d7c1c708a14543.html）。

思考题

1. 超市自建自营配送中心和运营共有型配送中心各自适合的内部/外部条件有哪些？苏果目前更适合哪种运营模式？

2. 苏果采取自营配送中心和共有配送中心的各自优点是什么？

3. 苏果如何实现配送中心社会化？会带来哪些风险？

烟台铁路公司珠玑配送中心规划调整方案

烟台地处山东半岛中部，濒临黄海、渤海和辽东半岛，与日本、朝鲜、韩国隔海相望，是我国首批14个沿海开放城市之一，也是我国重点开发的环渤海经济圈区域内的重点城市之一，有良好的区位及政策优势。珠玑地区位于烟台市郊，是烟台市的交通枢纽和重要商品集散地，烟台铁路公司、烟台交运集团都有在烟台市珠玑地区设立配送中心的设想，本案例就是对烟台市铁路公司珠玑配送中心规划情况的分析。规划中的珠玑配送中心是货物的集散中心，根据对项目的详细调研，确定该中心配送物品的主要品类为煤炭、钢材、木材三大类，初期的发展方向为进行大宗散装货物的存储及配送活动。某设计单位对配送中心功能进行了如下规划：

（1）储存功能，是配送中心的主要功能。

（2）分拣理货，远期规划为核心功能，由于初期物流作业量不是很大，可以不重点布局，但是应留有远期布局的区域，以利将来扩充。

（3）配货功能，目前尚不具备条件，但该配送中心的运作模式被定为实行共同配送（joint distribution），需进行远期规划工作，并努力做好前期工作，为尽快实现共同配送打下基础。

（4）倒装、分装功能，这是由产品及客户性质决定的。

（5）装卸搬运功能，规划为辅助作业。

（6）流通加工功能，利用铁路经营优势及场地条件，充分发挥该功能，作为竞争优势。

（7）送货功能，在不断发展配送商品品种、扩大业务范围基础上，发展多种送货方式。

（8）信息处理功能，分阶段、分步骤进行。

基于以上规划内容，设计一套业务流程和配送中心布局图。

1. 配送中心初始业务流程图

根据不同的商品设计一套业务流程是设计业务流程的常用方法，经过规划，该配送中心初始业务流程图见图1-9。

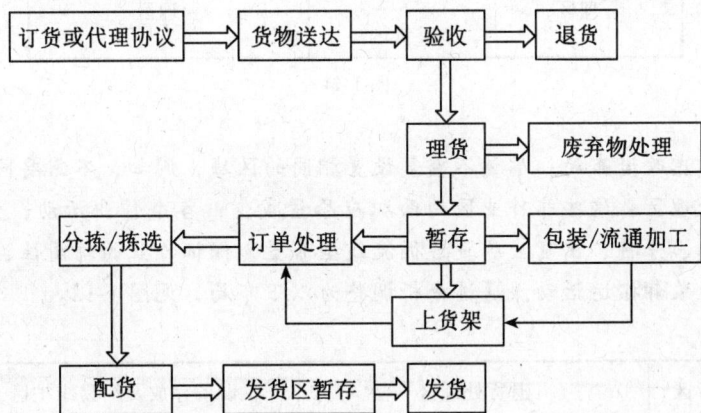

图 1-9

根据企业流程重建（BPR）理论，可以先研究三种商品进行配送活动的共同部分，并为一个流程进行作业，对不同部分再单独处理，这样可以节省大量的人力、物力并提高作业的规模效应，对于图1-9中的业务流程作出如下修改，以更加符合业务流程需要，见图1-10。

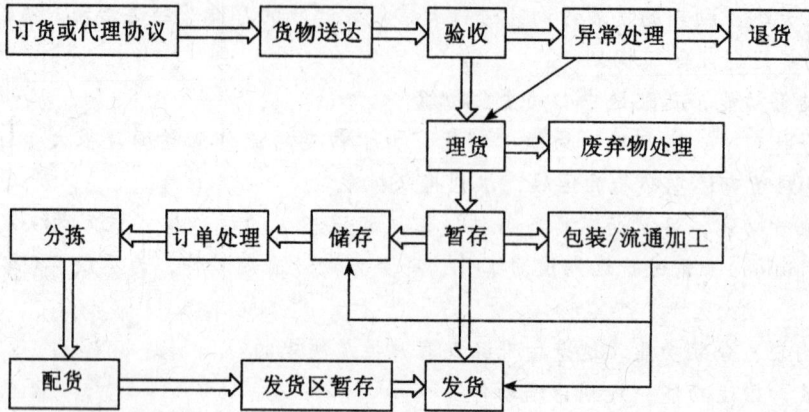

图 1-10

2. 配送中心初始布局图

根据珠玑配送中心功能规划及作业流程规划的需要，该配送中心作出如下布局，见图1-11。

退货处理区	废弃物处理区	设备存放及简易维护区	
进货区	理货区	储存区	
		加工区	废弃物处理区
管理区	分拣配货区	管理区	
	发货区		

图 1-11

基于以下考虑改进布局：尽量不重复设置相同的区域，例如，不需要同时设置两个管理区及废弃物处理区，这些非作业区的面积应尽量减少；各个作业活动，如进货、理货、储存、流通加工、分拣、出货应尽量遵循流线型布置，保证作业的均衡性、连续性；每个环节之间伴随着装卸搬运活动。通过分析调整为以下布局，见图1-12。

进货区	退货处理区		设备存放及简易维护区	
理货区	废弃物处理区	储存区	分拣配货区	发货区
管理区	加工区			

图 1-12

资料来源：汝宜红、田源、徐杰编著：《配送中心规划》，北方交通大学出版社，2002年版。

思考题

1. 请分析某设计单位对该配送中心初始业务流程和布局作出调整的思路。

2. 配送中心区域布局应遵循哪几点基本要求？

3. 评价以下言论：配送中心的业务流程规划，应结合业务流程重组的理论，根据商品的业务处理特征，统筹安排，精简配送处理流程，建立一个高效、合理、科学、优化的流程体系，在流程中，要体现现代物流技术的作用，充分利用先进的物流技术来提高各项作业的机械化、自动化程度，使整个货物的进、储、发过程运转快，准确率高，成本低，安全环保。

实习实训

1. 实训目的：使学生能说明一般配送中心的结构、功能区构成、内部设施构造；能对典型物流配送中心配送流程与配送模式进行分析；认知配送中心（特别是大众消费品配送中心）的组织结构、工作岗位与工作环境，对今后所要从事的职业岗位有一个初步的了解。

2. 实训方式：到某配送中心分组轮岗实习。

3. 实训内容：

（1）整个配送中心结构、功能区、内部设施构造认知。

（2）配送中心作业流程认知。

（3）收货、搬运、进仓、分拣、转仓、复核、配载等岗位轮岗实习。

（4）配送中心组织结构设计及岗位设计分析（实习期间业余讨论完成）。

4. 实训条件及组织形式：

（1）在某配送中心进行，时间为6天。

（2）每6人一组，每组选一个组长，组员跟随企业导师实践操作。

5. 实训安排及步骤：

（1）实习部门及责任人：

实习部门	岗位	责任人
作业一部	收货岗、整件分拣岗、拆零分拣岗	
复核队	复核岗	
作业二部	收货岗、分拣岗	

（2）具体安排：

日　期	时　间	实习内容	培训责任人
11 日	10：00—11：00	参观库区，现场流程讲解	
	11：00—11：30	企业文化、集团公司概况（观看光碟）	
	13：30—14：00	质量管理体系认证及 5S 管理	
	14：00—14：30	1. 收货作业流程及相关管理规范 2. 转进仓作业流程及相关管理规范	
	14：30—15：30	3. 分拣作业流程及相关管理规范 4. 复核作业流程及相关管理规范	
	15：30—16：30	5. 装车、配送作业流程及相关管理规范	
	12—16 日	实习生分岗实习（具体安排见后）	

（3）有关要求：

①实习人员作业时间：上午 9：30—12：00；下午 13：30—16：00。

②实习期间，学习及午间休息统一安排在培训室。

③实习人员原则上不得请假，若有特殊原因须经实习带队老师批准后报质控部。

④实习人员必须遵守公司各项规章制度。

⑤实习部门指派作业指导员，通过传授、示范、练习等方式指导实习生熟悉和了解作业流程及作业规范。

⑥实习生在作业过程中须在部门指派的作业指导员指导下作业，不可单独作业，在作业指导员指导下使用作业工具。

（4）轮岗实习安排：

实习生分组名单

组别	组长	组员
1		
2		
3		
4		
5		

实习岗位安排

时间 岗位 组别	12 日	13 日	14 日	15 日	16 日
第一组	收货	整件分拣	拆零分拣	复核	作业二部
第二组	整件分拣	拆零分拣	复核	作业二部	收货

时间 岗位 组别	12 日	13 日	14 日	15 日	16 日
第三组	拆零分拣	复核	作业二部	收货	整件分拣
第四组	复核	作业二部	收货	整件分拣	拆零分拣
第五组	作业二部	收货	整件分拣	拆零分拣	复核

6. 考核及评价：

（1）考核分值比例：实际操作 50%，实训报告 30%，团队合作表现 10%，实训表现 10%。

（2）考核形式：教师点评 40%，学生分组互评 30%，学生自评 30%。

项目二 订单处理作业

项目任务单

一、企业岗位
订单处理员

二、岗位职责
(1) 负责接收相关的订单资料；

(2) 在规定的时间内，对客户的订单进行确认和分类，并由此判断与确定所要配送货物的种类、规格、数量及送达时间；

(3) 建立用户订单档案；

(4) 对订单进行存货查询，并根据查询结果进行库存分配；

(5) 将处理结果打印输出，如拣货单、出货单；

(6) 根据输出单据进行出货物流作业；

(7) 根据客户和企业实际情况合理进行缺货处理；

(8) 制定订单处理异常的应变计划。

三、完成订单处理作业任务所需知识和能力

1. 知识

订单及订单处理的概念、订单订货方式、传统订货方式、电子订货方式、POS 订货、订货应用系统、订单内容、订单类型确认、一般交易订单、现销式交易订单、间接交易订单、合约式交易订单、寄库式交易订单、拣货单、送货单等。

2. 能力

(1) 能正确叙述订单处理的基本概念，掌握客户订单的不同形式，知道订单中哪些要素需要进行确认，掌握不同形式订单的处理方法；

(2) 掌握订单处理作业流程；

(3) 能说明订单包含的内容，会快速、准确建立客户档案；

(4) 能阐述存货分配原则，会根据客户需求与企业实际对存货进行合理分配；

(5) 能说明拣货时间的计算方法，会根据客户订单情况粗略计算拣货时间，确定大致的出货顺序；

(6) 能阐述缺货处理原则，会根据客户和企业实际情况合理进行缺货处理；

(7) 能制定订单处理异常的应变计划。

四、项目教学任务

序号	教学任务	课时
1	任务一：认识订单处理作业	1
2	任务二：熟悉订单处理作业流程	
3	任务三：选择订单订货方式	
4	任务四：确认订单内容	1
5	任务五：存货查询及依订单分配存货	
6	任务六：计算订单拣取的标准时间	2
7	任务七：依订单排定出货时间及拣货顺序	
8	任务八：分配订单后，存货不足的处理	
9	任务九：订单资料输出	2
10	任务十：订单处理异常的应变计划	

任务情境

☞任务一：认识订单处理作业

（一）订单

订单是指拣选单、客户订单、配送中心发货单、车间发料单等，订单所需的每种货品单独一行列出，并列有数量，称为一个订单行或一笔，一般来说每张订单只有一种货物的可能性很小，因此订单作业处理的主要是多行订单。

（二）订单处理

由接到客户订货开始至准备着手拣货之间的作业阶段，称为订单处理，包括有关客户、订单的资料确认，存货查询，单据处理乃至出货配发等。订单处理可以由人工或计算机信息系统来完成，其中，人工处理的弹性较大，但只适合少量的订单，一旦订单数量稍多，处理即变得缓慢且容易出错；而利用计算机信息系统来处理订单，速度较快，成本较低，适合大量的订单。

☞任务二：熟悉订单处理作业流程

订单处理作业流程从接受订货开始，到输出拣货单、实施拣货作业为止，整个过程比较复杂，订单的数量、批量不同，订单处理作业流程也大多不同。图 2-1 为某配送中心的订单处理作业流程。

☞任务三：选择订单订货方式

配送中心接受客户订货的方式主要有传统订货方式和电子订货方式两大类。

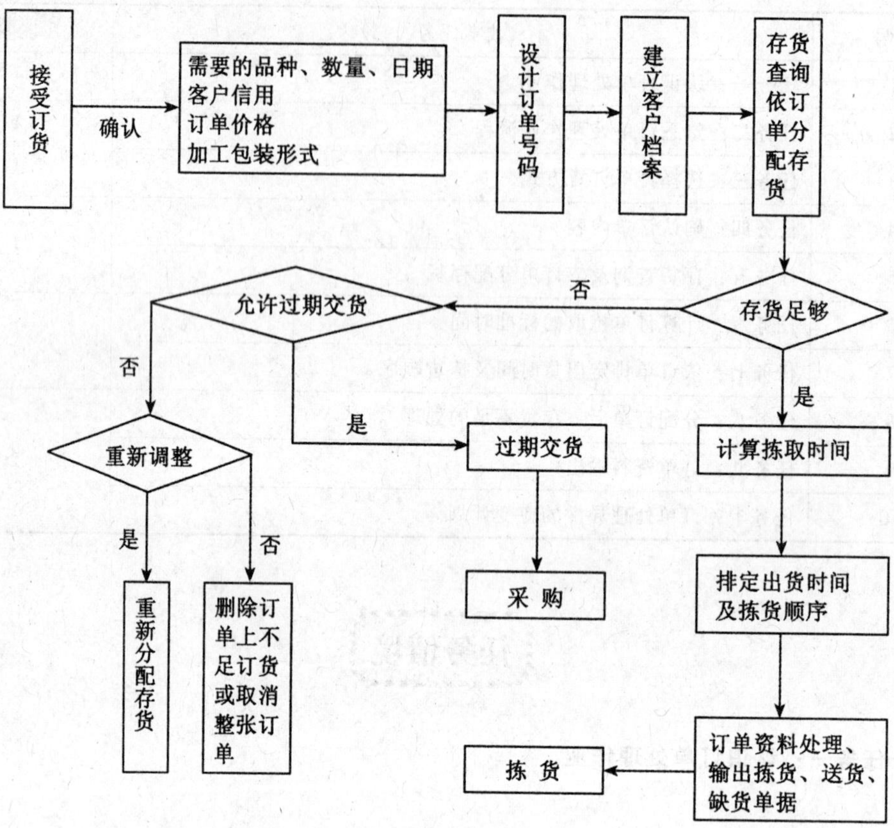

图 2-1　某配送中心订单处理作业流程

（一）传统订货方式

传统订货方式是指利用人工方法书写、输入和传送订单，其方法包括：

（1）厂商铺货。供应商直接将商品放在车上，一家一家地去送货，缺多少补多少。这种方式对于周转较快的商品或新上市商品较常使用。

（2）厂商巡货，隔日送货。供应商派巡货人员前一天先至各客户处巡查需要补充的货品，隔天再予以补货。零售商可利用巡货人员为商店整理货架、贴标签或提供经营管理意见、市场信息等。这种方式的缺点是厂商可能会将巡货人员的成本加入商品的进价中，且厂商乱塞货将使零售商难以管理自己所卖商品。

（3）电话订货。订货人员将商品名称及数量通过电话告知厂商。因客户每天订货的品项可能达数十项，而且这些商品常由不同的供应商供货，所以利用电话订货所费时间太长，且错误率高。

（4）传真订货。客户将所缺货资料整理成书面资料，利用传真机传给厂商。这种方式虽可快速地传送订货资料，但其传送资料品质不良，常增加事后确认作业。

（5）客户自行取货。客户自行到供应商处看货、补货，这种方式多为传统杂货店因距离近所采用。客户自行取货虽可省去配送作业，但个别取货可能影响物流作业的连贯性。

（6）业务员跑单、接单。业务员至各客户处推销产品，后将订单携回或紧急时以电话先联络公司通知客户订单。这种方式的订货数量难以准确确定，且容易造成商品管理混乱。

（二）电子订货方式

电子订货方式是指配送中心借助计算机信息处理系统，将订货信息转为电子信息通过通信网络传送订单的一种订货方式。其方法主要有：

（1）订货簿或货架标签配合手持终端机及扫描器。订货人员携带订货簿及手持终端机巡视货架，若发现商品缺货则用扫描器扫描订货簿或货架上的商品标签，再输入订货数量，当所有订货资料皆输入完毕后，利用数据机将订货信息传给供应商或配送中心。

（2）POS 订货。客户若有 POS 机则可在商品存档里设定安全库存量，每当销售一笔商品后，电脑自动扣除该商品库存，当库存低于安全库存量时，便自动产生订货资料，对此订货资料确认后即可通过电信网络传给总公司或供应商。也有客户将每日的 POS 资料传给总公司，总公司将 POS 销售资料与库存资料对比后，根据采购计划向供应商下单。这种方式适合于连锁商业企业的销售终端向配送中心订货。

（3）订货应用系统。客户信息系统里如果有订货处理系统，可将应用系统产生的订货资料由转换软件转成与供应商约定的共同格式，在约定时间里将资料转送出去。

电子订货方式与传统订货方式相比，由于其传递速度快、可靠性好、准确性高及运行成本低，成为订货信息的主要传递方式。

☞**任务四：确认订单内容**

1. 订货信息的准确性确认

即检查订货编号，商品的数量、品种，送货日期是否有遗漏、笔误或不符合公司要求的情况。

2. 客户信用确认

不论订单是以何种方式传至公司，配送系统的第一步即要查核客户的财务状况，以确定其是否有能力支付该订单的货款，其做法多是检查客户的应收货款是否超过其信用额度。

3. 订单类型确认

接到订单后，要对该订单类型进行确认。

（1）一般交易订单：接到一般交易订单后，将资料输入订单处理系统，按正常的订单处理程序处理，资料处理完后进行拣货、出货、发送、收款等作业。

（2）现销式交易订单：当场直接交易、直接给货。

（3）间接交易订单：接到间接交易订单后，将客户的出货资料传给供应商由其代配。

（4）合约式交易订单：接到合约式交易订单，应在约定的送货期间，将配送资料输入系统处理以便出货配送；或一开始便输入合约内容的订货资料并设定各批次送货时间，以便在约定日期系统自动产生所需的订单资料。

（5）寄库式交易订单：接到寄库式交易订单时，系统应检核客户是否确实有此项寄库商品。若有，则出此项商品；否则，应加以拒绝。

4. 订货价格确认

不同的客户、不同的订购量，可能有不同的价格，输入价格时系统应加以核验。若输入的价格不符（输入错误或因业务员降价强接单等），系统应加以锁定，以便主管审核。

5. 加工包装确认

客户对于订购的商品，是否有特殊的包装、分装或贴标签等要求，或是有关赠品的包装等资料都要详细确认记录。

6. 设定订单号码

每一个订单都有其单独的订单号码，号码由控制单位或成本单位指定，除了便于计算成本外，可用于制造、配送等一切有关工作，且所有工作说明单及进度报告单均应附此号码。

7. 建立客户主档

将客户状况详细记录，不但能让此次交易更易进行，且有益于今后合作机会的增加。客户主档应包含订单处理用到的及与物流作业相关的资料，包括：客户姓名、代号、等级类型、客户信用额度、客户销售付款及折扣率的条件、开发或负责此客户的业务员、客户配送区域、客户点配送路径顺序、客户点适合的车辆类型、客户点下货特性、客户配送要求、过期订单处理指示等。

☞任务五：存货查询及依订单分配存货

输入客户订货商品的名称、代号时，系统就查对存货档的相关资料，看此商品是否缺货。如果缺货则提供商品资料或是此缺货商品已采购但未入库等信息，便于接单人员与客户协调是否改订替代品或是允许延后出货等，以提高接单率及接单处理效率。

订单资料输入系统确认无误后，最主要的作业是如何将大量的订货资料，作最有效的汇总分类，调拨库存，以便后续的物流作业能有效地进行。存货的分配模式可分为单一订单分配及批次分配两种：

（1）单一订单分配多为线上即时分配，也就是在输入订单资料时，就将存货分配给该订单。累积汇总订单资料输入后，再一次分配库存。

（2）物流中心因订单数量多，客户类型等级多，且多为每天固定配送次数，因此通常采用批次分配以确保库存能作最佳的分配。采用批次分配时，要注意订单的分配原则，即批次的划分方法。作业的不同，各物流中心的分批原则也可能不同。总的来说有按接单时序、按配送区域路径、按流通加工要求、按车辆要求等几种划分方法。

如果配送商品要用特殊的配送车辆（如低温车、冷冻车、冷藏车）或客户下货有特殊要求，这时可以汇总合并处理。

如果以批次分配选定参与分配的订单后，若这些订单的某商品总出货量大于可分配的库存量，可依以下4个原则来决定客户分配的优先性：

（1）具有特殊优先权者优先分配；

（2）订单交易量或交易金额大者优先分配；

（3）对公司贡献大的订单优先分配；

（4）客户信用状况较好的订单优先分配。

☞任务六：计算订单拣取的标准时间

由于要有计划地安排出货时间，对于每一订单或每批订单可能花费的拣取时间要事先掌握，对此要计算订单拣取的标准时间。

（1）计算每一单元的拣取标准时间，且将它设定于电脑记录标准时间档，将此个别单元的拣取时间记录下来，则不论数量多少，都很容易推导出整个标准时间。

（2）有了单元的拣取标准时间后，即可依每品项订购数量（多少单元）再配合每品项的寻找时间，来计算出每品项拣取的标准时间。

（3）根据每一订单或每批订单的订货品项及考虑一些纸上作业的时间，将整张或整批订单的拣取标准时间算出。

☞任务七：依订单排定出货时间及拣货顺序

前面根据存货状况进行了存货的分配，但对于这些已分配存货的订单，应如何安排出货时间及拣货先后顺序，通常会再依客户需求、拣取标准时间及内部工作负荷来拟订。

☞任务八：分配订单后，存货不足的处理

如果现有存货数量无法满足客户需求，客户又不愿以替代品替代时，则应按照客户意愿与公司政策来决定应对方式。处理方式归纳如下：

（1）重新调整。如果客户不允许过期交货，而公司也不愿失去此客户订单时，则有必要重新调整分配订单。

（2）补送。如果客户允许不足额的订货等待有货时再予以补送，且公司政策也允许，则采用补送方式；如果客户允许不足额的订货或整张订单留待下一次订单一起配送，则采用补送处理。

（3）删除不足额订单。如果客户允许不足额订单可等待有货时再予以补送，但公司政策并不希望分批出货，则只好删除不足额订单；如果客户不允许过期交货，且公司也无法重新调整，则可考虑删除不足额订单。

（4）延迟交货。一是有时限延迟交货，即客户允许一段时间的过期交货，且希望所有订单一起配送；二是无时限延迟交货，即不论需要等多久，客户都允许过期交货，且希望所有订货一起送达，则等待所有订货到齐后再出货。对于这种将整张订单延后配送的，也应将这些顺延的订单记录成档。

（5）取消订单。如果客户希望所有订单一起配送，且不允许过期交货，而公司也无法重新调整时，则只有将整张订单取消。

☞任务九：订单资料输出

订单资料经上述处理后，即可开始打印一些出货单据，以展开后续的物流作业。

（1）拣货单。拣货单的打印应考虑商品储位，依据储位前后相关顺序打印，以减少人员重复往返取货，同时拣货数量、单位也要详细标示。

（2）送货单（发货单）。物品交货配送时，通常附上送货单据给客户清点签收。因为送货单主要是给客户签收、确认的出货资料，其正确性及明确性很重要。要确保送货单上的资料与实际送货资料相符，除了出货前清点外，出货单据的打印时间及对于一些订单异动情形，如缺货品项或缺货数量等也需打印注明。发货单样本见表 2-1。

表 2-1 　　　　　　　　　　　××物流系统发货单 　　　　　　　　　发货单号：

客户：　　　　　　门店：　　　　　　　　机构：　　　　　　　　发货日期：
储货单号：　　　　配货批次：　　　　　　　　　　　　　　　　　总体积：
　　　　　　　　　　　　　　　　　　　　　　　　　　　　　　　总重量：

序号	部门	仓位	商品名	件数	零数	箱数	单位	规格	含量	税率	单价	金额	条码	商品码
1														
2														
3														
4														
5														

配货员：　　分拣员：　　复核员：　　门店收货员：　　门店复核员：　　第 1 页/共 9 页

（3）缺货资料。库存分配后，对于缺货的商品或缺货的订单资料，系统应该提供查询报表打印功能，以便工作人员处理。库存缺货商品，应提供依商品或供应商查询的缺货商品资料，以提醒采购人员紧急采购；缺货订单，应提供依客户或外务员查询的缺货订单资料，以便外务员处理。缺货单样本见表 2-2。

表 2-2 　　　　　　　　　　××物流分拣缺货记录单
编号：ZY004 　　　　　　　　　　　　　　　　　　　　　　　_____门

配送门店：　　　　　　发货单号：　　　　　　红冲单号：

序号	仓位	商品编码	商品名称	单位	缺货数量	缺货原因					责任人
						漏转	转仓不及时	空仓	死角	其他	
1											
2											
3											
4											
5											

分拣员：　　　　　　　复核主管：　　　　　　　质控员：

☞**任务十：订单处理异常的应变计划**

订单处理的主要工作为接单后客户、订单数据的确认、存货查询、订单整理与编号，其作业异常状况就包括客户订单的突然取消或变更。不正确的订单数据会造成往后配送作业计划的错误，因此应尽速将正确的订单数据传送给下游部门。若下游不正确的配送计划已进行，就必须加以修正并将修正后预估的作业进度回报给决策中心进行监控、确定，直至作业正常。例如因订单信息传达错误所造成的拣货作业异常，企业确认异常后必须将正确的货物加入拣货作业中，并加派人员或机具进行拣货作业，期望能符合原订单的拣货作业进度，并将落后的作业时间控制于最小的范围，也就是说若拣货作业的进度势必将无法达成时，企业必须通过各种手段将落后的进度控制在尚能经由下游作业改善来完成任务的程度。上游的配送作业计划若发生异常时，将有较多的机会来进行改善的措施，因此上游配送作业计划的监控变得格外重要。

订单处理发生异常除了指订单信息的不正确外，还包含存货的不足，当此种状况发生时，决策者就必须考虑若要在规定时间内补足存货将会造成多少额外的支出，或者考虑客户对于公司的贡献，有时企业虽然支出更多的作业成本，但能保住公司的服务品质、形象，这部分应变计划应属营运管理的一部分，在此不加以详述。订单处理部门是与客户直接接触的部门，异常状况有可能是由客户无心造成的，所以在应变计划执行时，其额外增加的成本应由客户来负担，若客户不愿意负担这笔费用，就必须接受不正常的配送计划。

掌握订单的状态变化及详细记录各阶段档案资料，对于订单变动的处理就能更顺手，只要了解此订单异常时所处的状态，再针对其对应的档案加以修正处理，就可有效应对变化。以下列举几种订单变动情形进行处理：

（1）客户取消订单。客户取消订单，常造成许多损失，因此在商流处理上需与客户就此问题加以协商。但就订单系统内部来看，如何处理此笔取消交易的订单？此订单目前进行到哪个作业状态？在系统哪个档案里？只要能回答这些问题，相信不难处理，由此也可看出掌握订单状态的重要性。若此订单处于已分配未出库状态，则应从已分配未出库销售资料里找出此笔订单，将其删除，并恢复相关品项的库存资料（可分配量、已分配量）；若此订单处于已拣货状态，则应从已拣货未出库销售资料里找出此笔订单，将其删除，并恢复相关品项的库存资料（可分配量、已分配量），且将已拣取的商品予以回库上架。

（2）客户增订。客户在出货前，若临时打电话来增订某商品项目，是否应答应？是否来得及答应？若答应则如何将此增订项目加入原订单？此时，应先查询客户订单的目前状态，看其是否未出货，是否来得及再去拣货。若接受其增订，则应追加此笔增订资料。若客户订单处于已分配状态，则应修改已分配未出库销售资料里的这笔订单资料，且更改商品库存档案资料（可分配量、已分配量）。另外，配送中心应该对每类客户甚至每一个具体客户设定截止订货时间，减少这种情况的发生。

（3）拣货时发生缺货。拣货时发现仓库缺货，则应从已拣货未出库销售资料里找出此笔缺货订单资料，加以修改。若此时出货单据已打印，也应重新打印。

（4）配送前发生缺货。配送前装车清点发生缺货，则应从已拣货未出库销售资料里找出此笔缺货订单资料，加以修改。若此时出货单据已打印，也应重新打印。

（5）送货时客户拒收/短缺。配送人员送货时，若客户对送货品项、数目有异议予以拒收，或是发生少送或多送等情况，则回库时应从在途销售资料里找出此客户的订单资料加以修改，以反映实际出货情况。

实践与思考

某香精制造公司贯穿于 ERP 系统中的订单处理功能

1. 案例背景

某香精制造公司是一家由日方控股的中日合资企业，该公司地处上海，公司本部设于浦西，在浦东建有一个承担生产任务和物料管理职能的工厂。该公司合资方中方企业早在1982 年就应用计算机辅助企业管理，开发了以生产测方、生产计划、原料库存管理等为主要功能的第一代信息系统。至 2003 年，经过四次升级改版，公司已在日常运作管理的某些环节应用了信息技术，为实施 ERP 系统打下了基础。

近十几年来我国香精市场随着经济的持续高速增长呈现出客户需求多样化、规模不断扩大、进入企业增多和竞争日益加剧的局面，香精企业普遍地面临着生产成本上升和利润下降的压力。该公司虽有知名品牌和广泛营销渠道，也感到了前所未有的市场竞争压力，在企业内部，客户订单响应、库存积压处理和原料采购管理等方面面临诸多棘手的管理问题。

香精企业与一般的制造业相比，原料种类常达数千甚至上万，原料库存量变化大。有的原料国内采购当天可送到，有的需要进口，可能数月才能到货，采购周期长短不一。产品香气类型繁多，一家大型香精生产企业拥有上万个香精配方不足为奇。为了及时满足下游客户的需求，导致储备的原料种类多、数量大，资金占用随之增大。由于下游客户数量多，规模参差不齐，需求变化快，在实际生产中大型香精企业往往会一日数次追加或更改生产任务。这些特殊性集中于原料采购，就表现为较高的原料需求不确定性和紧急性，加大了采购管理的难度。

2003 年公司得到董事会的批准，启动全面提升企业信息系统、构建新一代的企业级ERP 系统的项目，以进一步改进内部管理，提高生产效率，降低成本，提高客户服务水平，加强竞争能力，应对市场的竞争。

2. 原有信息系统的客户订单处理功能

该公司原有的信息系统具有客户订单管理的功能，其订单处理流程的主要环节如下：

（1）销售员与客户洽谈。主要手段是电话、传真和邮件，洽谈内容包括客户需要的品种、数量、交货日期等。

（2）客户订单确认。销售员将数据确认的客户订单报送销售计划员做销售计划。实际中很多订单的交货日期模糊不清，如某月、某旬，有些还只是一个意向，没有交货的日期，因此销售员手头积压着较多的交货日期模糊的客户订单。

（3）销售要货计划编制。销售计划员集中书面的客户订单，将其中的主要数据输入销售计划子系统，系统按交货日期和生产周期，每天产生新的销售要货计划表。

（4）生产计划员使用生产管理子系统，从销售要货计划中摘出新的和有变化的记录，更新月度生产计划表。

(5) 生产计划员根据月度生产计划表,通过生产管理子系统对每一笔生产任务进行产品的原料测算,如有足够的原料就安排生产,编制生产作业计划,打印后送车间执行。

(6) 对原料无法满足需求的生产计划任务,生产计划员以书面形式向采购部门提出原料采购需求。

该订单处理功能在数据结构上,设有客户订单、销售要货计划、生产计划、作业安排等数据表,各有关部门的人员只看到相应的数据表。在订单处理的前端,销售员不使用计算机,因此销售计划员是系统前端的用户。生产管理子系统与原料管理子系统之间,只有后者向前者提供的原料库存数据,生产缺料数据则未包括在系统中。

显然,原有信息系统在客户订单的完整性、生产计划与原料采购管理之间的信息交互等方面存在不足,客户订单处理功能已不能适应新的环境变化和公司期望的客户服务改进目标。

3. 贯穿于 ERP 系统中的客户订单处理功能

在客户需求多样化和市场竞争日益加剧的背景下,公司为提高客户服务的水平,决定将客户订单管理作为 ERP 系统方案的一个重点内容予以精心设计。因此公司的市场、销售、生产、采购和信息管理等部门与开发商一起围绕客户订单状态的确认、执行进程、部门间协作等要点进行了分析和讨论,期望 ERP 系统中客户订单管理能对客户服务水平有一个实质性的提高。

根据新的系统需求,经过公司各部门有关管理人员与开发商的研究,提出了称为"贯穿于 ERP 系统中的订单处理功能"的方案,该方案的逻辑如图 2-2 所示。该 ERP 系统方案在销售管理、生产计划和原料采购等业务之间也设计了动态的数据交互,以实现各部门的数据共享,见图 2-3。

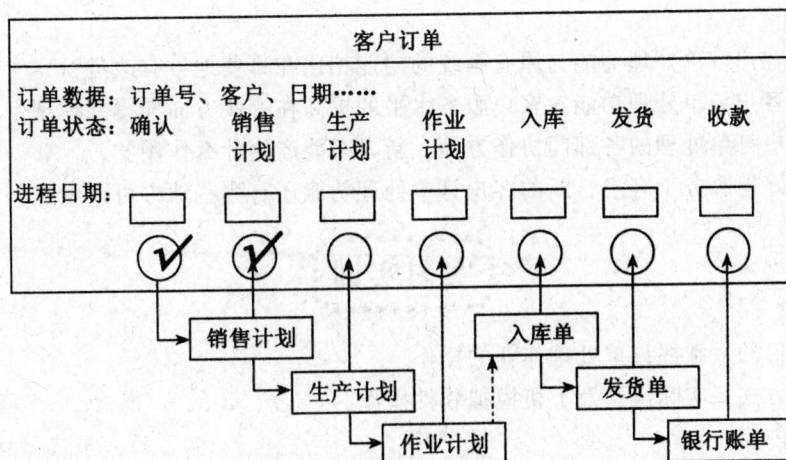

图 2-2　贯穿于 ERP 系统中的订单处理功能

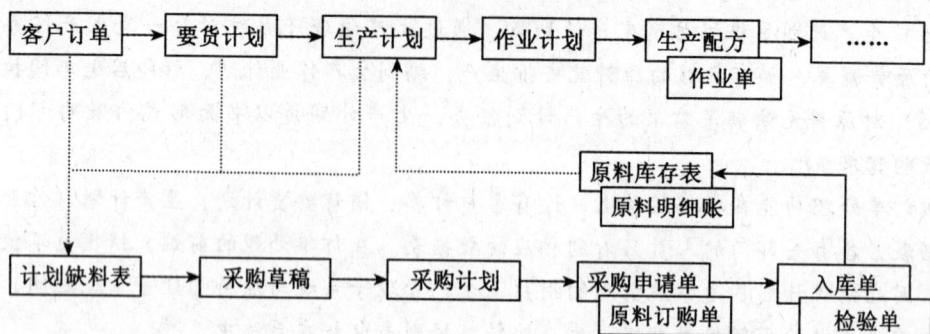

图 2-3

新的客户订单处理功能的主要特点为：

（1）设置客户订单进程状态变量。该系统为客户订单附加了一系列状态变量，订单每前进一个阶段就标注相应的完成标志和日期。

（2）各部门的管理人员共享客户订单数据，通过订单的状态标志，可以了解和控制定单的执行进程。

（3）销售员直接将所有接到的客户订单数据输入系统，对交货日期模糊的客户订单，系统将进行模糊处理，以界定出尽可能明确的交货日期或交货时段。

（4）根据客户订单、销售要货计划、生产计划，按不同的等级，自动生成原料缺料表，为原料采购提供依据。

（5）该系统还能对订单的执行状态进行排序和预警，提高订单执行效率和正确性。

资料来源：吴理门：《物流案例与分析》，天津大学出版社，2010 年版。

思考题

1. 新的客户订单处理功能与原有系统的功能相比在哪些地方有改进？
2. 新的客户订单处理功能对客户服务水平的提高在哪些方面能得到体现？
3. 在客户订单处理的各部门协作方面，新方案能产生什么作用？
4. 为更好地服务于客户，新的客户订单处理功能还有哪些地方可以做进一步的扩展？

实习实训

1. 实训目的：掌握订单处理作业的操作。
2. 实训方式：实际操作及上机模拟软件操作。
3. 实训内容：

（1）接受订货；（2）订单确认；（3）设置订单号码；（4）建立客户档案；（5）存货查询及依订单分配存货；（6）计算拣取的标准时间；（7）依订单排定出货时间及拣货顺序；（8）分配后存货不足的处理；（9）订单资料处理输出。

4. 实训条件及组织形式：

（1）在 150 平方米实训室进行，每 6 人一组，每组选一个组长，每人扮演一个角色。

（2）实训室配备电脑、打印设备及纸张，条码扫描仪等复核设备，手推车 6 台，木托盘 6 个，胶带若干，纸箱、货物若干。

5. 实训步骤：

实训具体步骤参照本项目任务三至任务九。

6. 考核及评价：

（1）考核分值比例：实际操作 50%，实训报告 30%，团队合作表现 10%，实训表现 10%。

（2）考核形式：教师点评 40%，学生分组互评 30%，学生自评 30%。

项目三 收货作业

项目任务单

一、企业岗位
收货员

二、岗位职责
（1）负责组织相关工作人员接运、卸货；

（2）指导供应商工作人员在收货区正确码盘；

（3）检验商品条形码，核对商品件数以及商品包装上的品名、规格等，对于件数不符合的商品，查明原因，按照实际情况纠正差错；

（4）根据收货作业要求签盖回单；

（5）按时完成上级主管交办的其他任务。

三、完成收货作业任务所需知识和能力

1. 知识

收货作业原则、收货管理标准、收货作业的影响因素、商品分类方法、商品分类的概念、商品分类的作用、商品分类的原则、线分类法、面分类法、货品编码方法、货品编码的作用、货品编码的原则、货物接收准备、卸货方式、收货主要程序、商品验收方法、物品入库手续等。

2. 能力

（1）能正确叙述收货作业流程、收货作业的影响因素；

（2）能正确叙述收货作业原则和管理标准、商品分类方法；

（3）掌握货品编码方法；

（4）掌握商品验收方法；

（5）能操作 RF 对收货区的货物进行对单验收；

（6）能根据接运和卸货作业要求进行操作。

四、项目教学任务

序号	教学任务	课时
1	任务一：认识收货作业流程	2
2	任务二：明确收货作业原则和管理标准	

续表

序号	教学任务	课时
3	任务三：明确收货作业的影响因素	
4	任务四：掌握商品分类方法	2
5	任务五：掌握货品编码方法	
6	任务六：选择收货与储存方式	
7	任务七：掌握货物接收准备	
8	任务八：掌握货车接运	2
9	任务九：掌握货品接收	
10	任务十：办理物品入库手续	

任务情境

☞任务一：认识收货作业流程

收货作业是配送作业中物流活动开始的第一个环节，是后续作业的基础和前提，收货工作的质量直接影响后续作业的质量。收货作业过程包括以下一些主要环节，如图 3-1 所示。

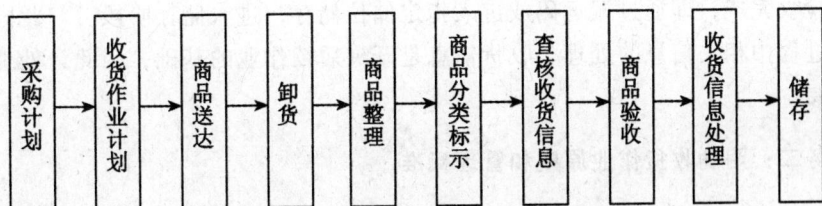

图 3-1 收货作业基本流程图

（一）收货作业计划的制定

收货作业计划制定的基础和依据是采购计划与实际的收货单据，以及供应商的送货规律与送货方式。必须依据订单所反映的信息，掌握商品到达的时间、品类、数量及到货方式，尽可能准确地预测出到货时间，以尽早作出卸货、储位、人力、物力等方面的计划和安排。收货作业计划的制定有利于保证整个收货流程的顺利进行，同时有利于提高作业效率，降低作业成本。

（二）收货前的准备

在商品到达配送中心之前，必须根据收货作业计划，在掌握入库商品的品种、数量和到库日期等具体情况的基础上做好收货准备，准备工作的主要内容有：安排收货口、准备好收货所需的空托盘、预备好有关用具、储位准备、人力安排。

（三）接运与卸货

有些商品通过铁路、公路、水路等公共运输方式转运到达，配送中心需从相应站港接运商品；对直接送达配送中心的商品，必须及时组织卸货入库。

（四）分类与标示

在对商品进行初步清点的基础上，需按储放地点、唛头标志进行分类并作出标记。在这一阶段，要注意根据有关单据和信息，对商品进行初步清理验收，以及时发现问题，查清问题。

（五）核对有关单据和信息

收货商品通常会具备下列单据或相关信息：采购订单、采购收货通知，供应方开具的出仓单、发票、磅码单、发货明细表等。除此之外，有些商品还有随货同行的商品质量保证书、材料说明书、合格证、装箱单等。应对有关单据和信息进行核对。对由承运企业转运的货物，接运时还需审核运单，核对货物与单据反映的信息是否相符。

（六）商品验收

对到库商品进行清点、分类后，必须对其进行认真验收。商品验收包括数量清点、质量和包装检查等作业内容。先根据有关单据和信息，清点到货数量，确保入库商品数量准确，同时，认真检查商品质量和包装情况，并作出详细验收记录，对查出的问题及时处理，然后填写验收单据和其他签收凭证。

（七）收货信息的处理

商品验收完毕，即通过搬运码放进入指定储位储存，进入储存阶段。与此同时，必须进行收货过程中相关信息的处理，收货信息是开展后续作业的基础，因此，处理好收货信息非常重要。

☞任务二：明确收货作业原则和管理标准

（一）收货作业原则

在收货过程中，操作人员应遵循以下原则：

（1）多利用配送司机来卸货，以减轻公司作业人员的负担及避免卸货作业的拖延。

（2）收货的高峰时间尽可能多安排人力，以维持货品正常迅速地移动。

（3）尽可能将多种活动集中在一个工作站，以节省必要的空间。

（4）按照收货的需求状况统筹配车，不要将耗时的收货放在高峰时间。

（5）使码头、月台至储存区的活动尽量保持直线运动。

（6）尽量使用可流通的容器，以减少更换容器的动作。

（7）为小批量收货准备小车。

（8）依据各作业的相关性安排活动，力求搬运距离最小并尽可能减少步行的机会。

（9）在进出货期间尽可能省略不必要的货品搬运及储存。

（10）为方便后续存取及查询，应详细记录收货情况。

（二）收货管理标准

要切实做好收货管理，应事先制定可依循的收货管理标准，作为员工即时应对的参考。主要的收货管理标准应包含如下内容：

（1）订购量计算标准；

（2）有关订购手续的标准；

（3）收货日期管理，如办理收货日期变更的手续的标准；

（4）有关订购取消及补偿手续的标准；

（5）货款支付标准、手续及购入契约书。

☞**任务三：明确收货作业的影响因素**

影响配送中心的收货作业的因素较多，主要有以下几个方面：

（1）收货商品供应商的基本情况，如所提供商品的种类、数量以及运输距离等。

（2）单位时间内收货商品的种类与数量。

（3）收货商品的形状和特性，如包装形式、是否具有危险性、是否为散货、商品的单元尺寸及重量、托盘叠卸的可能性、人工搬运或机械搬运以及产品的保存期限等。

（4）到货时间。主要是指收货的日期和具体的到货时间。比如是否节假日，是白天还是晚上等。

（5）单位时间内所使用的收货车型与数量（平均、最多）。

（6）收货场地工作人员数量，以及平均一车收货商品的卸货时间。

（7）配合储存作业的处理方式。

☞**任务四：掌握商品分类方法**

（一）商品分类的概念

商品分类是按照商品的性质或特征（称分类标志），将商品群体科学、系统地逐次划分为门类、大类、中类、小类（以上统称类别）、品种，乃至规格、花色等细目的过程。商品分类中的"类"是根据商品的共同性质或特征进行归纳并依次划分的总称，"品种"是商品分类中具体的商品名称，"细目"是以不同的花色、规格等明显标志对商品品种的详细区分。

随着科学技术的进步，市场经济的发展，商品种类日益增多。仅商品流通部门所经营的商品就达几十万种，包括农业、林业、牧业、副业、水产、轻工、纺织、石油、煤炭、化工、机械和电子等各个行业生产的商品。它们不仅品种繁多，而且性质各异，质量有差别，在用途及保管养护方法上也不相同。因此，配送中心为了防止货损货差，方便经营管理，实现商品流通顺畅，有必要进行科学的商品分类，并逐步形成完整的商品分类体系。

（二）商品分类的作用

商品分类是商品经营管理的一种手段。科学的分类，不但便于了解商品整体情况，而且便于深入分析各类商品的特征、内在联系与差异、价值的高低、储运的不同要求，以及不同商品的选用区别等，使商品的生产与流通更趋于合理化。同时，还有利于研究分析商品质量变化规律、经营销售规律，以及商品档次的变化等。

（三）商品分类的原则

商品的分类，首先必须明确商品集合体所包括的范围，提出分类的明确目的，并选择适当的分类标志。不同国家，不同的历史阶段，商品所包括的范围并不完全相同，因而商品分类的对象也不尽相同。由于商品本身的多样性、复杂性，要使分类具有科学性、系统性，保证分类清楚，切实可行，达到预期的目的和要求，就必须按照一定的原则，选择适当的分类标志。

（1）科学性。科学选择分类标志是商品分类的关键，这是商品分类科学性原则的重要体现。

（2）系统性。所谓商品分类的系统性，就是以选定的商品属性或特征为标志，将商品总体按一定的排列顺序予以系统化，并形成一个合理的商品分类体系。

（3）可延性（又称弹性原则）。进行商品分类时，要设置足够的收容类目（后备类目），这样，当分类目录一旦发生不可避免的变更时，整个系统的分类结构不会被破坏，有不断补充新产品的余地。

（4）兼容性。分类要与国家政策及相关标准（包括国际分类标准）协调一致，分类体系能够将总体范围的商品一个不漏地囊括进去。另外，还要求新的商品分类尽量与原有商品分类保持一定的连续性和可转换性，便于进行历史资料的对比。

（5）唯一性。要求在商品分类体系中，每一个分类层次只采用一个分类标志。分类的含义要准确，不能相互排斥，不能模棱两可，不能有多种解释。也即要在本质上划分出各类商品之间的明显区别，保证每个商品只能在一个类别里出现。

（6）综合实用性。国内商品分类编码，既要参照国际分类编码体系，又要考虑历史形成的各行各业的分类编码状况。把工业、内外贸、仓储及运输等各行业的分类编码工作协调起来，达到信息沟通、交流方便的目的。

（四）商品分类的基本方法

商品分类的基本方法通常有线分类法和面分类法。

1. 线分类法

线分类法也称为层级分类法，它是将拟分类的商品集合体按选定的属性或特征作为划分基准或分类标志，逐次地分成相应的若干个层级类目，并编排成一个有层级的、逐级展开的分类体系。它的一般表现形式是大类、中类、小类、细类等，将分类对象一层一层地进行划分，逐级展开。在这个分类体系中，各层级所选用的分类标志可以不同，各个类目之间构成并列或隶属关系。下面引用国家标准 GB7635—1987《全国工农业产品（商品、物资）分类与代码》为例说明线分类体系中各种类目之间的并列和从属关系（见表3-1）。

表3-1 线分类体系

大 类	中 类	小 类
家具制造业产品	木制家具制造业产品 金属家具制造业产品 塑料家具制造业产品 竹藤家具制造业产品	床 椅 凳 桌 箱 架 橱柜 笼 其他

　　线分类结构一般由分类层级的数量（或者叫分类深度）和分类容量来表示。分类深度的确定与要求包括的分类对象属性或特征有关，与管理系统的具体任务有关。分类容量反映分类体系可以包含的商品量，与分类的深度和每一层级分类对象的数目有关。在采用线分类法编制商品分类体系和分类目录时，分类深度的选择和各个层级的类目数，一般根据体系内大多数分类对象的情况确定。

　　线分类法是商品分类中常采用的分类方法。线分类法的主要优点是层次性好，能较好地反映类目之间的逻辑关系，符合传统应用的习惯，既适合于手工处理，又便于计算机处理。但线分类法也存在着分类结构弹性差的缺点。

　　2. 面分类法

　　面分类法也称平行分类法，它是把拟分类的商品集合体根据其本身固有的属性或特征，分成相互之间没有隶属关系的面，每个面都包含一组类目。将某个面的一种类目与另一个面的一种类目组合在一起，即组成一个复合类目。面分类体系结构如图3-2所示。如服装的分类就是按照面分类法组配的，把服装用的面料、样式和款式分为三个互相之间没有隶属关系的"面"，每个"面"又分成若干个类目，标出了不同范畴的独立类目。使用时，将有关类目组配起来，便成为一个复合类目，如纯毛男式中山装、中长纤维女式西装等，见表3-2。

表3-2 面料、样式、款式复合分类

面 料	样 式	款 式
纯棉 纯毛 涤棉 毛涤 中长纤维	男式 女式	中山装 西装 猎装 夹克 连衣裙

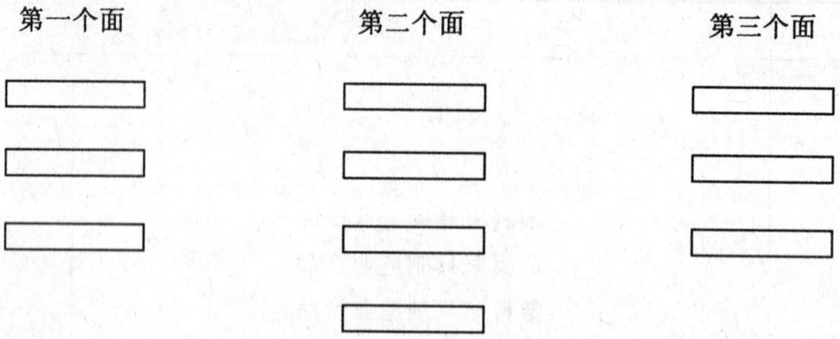

第一个面   第二个面   第三个面

图 3-2   面分类体系结构图

在实际运用中，一般把面分类法作为线分类法的辅助或补充。

面分类法具有类目可以较大量地扩充、结构弹性好、不必预先确定好最后的分组、适用于计算机管理等优点，但也存在不能充分利用容量、组配结构太复杂、不便于手工处理等缺点。

我国在编制《全国工农业产品（商品、物资）分类与代码》国家标准中，采用线分类法与面分类法相结合，以线分类法为主的综合分类法，根据社会生产与分工的发展进程和我国国民经济发展的格局，按农业、轻工业、重工业的顺序，对工农业产品分类体系中的最高层（门类、大类、中类）完全采用按产业、行业组配的面分类法，使所有产品与行业挂钩；而对以下的各层级，则按商品属性的内在联系，采用线分类法复分。

对于不同类型的配送中心，应该结合本企业经营特点，选择不同的方法和标准对其所经营的商品进行分类，具体分类方法可以参考表 3-3。

表 3-3   **不同配送中心商品分类标准**

配送中心类型	商品分类标准
货运业配送中心	交易厂商、商品特性、车种、货物形态
制造商配送中心	商品特性、生产线、时间、货物形态
批发商配送中心	供应商、车种、商品特性、货物形态
零售商配送中心	商品特性、供应商、货物形态

☞**任务五：掌握货品编码方法**

所谓货品编码，就是将货品按其分类内容加以有次序的编排，并用简明的文字、符号或数字代替货品的名称、类别及其他有关信息的一种方式。对货品进行编码可以应用计算机进行高效率管理并可实现整个仓储作业的标准化管理。

（一）货品编码的作用

货品经过编码，可以提高作业或管理的标准化水平及作业效率，其作用如下：

（1）提高货品资料的正确性，便于货品信息在不同部门间的传递及共享。

（2）提高货品活动的工作效率，便于对货品进行查核及管理。

（3）可以利用计算机对货品进行分析处理，以节省人力、减少开支、降低成本。

（4）可以防止重复订购，易于进行货品的仓储及盘点进而削减库存。

（5）便于收货和发货，可以实现货品的先进先出。

（6）利用编码代码来表示各种货品，可以防止公司机密外泄。

（二）货品编码的原则

为确保货品编码的科学性与实用性，货品编码应遵循如下原则：

（1）简易性：将货品化繁为简，使编码便于开展货品活动。

（2）完全性：确保每一项货品都有一种编码代替。

（3）单一性：每一个编码只能代表一项货品。

（4）一贯性：编码应统一且具有连贯性。

（5）充足性：编码所采用的文字、符号或数字，必须有足够的数量以满足需求。

（6）扩充弹性：为未来货品的扩展及产品规格的增加预留编码，使编码能按照需要自由延伸或随时从中插入。

（7）组织性：编码需经过科学组织，以便存档或查询相关资料。

（8）易记性：应选择易于记忆的文字、符号或数字来编码，编码应富于暗示性和联想性。

（9）分类展开性：若货品过于复杂而使编码庞大，则应使用渐进分类方式作层级式的编码。

（10）实用性：编码应考虑与事务性机械或计算机的配合，提高货品编码的应用管理效率。

（三）商品代码的结构

代码是表示特定事物或概念的一个或一组字符，通常是阿拉伯数字、拉丁字母或便于记忆和处理的符号，如 SH245、D1 等。其基本结构包括：

（1）代码长度。一个代码中所包含的有效字符的个数。

（2）代码顺序。代码字符排列的逻辑顺序。

（3）代码基数。编制代码时所选用的代码字符的个数，如数字代码的字符为 0～9，基数是 10。

（四）商品代码的种类及编码方法

商品代码的种类很多，常见的有无含义代码和有含义代码。无含义代码通常可以采用顺序码和无序码来编排。有含义代码则通常在对商品进行分类的基础上，采用序列顺序码、数值化字母顺序码、层次码、特征组合码及复合码等编排。不同的代码，其编码方法不完全一样，配送中心常用的编码方法如下：

1. 顺序码法

顺序码法又称流水编码法（见表 3-4），即将阿拉伯数字或英文字母按顺序往下编码。其优点是代码简单，使用方便，易于延伸，对编码对象的顺序无任何特殊规定和要求。缺点是代码本身不会给出任何有关编码对象的其他信息。在物流管理中，顺序码常用于账号及发票编号等。在少品种多批量配送中心也可用于商品编码，但为使用方便，必须配合编号索引。

表 3-4　　　　　　　　　　　　　　　流水编码表

编号	商品名称
1	香皂
2	肥皂
3	洗涤剂
⋮	⋮
N	洗衣粉

2. 层次码法

层次码是以编码对象的从属层次关系为排列顺序组成的代码。编码时将代码分成若干层次，并与分类对象的分类层级相对应，代码自左至右表示的层级由高到低，代码的左端为最高位层级代码，右端为最低位层级代码，每个层级的代码可采用顺序或系列顺序码。例如 1010050312 表示的意义见表 3-5。

表 3-5　　　　　　　　　　　　　　　层次码及其含义

层级	大类	小类	品名	形状	规格
编码	1	01	005	03	12
含义	食品	饮料	可口可乐	圆瓶	400ml

层次码的优点是能明确表示分类对象的类别，有严格的隶属关系，代码结构简单，容量大，便于计算机统计，但其层次较多，代码位数较长。

3. 实际意义编码法

实际意义编码法是根据商品的名称、重量、尺寸以及分区、储位、保存期限或其他特性的实际情况来编码。这种方法的特点在于通过编码即能很快了解商品的内容及相关信息。例如 FO4915 B1 表示的意义见表 3-6。

表 3-6　　　　　　　　　　　　　　实际意义编码及其意义

编码		意义
FO4915 B1	FO	表示 FOOD，食品类
	4915	表示 4×9×15，尺寸大小
	B	表示 B 区，货物储存区号
	1	表示第一排料架

4. 暗示编码法

暗示编码法用数字与文字的组合编码，编码暗示货物的内容和有关信息。例如 BY005WB10 表示的意义见表 3-7。

表 3-7   暗示编码及其含义

属性	货物名称	尺寸	颜色与型式	供应商
编码	BY	005	WB	10
含义	自行车	大小为 5 号	白色、小孩型	供应商号码

为识别货品而使用的编码标志可置于容器、零件、产品或储位上，让作业人员能容易地获得信息。一般来说，容器及储位的编码标志有其特定的使用目的，能被永久地保留；而零件或产品上的编码标志则具有一定的弹性，如可以增加制造日期、使用期限等，以方便出货时选择。

☞ 任务六：选择收货与储存方式

配送中心一般有托盘、箱子、小包三种储存单位。同样，卡车收货也通过此三种单位与储存作业有效衔接，大致可分为以下三种形式。

（1）若收货与储存同单位，则收货输送机直接将货品运至储存区。

（2）若储存以小包为单位，但收货以托盘、箱子为单位；或储存以箱子为单位，但收货以托盘为单位，则必须于收货点卸栈或拆装。先以自动托盘卸货机拆卸托盘上的货物，再拆箱将小包放在输送机上运至储存区。

（3）若储存以托盘为单位，但收货以小包、箱子为单位；或储存以箱子为单位，但收货以小包为单位，则小包或箱子必须先堆叠在托盘上或小包必须先装入箱子后再储存。

☞ 任务七：掌握货物接收准备

具体程序是：（1）熟悉入库货物；（2）掌握仓库情况；（3）制定仓储计划；（4）仓库妥善安排货位；（5）做好货位准备；（6）准备苫垫材料、作业用具；（7）验收准备；（8）装卸搬运工艺设定；（9）文件单证准备。

☞ 任务八：掌握货车接运

供货单位直接将货物送达配送中心仓库入库平台。当货物到达后，库管员或验收员直接与送货人员进行接收工作，当面验收并办理交接手续。如果有差错要立即作出记录，让送货人员签章。货物接运人员要根据配送中心接运方式，处理接运中的各种问题。

（一）卸车前的检查

包括核对车号，检查车门、车窗、货封有无异样，物品名称、箱件数是否与运单相符。对盖有篷布的敞车，应检查覆盖状况是否严密完好，尤其要查看有无雨水渗漏的痕迹和破损、散捆等情况。

（二）卸车作业

在此过程中要注意：按车号、品名、规格分别堆码，做到层次分明，便于清点，并标明车号和卸车日期。注意外包装的指示标志。妥善处理苫盖，防止受潮和污损。与保管人员一同监卸，争取卸车与物品件数一次点清。卸货后货垛之间要留有通道，与消防、电力设施保持一定距离，与专用线铁轨外侧距离要在 1.5 米以上。正确使用装卸机具和安全防护用具，确保人身和物品安全。配送中心卸货一般在收货站台上进行。为了保证收货工作的进度，提高工作效率，配送中心经常采用"先卸后验"的方法，即送货方的送货车辆到达配送中心后，到指定地点卸货，并将抽样商品、送货凭证、增值税发票交收货方进行验收。

卸货方式通常有人工卸货、输送机卸货和码托盘叉车卸货。

卸货过程中应注意填充车辆与月台间的间隙。卸货码头为作业安全与方便起见，一般采用下列四种设施：

1. 可移动式楔块

可移动式楔块即可搬移的楔块，又称为竖板（如图 3-3 所示）。当装卸货品时，可将其放置在卡车或拖车的车轮旁固定，以避免装卸货期间因车轮意外地滚动可能造成的危险。

图 3-3　可移动式楔块

2. 升降平台

最安全也最有弹性的卸货辅助设施为升降平台，见图 3-4。使用码头升降平台，可调整码头平台高度来配合配送车辆底板的高度。

图 3-4　升降平台

3. 车尾附升降台

车尾附升降台即装在配送车辆尾部的特殊平台。当装卸货物时，可用此平台将货物装上卡车或卸至月台（如图 3-5 所示）。升降台可延伸至月台，也可以倾斜放至地面，有多种样式，适用于无月台设施的物流配送中心或零售点的装卸货。

图 3-5 车尾附升降台

4. 吊勾

当拖车倒退入码头碰到码头缓冲块时，码头设施即使用吊勾钩住拖车，以免装卸货时轮子打滑，其功能如移动式的楔块，也可以利用链子等代替吊勾。

除了使用以上四种设施来克服车辆与月台间的间隙外，若车辆后车厢高度与码头月台同高，则可以考虑直接将车辆尾端开入停车台卸货（如图3-6所示）。这样不但可以让车辆与月台结合更紧密，使得装卸作业方便有效，而且对于货品安全也更能发挥其保护作用。

图 3-6 停车台卸货

（三）卸车后的清理

检查车内物品是否卸完，关好车门、车窗，通知车站取车。做好卸车记录，办理内部交接手续，主要包括：将卸车记录和运输记录交付保管人员，将收货物品件数交付保管人员。

（四）差错处理

在接运过程中，如果发生差错，除了由于不可抗力或物品本身性质引起的意外，所有差错的损失都要向责任者提出索赔。因此，差错的记录就显得尤为重要。

差错事故记录主要有以下几种：

（1）货运记录。货运记录是表明承运单位负有责任、收货单位据此索赔的基本文件。物品在运输过程中发生以下差错均填写货运记录，包括：物品名称、件数与运单记载不符，物品被盗、丢失或损坏，物品污损、受潮、生锈、霉变或其他货物差错等。记录必须在收货人卸车或提货前，通过认真检查发现问题，经承运单位复查确认后，由承运单位填写再交给收货单位。

（2）普通记录。这是承运单位开具的一般性证明文件，不具备索赔的效力；仅作为收货单位向有关部门交涉处理的依据。遇到下述情况并发生货损货差时，填写普通记录：铁路专用线自装自卸的物品；棚车的铅封印纹不清、不符或没有按规定施封；施封的车门、车窗关闭不严，或者门窗有损坏；篷布苫盖不严漏雨或其他异状；责任判明为供货单位负责的其他事故。以上情况的发生，责任一般在供货单位，收货单位可以凭普通记录向发货单位交涉处理，必要时向发货单位索赔。

（3）接运记录。在完成物品接运过程的同时，每一步骤应有详细的记录。接运记录要详细列明接运物品到达、接运、交接等各个环节的情况。

采用完整记录的目的是：检查接运工作各个环节的效率，防止遗漏和积压；作为接运工作的基础统计；分清责任，追踪有关资料，促进验收、索赔、交涉等工作的顺利进行；有利于清理在途物品。

接运工作全部完成后，所有的接运资料，如接运记录、运单、运输普通记录、货运记录、损耗报告单、交接证、索赔单、提货通知单以及其他有关文件资料分类输入计算机系统以备复查，同时要保管好原始资料。

☞任务九：掌握货品接收

货品接收工作必须经过一系列的操作过程。

（一）收货文明公约

预检接待要热情，接单核查要认清；安排卸口讲仔细，办事及时讲效率；收货接待要热心，验单看货要细心；协助卸货要全心，情况复杂要耐心；收货验货须及时，不拖不压讲顺序；请吃送礼要拒绝，违者部门要查处。

（二）收货主要程序

1. 预检

供应商带订单、送货单到预检处，预检员校验订单、送货单，预检通过可转入下一流程。

当供应商送货卡车停靠收货站台时，收货员"接单"进行预检，对于没有预报的商品需办理有关手续后方可收货。

2. 收货前的准备工作

配送中心的商品有时大量集中到达，有时零星分散到达。收货工作必须根据具体情况做好各项准备工作，才能保证现场作业顺利进行。

（1）根据供应商的送货信息，在计算机终端（包括手持终端机）输入这些商品条形码以及在本日到货的信息，也可以通过公司的采购信息系统汇总到货信息。收货人员要根据各种不同的来货方式，摸清送货规律，安排好足够空间的收货场地和叉车等搬运机械，使到达的商品能及时卸车堆放。

（2）工作人员根据供应商以前送货的惯例和现场收货口的使用情况，综合权衡安排收货口。

（3）准备好收货所需的空托盘，让商品直接卸在盘上。

（4）预备好有关用具，避免到时忙乱。根据到货商品的理化性能及包装、单位重量、单位体积、到货数量等信息，确定检验、计量、卸货与搬运方法，准备好相应的检验设施、度量衡、卸货及码货工具与设备，一般应准备好收货回单图章、存放单据盒（或夹子）、物流条形码（或粉笔）以及包装加固的材料工具等。对一些室外储放的商品，还需准备相应的苫垫用品。

（5）储位准备。根据预计到货的商品特性、体积、质量、数量和到货时间等信息，结合商品分区、分类和储位管理的要求，预计储位，预先确定商品的理货场所和储存位置。

（6）人力的安排。依照到货时间和数量，预先计划并安排好接运、卸货、检验、搬运货物的作业人员。

3. 指导供应商在指定位置卸货、装盘

配送中心收货人员指导供应商送货人员将货物送到收货口附近的收货区进行卸货，并要求送货人员将货物码放在托盘上。收货人员要现场指导供应商送货人员根据装盘原则进行装盘。卸货、码盘要求：

（1）卸货码盘时要做到"一门不摆二家货，一人不点二家数"。

（2）一个托盘只能码放同品种、同规格的商品，不能串货码放。

（3）对于重量在50kg以上的货品每个托盘只能码放15件，对于10kg包装的货品每个托盘只能码放5层。

（4）当托盘上商品数量较少时，商品应居中放置。

（5）码盘前托盘上如有钉子突起，应及时锤平。

（6）商品码盘堆垛要求：从保证商品安全和适应点验、复查出发，规范化操作；商品标志必须朝上，不超宽超高及超载；商品尽量堆放平稳，便于叠放；标明商品件数；码放商品时轻拿轻放，最上一层商品要用胶带加固或用"行李松紧带"捆扎牢固，防止跌落。

4. 收货抽查

检查核对商品条码、品名、规格、保质期、实际到货数量。

收货抽查项目包括：品名、含量、件数、日期、内外包装等。对于正常收货商品，每托盘至少抽查10%；对于质量问题严重的商品，每托盘至少抽查30%，当商品不合格量达收货总量的30%时，该品种拒收；抽查完毕，对商品归位、封箱。

商品拒收标准：如单个托盘上不合格商品达30%，则整托盘商品拒收；如单品种不合格商品达 30%，则该品种商品拒收；如所送商品中不合格商品达 30%，则整批商品拒收。

5. 对单验收

商品验收主要是对货品数量、质量和包装的验收，即检查入库商品数量是否与订单资料或其他凭证相符合，规格、型号有无差异，商品质量是否符合规定的要求，物流包装能否保证商品储运和运输的安全，销售包装是否符合要求等。

验收的目的首先在于与送货单位分清责任；其次在商品运输过程中，因种种原因，可能会造成商品溢缺、损坏，包括大件溢缺，供需双方更应当面查点交接，分清责任。

实际验收包括品质检验和数量点收双重任务。验收工作的进行，有三种不同的方式：第一种是先点收数量，再由质检部门检验货品品质；第二种是先由质检部门检验货品品质，检验合格后，再通知仓储部门，办理收货手续，填写收货单；第三种是由仓储部门直接负责"品质检验"和"数量点收"。

收货检验是一项细致复杂的工作，一定要仔细核对，才能做到准确无误。从目前实际情况来看，有两种核对方法，即"三核对"和全核对。"三核对"即核对商品条形码（或物流条形码），核对商品的件数，核对商品包装上品名、规格、细数。只有经过"三核对"，才能做到品类相符、件数准确。由于用托盘收货时要做到"三核对"有一定难度，故收货时采取边收边验的方法，才能保证"三核对"的执行。有的商品即使进行了"三核对"后，仍会产生一些规格和等级上的差错，如品种繁多的小商品。对这类商品则要采取全核对的方法，要以单对货，核对所有项目，即品名、规格、颜色、等级、标准等，才能保证单货相符，准确无误。每一个收货员在工作中一定要做到忙而不乱、认真核对；一定要做到眼快手勤，机动灵活地选择验收方法；一定要熟悉商品知识；一定要一丝不苟地检验，发现商品件数不符，必须查明原因，按照实际情况纠正差错，决不含糊。

验收商品时，可根据下列几项标准进行检验：（1）采购合约或订购单所规定的条件。（2）以比价议价时的合格样品为依据。（3）采购合约中的规格或者图解。（4）各种产品的国家品质标准。

收货检验是商业物流工作中的一个重要环节。对单验收的主要工作程序为：扫托盘码，输入收货单号、商品实际到货数、保质期，签收商品，在送货单上签字，并通知库管员复核商品。仓库收货人员首先要检验物品入库凭证，然后按物品入库凭证所列的收货单位、货物名称、规格数量等具体内容与物品的各项标志核对，如发现有错误，应当做好记录，退回或另行存放待联系后处理。经复核无误后可进行下一道工序。商品验收必须进行商品条形码、数量、质量、包装四个方面的验收。

（1）商品条形码验收。在作业时要抓住两个关键：一是检验该商品是否有送货预报的商品，二是检验商品的条形码与商品数据库内已登录的资料是否相符。

（2）数量验收。数量验收包括点件查数、抽验查数和检斤换算等方法。

①点件查数法。这是按件、只、台等计量的商品检验方法，即逐件、逐只、逐台进行点数加总求值。此种方法通常按照大件点收法进行。

大件点收是按照物品的大件包装（即运输包装）进行数量清点。点收的方法有两种，一是逐件点数汇总，二是集中堆码点数。大件点收应注意以下事项：

第一，件数不符。进行大件点收过程中，如件数与通知单据所列不符，经复点确认后，应立即在送货单各联上批注清楚，应按实际数字签收，由收货人员和承运人共同签章。经验收核对属实，由保管人员将查明短少物品的品名、规格、数量通知运输部门、发货单位和货主。

第二，包装异状。收货中如发现物品包装有异状时，收货人员应会同送货人员开箱、拆包检查，查明确有残损或细数短少情况，由送货人员出具入库物品异状记录，或在送货单据上注明。同时，要通知保管人员另行存放，不要与同类物品混杂在一起。如入库物品包装损毁严重，仓库不能修复，且因此无法保证储存物品的安全，应联系货主或供货单位派人协助整理。

第三，物品串库。在点收本地入库物品时，如发现货与单不符，有部分物品错送来库的情况（俗称串库），收货人员应将这部分与单不符的物品另行堆放，交由送货人负责带回，并在签收时如数减除。

第四，物品异状损失。接货时发现物品异状或损失，经双方共同清点，确有异状损失情况，应按章索赔，同时要妥善保管有关凭证。

②抽验查数法。这是按一定比例开箱验件的方法，一般适合批量大、定量包装的商品。

③检斤换算法。通过重量过磅换算该商品的数量，适合商品标准和包装标准的情况。

商品的重量一般有毛重、皮重、净重之分。通常所说的商品重量，是指商品的净重。重量验收是否合格，是根据验收的磅差率与允许磅差率的比较判断的。若验收的磅差率未超出允许磅差率范围，说明该批商品合格；若验收的磅差率超出允许磅差率范围，说明该批商品不合格。磅差是由于不同地区的地心引力差异、磅秤精度差异及运输装卸损耗等因素造成的重量过磅数值的差异。

另外，数量验收，从"数量"两字的含义来说，除了验收大件外，还需验收"细数"以及散装、畸形、零星等各种商品。

细数是指商品包装内部的数量，即商品价格计算的单位，如"双"、"条"、"支"、"瓶"、"根"等就统称为细数。在单据与货物核对时还有一种验收叫"规格验收"，它是包含在数量验收范畴内的，如商品包装上的品名、规格、数量等。例如，洗衣粉核对牌名，同牌名不同规格的还要核对每小包的克数，以及包装的区别。

（3）质量验收。对于一般的商品来说，由于交接时间短促和现场码盘等条件的限制，在收货点验时，一般只能用"看"、"闻"、"听"、"摇"、"拍"、"摸"等感官检验方法，检查范围也只能是包装外表。在进行感官检验时要注意以下几点。

①在验收流汁商品时，应检查包装箱外表有无污渍（包括干渍和湿渍），若有污渍，必须拆箱检查并调换包装。

②在验收玻璃制品（包括部分是玻璃制作的制品）时，要件件摇动或倾倒细听声响，这种验收方法是使用"听"的方法，经摇动发现破碎声响，应当场拆箱检查破碎细数和程度，以明确交接责任。

③在验收香水、花露水等商品时，除了"听声响"外，还可以在箱子封口处"闻"一下，如果闻到香气严重刺鼻，可以判定内部商品必定有异状，即使开箱检查内部没有破

碎，也至少是瓶盖密封不严，经过较长时间储存或运输中的震动，香水、花露水等流汁商品肯定会外溢损耗。

④在验收针棉织品等怕湿商品时，要注意包装外表有无水渍。

⑤在验收有有效期商品时，必须严格注意商品的出厂日期，并按照连锁超市的规定把关，防止商品失效和变质。

对于一些特殊的商品，比如生鲜类商品，除用上述方法进行质量验收外，有时还需要进行物理和化学性质的检验。这类物理和化学性质的检验必须由专业人员使用专业设备根据相关的标准进行。另外还涉及抽样的问题。具体的内容这里就不进一步阐述了。

（4）包装验收。在大件点收的同时，对每件物品的包装和标志要进行认真的查看。在包装验收时，应具体检查纸箱封条是否破裂、箱盖（底）板是否粘牢、纸箱内包装或商品是否外露、包装是否完整、牢固，有无破损、受潮、水渍、油污等异状。包装验收的目的是为了保证商品在运输途中的安全。物流包装一般在正常的保管、装卸和运送中，经得起颠簸、挤压、摩擦、叠压、污染等的影响。物品包装的异状，往往是物品受到损害的一种外在现象。如果发现异状包装，必须单独存放，并打开包装，详细检查内部物品有无短缺、破损和变质。逐一查看包装标志，目的在于防止不同物品混入，避免差错，并根据标志指示操作，确保入库储存安全。

（5）商品验收结果处理。

①验收差异的作业处理。如果上述程序发现差错、破损等情况，必须在送货单上详细注明或由接货人员出具差错、异状记录，详细写明差错的数量、破损情况等，以便与运输部门分清责任，作为查询处理的依据，并将差错结果用书面形式通知货主或发货方，要求查明情况进行处理，一般按溢余、短少、残损、变质等情况用不同表式填写，再由货主抄送发货方。有时收货方只提供验收中存在问题的记录材料，由货主填送表式给发货方。一般采用的表式有"来货残损、变质物品查询处理表"和"收货清点溢余、短少表"两种，其联数多少视业务需要而定。查询单不可做入库原始凭证用于登记物品账。

若货品验收不合格，则有可能采取退货、维修或寻求折让等措施。因此有必要制定相关验收作业规则，作为有效解决各种问题的决策依据。商品验收作业常见的问题及处理方法如表3-8所示。

表3-8　　　　　　　　　　　　商品验收作业常见的问题及处理方法

常见问题 处理方法	数量溢余	数量短缺	品质不合格	包装不合格	规格不合格	单据与实物不符
通知供应商	☆	☆			☆	☆
按实数签收		☆				
维修整理			☆	☆		
查询等候处理	☆				☆	☆
改单签收	☆				☆	☆
拒绝签收	☆		☆	☆	☆	☆
退单、退货	☆		☆	☆	☆	☆

②验收入库信息处理。完成商品检验后，一般在暂存区对货品进行分类，再由作业人员入库上架，然后将收货信息输入计算机系统，这样商品实物库存就会在系统中生成相对应的系统库存，打印验收入库单（如表3-9所示）后才最终完成收货作业。

表3-9 验收入库单

编号：

供应商		采购订单号		验收员	
供应商编码		采购员		验收日期	
送货单号		到货日期		复核员	
发货日期			复核日期		

序号	储位号码	商品名称	商品规格型号	商品编码	包装单位	应收数量	实收数量	备注

6. 收货复核

库管员核对送货单上验收数量，核对预检员、收货员签字的送货单货物名称及数量与实物是否一致，核对无误后库管员签字，复核完毕。

7. 打印收货单

供应商送货人员拿着配送中心复核员（库管员）签字后的送货单去配送中心打单处打印收货单。配送中心在收货单上签字，并加盖收货方收货章。

☞**任务十：办理物品入库手续**

商品验收完毕，即通过搬运码放过程进入指定储位储存，进入储存阶段。与此同时，必须进行收货过程中相关信息的处理。在这一阶段，首先必须将所有收货入库单据进行归纳整理，并详细记录验收情况，登记入库商品的储位。物品验收打印收货单后，由保管或收货人员同时将物品存放的库房、货位编号批注在入库单上，以便记账、查货和发货。经过复核签收的多联入库单，除本单位留存外要退还货主一联作为存货的凭证。然后依据验收记录和其他到货信息，对库存商品保管账进行账务处理，商品验收入库，库存账面数量与库存实物数量同时增加。有些到货信息还必须及时通过单据或库存数据，反馈给供应商和本公司采购、财务等部门，为采购计划的制定和财务货款结算提供依据。

物品入库手续包括：登账、立卡、建档。

（1）登账。即建立物品明细账。根据物品入库验收单和有关凭证建立物品保管明细账目，并按照入库物品的类别、品名、规格、批次、单价、金额等，分别立账，标明物品存放的具体位置。

（2）立卡。即填制物品的保管卡片，也可称为料卡。料卡是由负责该种物品保管的人填制的。这种方法有利于责任制的明确。料卡的挂放位置要明显、牢固，便于物品进出时及时核对记录。

（3）建档。将物品入库全过程的有关资料证明进行整理、核对，建立资料档案，为物品保管、出库业务创造条件。

注意：有些配送中心通过手持终端扫描货物条码和托盘条码后，这些信息就通过手持终端以无线数据传输方式传送到配送中心中控室的计算机数据库了，此时登账、建档手续就不再需要人工操作了。

实践与思考

嘉农公司的高效中转

在嘉农的客户中，天味和信达的生鲜食品、鲜花属于短保质期产品，它们和新明同属于零售业，比较适合接驳式转运的操作。接驳式转运基本上取消了仓库的储存功能，只保留了合并和运输的功能。其基本理念是将收到的货物从进货车辆直接分配转移到送货车辆上，这种操作方式可以大大降低仓储和运输成本。

接驳式转运有自己的特点。首先，采购订单系根据各个客户的实际确认订单汇总而成，而不是根据对客户需求的预测与现有库存的差异推算产生，这是与通常库存管理的一个显著区别；另外，一般当日收货量等于发货量，每日发货结束后无剩余库存；通常货物在仓库停留不超过24小时，最快可以在1小时内通过。

为了达成接驳式转运的高效率，必须做到三个快速：快速收货、快速分拣和快速装车，这三个环节相互作用、相互影响；同时必须解决三个问题：如何将进货口分配给送货车辆，如何安排送货车辆靠泊，如何设计最佳的中转区域布局。嘉农在进货环节做了很好的尝试，按照送货时间的先后规定供应商的到货时间，同时严加纪律约束，确保供应商准时到货。更进一步，嘉农可以根据当天收货的品种、数量、进货验收的难易程度，估算出每家供应商的收货时间，更加灵活地安排送货车辆的到达时刻，从而最大限度地压缩整个收货时间；还可以按照拣货作业的需要，安排不同货物的收货次序，从而有利于减少随后分拣作业的时间。

为了减少验货清点以及拣货的时间，嘉农要求供应商使用标准化整箱、整托盘包装，对于零散物品使用次级包装，如整捆、整包等，避免清点散货。当然，这需要在订货过程中就要求客户按整箱或至少按整包装进货。

在分拣环节，嘉农目前使用的是后分拣模式，即收到整批货物后，再按每个客户的订购数量分拣。目前，嘉农已经面临产品种类众多、产品相似性大、难以识别的问题。建议嘉农实施条形码管理，通过条形码扫描识别货物，结合按整包装收发，可以大大降低出错率，提高仓库处理效率。

仓库管理系统（WMS）是解决多品类和大批量中转的有效途径。无论是到分拣区域按订单拣货，还是将货物分配到分货区各托盘，分拣区或分货区的位置管理都至关重要。按货物或托盘位置规划出最短分拣或分货路径，可将分拣时间压缩到最少。在处理大批量多品类的商品时则必须有系统支持。

当商品品类数多到一定程度时，嘉农可以采取预分拣模式，即要求供应商按每个客户订单分拣包装完毕后再送货，嘉农在收货后可以直接将已分拣的货物分配到各个客户的托盘上。这样可以大幅度提高嘉农的作业速度，但也会对嘉农和供应商之间系统的数据交换提出很高的要求。当面对众多供应商的时候，系统的能力对于能否实施预分拣甚至是致命的。

在装车环节，装车前应按照每个客户的货量事先排定送货路线和时间表，然后相应地按出车次序安排拣货顺序，再按出车次序安排送货卡车的靠泊时间。要减少装车时间，托盘打板是关键。在时间紧急的情况下，一定要采用整托盘装卸。所以应该按照送货车厢的尺寸选择托盘，并设定理想的托盘高度。为了追求速度，有时甚至要牺牲一些车厢装载利用率。嘉农已经意识到了这个问题，除了与供应商协商外，也从自身运作方面考虑解决办法。

从仓库的布局来看，嘉农的仓库只有1个收货口和2个发货口，不是一个理想的中转仓库。光是为了应对现有这3家客户，设置3~4个收货口是绝对必要的，送货口的数量也应在3~4个。所有的收货口和送货口应相对库外泊位地面抬高1.3米，投资许可的话应安装卸货平台，支持快速装卸。收货口的位置应靠近发货口，但同时又不至于靠得过近造成动线阻塞。

在安排车辆靠泊方面，应尽量安排大批量装载的卡车停泊在靠近中转区域中间的位置。

利得公司如何做好收货作业

利得公司是一家第三方物流公司，2005年底承包了某个大型的配送中心。该配送中心主要是为当地及周边地区多家家电经销商做产品的配送业务。配送中心长170米，宽60米，建筑面积10200平方米，中心的收发货平台可同时容纳40辆车同时装载。中心的管理采用无线终端扫描技术（RF）并结合仓库管理系统（WMS）进行运作。中心的搬运设备采用欧式托盘（0.8m×1.2m），目前中心日均出入库量约8000箱（台）。

公司的业务量已经开始增加，目前又有一家电脑经销商有意向把配送业务交给利得公司。现在出现的一些现象已引起公司的重视，比如进出配送中心的车辆越来越多，而中心仓库外面的面积是有限的；又比如供应商反映配送中心收货时间长、速度慢；还有就是各环节运作的差错率有提高的趋势。公司的管理层已经认识到必须对配送中心的运作流程进行优化和细化，做好充分准备迎接业务量的增加，同时也要充分利用配送中心的资源，进一步降低成本。

资料来源：根据凌润物流网（www.link-run.com）有关资料整理得到。

思考题

1. 嘉农是采取哪些收货措施而实现高效中转的？

2. 结合上述资料，请回答一个配送中心完整的运作流程包括哪些环节，简述每个环节的主要内容。

3. 作为优化与细化流程的一个方面，利得公司认为做好收货前的准备工作很有必要，这些准备工作包括哪些？

4. 做好收货前的准备工作对利得公司能带来哪些益处？

实习实训

1. 实训目的：让学生熟悉和掌握商品的分区、分类管理方法，商品的检查和收货方法。

2. 实训方式：实际操作及上机模拟软件操作。

3. 实训内容：

（1）编制商品收货作业计划。（2）做好入库前的准备工作。（3）接运与卸货。（4）核对单据。（5）初步验收。（6）办理交接手续。（7）商品验收。（8）进货信息的处理。

4. 实训条件及组织形式：

（1）在150平方米实训室进行，每6人一组，每组选一个组长，每人扮演一个角色。

（2）实训室配备电脑、打印设备及纸张，条码扫描仪等复核设备，手推车6台，木托盘6个，胶带若干。

5. 实训步骤：

实训具体步骤参照项目任务一、任务九、任务十。

6. 考核及评价：

（1）考核分值比例：实际操作50%，实训报告30%，团队合作表现10%，实训表现10%。

（2）考核形式：教师点评40%，学生分组互评30%，学生自评30%。

项目四　装卸搬运作业

项目任务单

一、企业岗位

装卸搬运员

二、岗位职责

（1）熟悉所要装卸搬运货物的性能特点，根据有关部门的要求，将货物装卸搬运到指定的位置，并进行合理的码放；

（2）熟练掌握装卸搬运作业的相关技术，认真完成每日的装卸搬运任务；

（3）做好装卸搬运设备的定期检查工作，对设备出现的不良状况能及时向设备维修员报告。

三、完成装卸搬运作业任务所需知识和能力

1. 知识

配送中心装卸搬运的含义、装卸搬运的地位与作用、装卸搬运的特点、配送中心装卸搬运分类、配送中心装卸搬运设备与设施、装卸搬运设备的运用方法、装卸搬运方法、装卸搬运方案设计流程、装卸搬运的作业组织工作、装卸搬运活性的含义、"活性指数"的含义等。

2. 能力

（1）能正确叙述配送中心装卸搬运设备与设施的特点及适用场合；

（2）能正确叙述装卸搬运方案设计流程；

（3）能根据具体作业场景选择装卸搬运方法，应用搬运活性理论；

（4）能掌握装卸搬运作业的组织工作；

（5）能正确设计装卸搬运系统；

（6）能正确操作常用装卸搬运工具。

四、项目教学任务

序号	教学任务	课时
1	任务一：了解装卸搬运的基本知识	
2	任务二：了解配送中心装卸搬运分类	
3	任务三：认识配送中心装卸搬运设备与设施	2
4	任务四：掌握装卸搬运设备的运用方法	

续表

序号	教学任务	课时
5	任务五：选择装卸搬运方法	2
6	任务六：熟悉装卸搬运方案设计原则	
7	任务七：掌握装卸搬运方案设计	
8	任务八：掌握装卸搬运方案改进与优化	
9	任务九：熟悉装卸搬运的作业组织工作	2

任务情境

☞任务一：了解装卸搬运的基本知识

（一）配送中心装卸搬运的含义

装卸搬运通常是指在同一区域范围内进行的、以改变物品的存放状态和空间位置为主要内容和目的的活动。

装卸是指物品在指定地点以人力或机械装入或卸下运输设备，具体而言，装卸主要指垂直方向地改变“物”的存放状态和位置。

搬运则主要指同一场所内，水平方向地改变“物”的存放状态和位置，对物品进行水平移动为主的物流作业。

有时候或在特定场合，单称“装卸”或单称“搬运”，也包含了“装卸搬运”的完整含义。在物流配送中心的实际操作中，装卸与搬运是密不可分的，两者是伴随在一起发生的。习惯上，物流领域（如铁路运输）常将装卸搬运这一整体活动称作“货物装卸”；生产领域常将这一整体活动称作“物料搬运”。实际上，活动内容都是一样的，只是领域不同而已。

（二）装卸搬运的地位与作用

装卸搬运（以下简称为搬运）作业的基本活动包括装车（船）、卸车（船）、堆垛、入库、出库以及连接上述各项动作的短程输送，是随货品运输和储存保管等作业活动而产生的必要活动。在物流过程中，搬运作业是不断出现和反复进行的（见图4-1），它出现的频率高于其他各项物流活动，每次搬运活动都要花费很长时间，所以搬运作业往往成为决定物流速度的关键。搬运活动所消耗的人力也很多，所以搬运费用在物流成本中所占的比重也比较高。

此外，进行搬运操作时往往需要接触货物，因此，这是在物流过程中造成货物破损、散失、损耗、混合等损失的主要环节。例如袋装水泥纸袋破损和水泥散失主要发生在搬运过程中，玻璃、机械、煤炭等产品在搬运时最容易造成损失。

由此可见，搬运活动是影响物流效率、决定物流经济效益的重要环节。

（三）装卸搬运的特点

（1）装卸搬运作业是附属性、伴生性的活动。装卸搬运作业是配送中心每一项活动

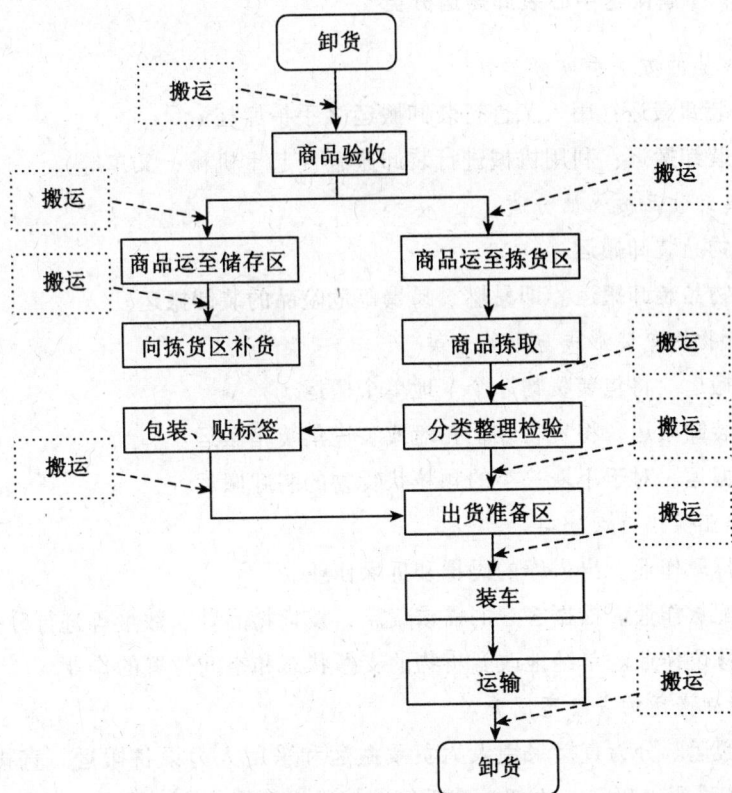

图 4-1 物流作业流程中的装卸搬运环节示意图

开始及结束时发生的活动，因而时常被人忽视，有时也被看作其他作业的组成部分。例如，一般而言的"汽车运输"，实际包含了相伴的装卸搬运；仓库中泛指的保管活动，也含有搬运活动。

（2）装卸搬运作业是支持、保障性的活动。装卸搬运作业的附属性不能理解成被动的。实际上，装卸搬运作业对其他作业活动有一定的决定性。装卸搬运作业会影响其他作业活动的质量和速度。例如，装车不当，会引起运输过程中的损失；卸放不当，会引起下一步作业的困难。许多物流活动只有在有效的搬运支持下，才能实现高效率。

（3）装卸搬运作业是衔接性的活动。任何其他作业活动之间相互过渡时，都以装卸搬运来衔接，因而装卸搬运作业往往会成为整个物流系统的"瓶颈"，是物流配送中心各功能之间能否形成一个有机整体的关键所在。建立一个有效的物流系统，关键看这一衔接是否有效。比较先进的系统物流方式——联合运输方式就是为着力解决这种衔接问题而出现的。

另外，装卸搬运在生产领域表现出均衡性，生产过程的物料装卸搬运必须与生产活动的节拍一致；在流通领域表现出波动性，流通领域的装卸搬运在时间和空间上表现出分布不均衡，货物装卸通常有波动性、间歇性、突击性等特点。

☞**任务二：了解配送中心装卸搬运分类**

（一）按作业的方法手段分类

（1）人力装卸搬运：用人工进行装卸搬运（手抬肩扛）。

（2）机械装卸搬运：利用机械进行装卸搬运（起重机械、叉车等）。

（二）按装卸物品的性质分类

（1）普通物品装卸搬运。

（2）危险物品装卸搬运。即易燃、易爆等危险品的装卸搬运。

（三）按货物的包装形式与形状分类

（1）单件搬运。将包装货物一个个地单个搬运。

（2）单元装卸搬运。将货物装上托盘或装进集装箱搬运。

（3）散货搬运。对于小麦一类的颗粒状货物的装卸搬运。

（四）按作业操作特点分类

（1）堆码拆取作业。出入库的码摆和拆垛作业。

（2）分拣配货作业。根据客户的需求信息，按货物品种、数量等进行分拣货物作业。

（3）挪动移位作业。单纯地改变货物的支撑状态和空间位置的作业。

（五）按装卸搬运的设备不同分类

（1）人力搬运。分为直接采用人力负重搬运和采用人力设备搬运。直接采用人力负重搬运只适用于堆码、拆码、上架、装拆箱、打码成组等作业，或者应急作业。人力负重能力小、人体容易受伤害、作业不稳定、计量不准、持续时间极短，因而效率低、容易产生差损，正常的作业安排不应依赖人力负重搬运作业。

人力设备搬运则是较为常见的方法，如手推车、人力拖车、手动提升机等。采用人力设备搬运应注意控制搬运距离，不能进行长距离搬运；每次搬运负荷控制在适当的范围，如手推车不得超过 500 公斤，搬运线路地面平坦，避免在坡度大的场地进行。

（2）叉车搬运。叉车搬运是仓库近距离搬运的主要方法，是直接利用叉车的水平移动能力进行搬运。叉车搬运分为直接对大型货物搬运和利用货板、托盘打码搬运。叉车具有提升能力，能直接进行装卸车、搬运、堆垛、上架作业。但叉车自重量小，作业较不稳定，容易发生货物滑落，尤其是在地面不平坦及转弯作业时，更不稳定。

（3）拖车搬运。利用机动拖车和平板车相结合的搬运，一般适用于较远距离、地面不平坦的场地搬运。拖车搬运量较大，可适用于任何货物，包括集装箱的搬运。但拖车搬运需要装卸车作业，只有在两端直接装卸作业时才有效率。

（4）输送带搬运。利用输送带将货物从装卸场传输到仓库的搬运方法，可以实现不间断搬运，是效率较高的搬运方式，且搬运质量最佳。现今的散装货物库场搬运基本上都使用输送带搬运。输送带是自动化仓库最重要的设备。由于输送带固定安装，只能在特定的场合使用。输送带的一次载货量较小，不适合较重的大件货物搬运。

☞**任务三：认识配送中心装卸搬运设备与设施**

（一）叉车

叉车是一种用途广泛的装卸搬运设备。叉车按构造可分平衡重式、前移式、插腿式；按动力分为电动、内燃叉车。其中内燃叉车按燃料可分汽油（2吨以下的）叉车、柴油（2吨以上的）叉车。

1. 平衡重式叉车（图4-2）

平衡重式叉车用内燃机或电池作为动力，依靠自身重量与货叉上的重量相平衡，防止叉车装货后向前倾翻。特点是车体自身较重、操作简单、机动性强、效率高。适用于路面较窄、搬运距离较长的场站、配送中心和工厂。

2. 前移式叉车（图4-3）

前移式叉车用电池作为动力，前部设有跨腿，跨腿前端装有支轮，和车体两轮形成四轮支撑。起重货架可以伸缩，在进行堆垛作业时，可以只伸架不伸腿。适合狭小场地的装卸。

图4-2 平衡重式叉车　　　图4-3 前移式叉车　　　图4-4 插腿式叉车

3. 插腿式叉车（图4-4）

插腿式叉车的货叉能够旋转，具有结构简单、外形尺寸小等特点。适合狭窄的通道和仓库的运输与堆垛作业。

4. 拣选叉车（图4-5、图4-6）

分拣人员能随装卸装置一起在车上进行拣货作业，适合少批量、多品种的拣货作业，与高层货架配合，特别适合配送中心的拣选作业。

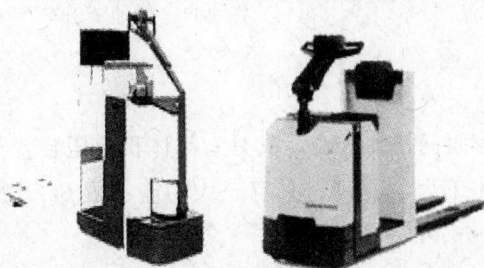

图4-5 高位拣选叉车　　　　　图4-6 低位拣选叉车

（二）堆高车

堆高车是指对成件托盘货物进行装卸、堆高、堆垛和短距离运输作业的各种轮式搬运车辆。国际标准化组织 ISO/TC110 称之为工业车辆。其结构简单、操控灵活、微动性好、防爆安全性能高，适用于狭窄通道和有限空间内的作业，是高架仓库、车间装卸托盘化的理想设备。各类堆高车见图 4-7、图 4-8、图 4-9。

图 4-7 手动堆高车　　　图 4-8 站式电动堆高车　　　图 4-9 坐式电动堆高车

（三）牵引车

牵引车分为电动牵引车（见图 4-10）和燃油牵引车（见图 4-11）。电动牵引车具有能量转换效率高、噪音小、无废气排放、控制方便等优点，能满足各类物流运输配送系统需要，可显著提高生产作业效率。

图 4-10 电动牵引车　　　　　　图 4-11 燃油牵引车

（四）手动液压搬运车（图 4-12）

手动液压搬运车主要应用于需要水平搬运而拥挤的场合。其具有小体积液压装置，特点是操作简单，使用方便。手柄设计符合人体工程学原理，具有三大功能：提升、搬运、放下，是车间货物搬运的好帮手。

（五）手推车（图 4-13）

图 4-12　手动液压搬运车

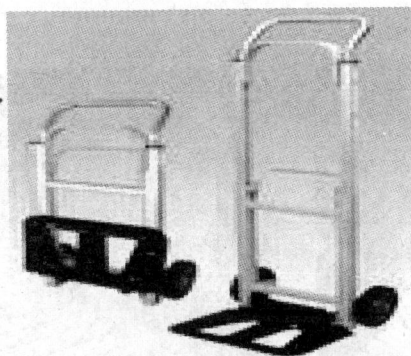

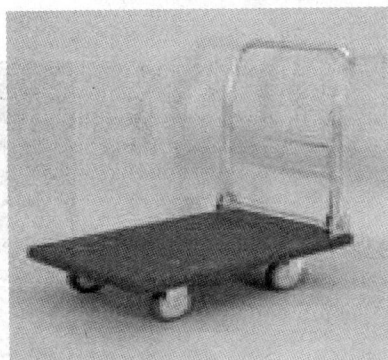

图 4-13　手推车

（六）自动搬运机

1. 机械手自动搬运机（图 4-14）

机械手自动搬动机能按预先设定的命令由机械代替人工进行操作，适用于固定重复的作业方式。

2. 无人搬运车（图 4-15）、自动引导搬运车（AGV）（图 4-16）

图 4-14　机械手自动搬运机　　图 4-15　无人搬运车　　图 4-16　自动导引搬运车

（七）自动输送系统

1. 带式输送机

带式输送机采用胶带作牵引构件，将输送带张紧在辊柱上，外力驱动辊轮转动，带动输送带循环转动，依靠货物和输送带之间的摩擦力运送货物（见图 4-17）。特点是输送货物量大，品种多，输送距离长。

2. 链式输送机

链式输送机适用于输送单元负载。特点是输送速度慢，动力损耗低，承载能力大，结构简单，容易维护（见图 4-18）。

3. 辊道输送机

辊道输送机适用于各类箱、包、托盘等件货的输送，散料、小件物品或不规则的物品需放在托盘上或周转箱内输送。特点是能够输送单件重量较大的物料，或承受较大的冲击载荷。辊道输送机结构简单，可靠性高，使用维护方便（见图 4-19）。

图 4-17　带式输送机　　　　图 4-18　链式输送机　　　　图 4-19　辊道输送机

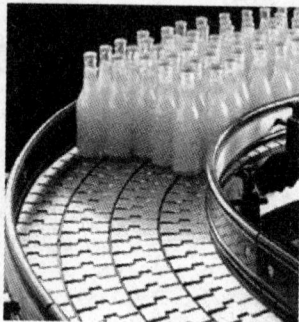

（八）装卸搬运设备系统

1. 半自动化系统

物料处理的半自动化系统是指在机械化的基础上，在局部关键的作业面上采用自动化设备，以提高作业效率，一般在分拣、运输环节实现自动化。

2. 自动化系统

当库区的物料处理的全部功能都实现自动作业，并且各作业环节相互连成一体，从入库到出库在整体上实现自动控制时，这样的物料处理系统称为自动化系统。自动化的优势来自于应用大量的自动化设备。它的缺点也是十分明显的，主要是投资额大，开发和应用技术比较复杂，维护工作难度高。

现代自动化分拣系统与半自动化系统不同的是，它需要把分拣作业前后的作业连接起来，并实现自动作业，从收到货物、接受处理到出库装车，整个过程实现自动化（见图4-20）。常见设备有带式分拣机、托盘式分拣机、翻板分拣机、浮出式分拣机、悬挂式分拣机、滚柱式分拣机。

（九）自动化高架仓库

高架仓库又称立体仓库或机械化仓库，其货架很高，可以高达 20 多米。在高架仓库

图 4-20　自动化分拣系统

中，从收货入库到出库装运全部实现自动化。

基本组成部分包括：货架、存取设备、输入输出系统、控制系统（见图 4-21）。

图 4-21　自动化高架仓库

（十）托盘

1. 平托盘（图 4-22）

平托盘是在承载面和支撑面间夹以纵梁，构成可集装物料、可使用叉车或搬运车等进行作业的货盘。

2. 箱式托盘（图 4-23）

箱式托盘是在平托盘基础上发展起来的，多用于散件或散状物料的集装，一般下部可叉装，上部可吊装，并可进行码垛（一般为四层）。

3. 附轮货架托盘（图 4-24）

图 4-22 平托盘

图 4-23 箱式托盘

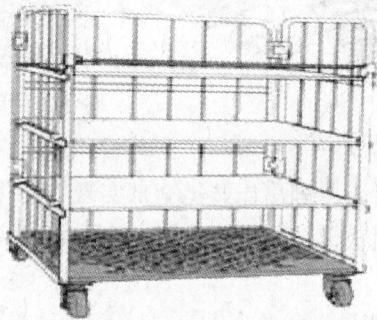

图 4-24 附轮货架托盘

附轮货架托盘在平托盘、柱式托盘或网箱托盘的底部装上脚轮而成,既便于机械化搬运,又宜于短距离的人力移动,适用于企业工序间的物流搬运,在工厂或配送中心装上货物运到商店,直接作为商品货架的一部分。

(十一) 周转箱

周转箱和托盘一样都是集装容器,有助于在装卸搬运过程中提高效率。在物流管理越来越被广大企业重视的今天,周转箱帮助实现物流容器的通用化、一体化管理,是生产及流通企业进行现代化物流管理的必备品。包装箱式周转箱既可用于周转又可用于成品出货包装,轻巧、耐用、可堆叠(见图4-25)。

图 4-25 周转箱

☞任务四：掌握装卸搬运设备的运用方法

（一）装卸搬运设备配置的基本要求

（1）选取的作业设备尽可能合乎标准；

（2）尽可能把资金投在移动货物的设备上，而不是投在固定不动的设备上；

（3）设备性能必须满足系统要求，以保证设备的使用率，不让设备闲置；

（4）选取搬运设备时，应选净载重量与总重量之比尽可能大的设备；

（5）系统设计时应该考虑重力流；

（6）建成的系统应能提供尽可能大的连续的货物流。

（二）装卸搬运设备的选择

1. 以满足现场作业为前提

（1）装卸搬运机械首先要符合现场作业的性质和物资特点、特性要求。

（2）装卸搬运机械的作业能力（吨位）与现场作业量之间要形成最佳的配合状态。

（3）其他影响条件。

2. 控制作业费用

控制装卸搬运作业费用，需要综合考虑装卸搬运成本，主要包括以下要素：（1）设备投资额；（2）装卸搬运机械的运营费用；（3）装卸搬运作业成本。

3. 装卸搬运机械的配套

装卸搬运机械的配套是指根据现场作业性质、运送形式、速度、搬运距离等要求，合理选择不同类型的相关设备。

按装卸搬运作业量和装卸搬运物资的种类进行机械配套，在确定各种机械生产能力的基础上，按每年装卸搬运 1 万吨货物需要的机械台数和每台机械所装卸搬运物资的种类及每年完成装卸搬运货物的吨数进行配套。

此外，还可以采用线性规划方法来设计装卸搬运作业机械的配套方案，即根据装卸搬运作业现场的要求，列出数个线性不等式，并确定目标函数，然后求出最优的各种设备台数。

☞任务五：选择装卸搬运方法

（一）单件作业法

装卸搬运一般单件货物，通常是逐件由人力作业完成的，对于一些零散货物，诸如搬家货物等也常采用这种作业方法，长大笨重货物、不宜集装的危险货物等仍然采用单件作业法。单件作业依作业环境和工作条件可以采用：（1）人工作业法；（2）机械化作业法；（3）半机械化作业法；（4）半自动化作业法。

（二）单元作业法

1. 托盘作业法

托盘作业法是用托盘系列集装工具将货物形成成组货物单元，以便采用叉车等设备实现装卸搬运作业机械化的作业方法。一些不宜采用平托盘的散件货物可采用笼式托盘形成成组货物单元。一些批量不很大的散装货物，如粮食、食糖、啤酒等可采用专用箱式托盘形成成组货物单元，再辅之以相应的装载机械、泵压设备等，实现托盘作业法（见图 4-26）。

图 4-26　托盘作业法

2. 集装箱作业法

（1）垂直装卸法。垂直装卸法在港口可采用集装箱起重机，目前以跨运车应用为最广，但龙门起重机方式最有发展前途。

在车站以轨行式龙门起重机方式为主，配以叉车较为经济合理，轮胎龙门起重机、跨运车、动臂起重机、侧面装卸机也较多采用。

（2）水平装卸法。水平装卸法在港口是以挂车和叉车为主要装卸设备，在车站主要采用叉车或平移装卸机，在车辆与挂车间或车辆与平移装卸机间进行换装。

（3）集装箱装卸作业的配套设施。主要包括：维修、清洗、动力、照明、监控、计量、信息和管理设施等。在工业发达国家集装箱堆场作业全自动化已付诸实施。

3. 框架作业法

框架通常采用木制或金属材料制作，要求有一定的刚度、韧性，质量较轻，以保护商品、方便装卸和运输作业。适用范围包括：管件以及各种易碎建材，如玻璃产品等，一般适用于各种不同集装框架，实现装卸机械化。

4. 货捆作业法

货捆作业法是用捆装工具将散件货物组成一个货物单元，使其在物流过程中保持不变，从而能与其他机械设备配合，实现装卸作业机械化。木材、建材、金属之类货物最适于采用货捆作业法。带有与各种货捆配套的专用吊具的门式起重机和悬臂式起重机是货捆作业法的主要装卸机械，叉车、侧叉车、跨车等是配套的搬运机械。

5. 滑板作业法

滑板是用纸板、纤维板、塑料板或金属板制成，与托盘尺寸一致的带有翼板的平板，用以承放货物的搬运单元，与其配套的装卸作业机械是带推拉器的叉车。叉货时推拉器的钳口夹住滑板的翼板，将货物支上货叉，卸货时先对好位，然后叉车后退、推拉器前推，货物放置就位。滑板作业法虽具有托盘作业法的优点且占用作业场地少，但带推拉器的叉车较重、机动性较差，对货物包装与规格化的要求很高，否则，不易顺利作业。

6. 网袋作业法

将粉粒状货物装入多种合成纤维和人造纤维编织成的集装袋、将各种袋装货物装入多种合成纤维或人造纤维编织成的网、将各种块状货物装入用钢丝绳编成的网，这种先集装再进行装卸作业的方法称为网袋作业法（见图 4-27）。该法适用于粉粒状货物、各种袋装货物、块状货物、粗杂物品的装卸作业。特点是网袋集装工具体积小，自重轻，回送方便，可一次或多次使用。

图 4-27　网袋作业法

7. 挂车作业法

挂车作业法是先将货物装到挂车里，然后将挂车拖上或吊到铁路平板车上的装卸作业方法。通常将此作业完成后的运输组织方式称背负式运输，是公铁联运的常用组织方式。

（三）散装作业法

1. 重力法

重力法是利用货物的势能来完成装卸作业的方法。它主要适用于铁路运输，汽车也可利用这种装卸作业法。重力法装车设备有筒仓、溜槽、隧洞等几类。重力法卸车主要指漏斗车等在高架线或卸车坑道上自动开启车门、煤或矿石依靠重力自行流出的卸车方法。

2. 倾翻法

倾翻法是将运载工具的载货部分倾翻从而将货物卸出的方法，主要用于铁路敞车和自卸汽车的卸载，汽车一般是依靠液压机械装置顶起货厢实现卸载的。

3. 机械法

机械法是采用各种机械，使其工作组件直接作用于货物，如通过舀、抓、铲等作业方式达到装卸目的的方法。常用的机械有带式输送机、堆取料机、装船机、链斗装车机、单斗和多斗装载机、挖掘机及各种抓斗等。

（四）各种作业方法比较

各种作业方法各有其优缺点（见表 4-1），我们可以根据物品性质、种类、大小、轻重灵活采用。

表 4-1　　　　　　　　　　　　　各种作业方法比较表

特点 ＼ 方法	集装箱	货捆	托盘	滑板	网袋
初次投资	最高	最低	高	中	低
运营费用	最高	最低	高	中	低
装卸效率	高	中	中	低	中

续表

方法\特点	集装箱	货捆	托盘	滑板	网袋
货物安全性	好	中	中	差	中
运输工具载重	降低	提高	降低	不变	不变
运营管理	复杂	简单	复杂	简单	简单
适用货种	较贵重的成件包装货物，进出口、联运货物	木材、建材、金属	成件包装货物，瓜果、蔬菜、砖瓦	包装一致的成件包装货物	粉粒状货物，袋装货物，块状粗杂品

注：1. 表中高、低、好、差等评价均系五种方式横向对比而言，所指均为一般情况，对具体品名，作业量要进行具体计算才能得出具体结论。

2. 挂车的特点和应用范围都和集装箱相同，目前仅用于公路与铁路联运线上。

☞任务六：熟悉装卸搬运方案设计原则

根据搬运活性理论和物流作业经验，我们可以得到装卸搬运合理化的基本原则，具体表现在以下各方面：

（1）装卸搬运次数最少。配送中心应通过良好的组织和妥善的安排，使货物被装卸和搬运的次数最少，消除无效装卸和搬运。

（2）装卸搬运移动距离最短。在装卸和搬运作业中，清理作业现场，妥善调度车辆等运输工具，务必使装卸搬运距离最短。尽可能使运载车辆、搬运工具接近货物存放的位置，或装卸作业设备能直接进行作业的位置。尽可能消除完全采用人力的水平搬运。

（3）装卸搬运作业衔接流畅。搬运和装卸是伴随进行的，如果搬运和装卸脱节，会使作业量大幅增加。比如说，搬运到装车场地的货物，先要卸下搬运设备，在地面堆放，然后再从地面装上车辆，这就意味着增加了一次落地和离地的作业。相反直接从车辆、船舶卸到搬运设备上，运到堆场堆垛，装卸搬运作业量就会减少。

（4）机械化作业。装卸搬运是高强度、大负荷的作业，采用人力作业不仅效率低下，而且容易产生差损。配送中心装卸搬运作业应采用机械作业，降低劳动强度、提高装卸搬运效率。机械化作业不仅包括复杂的机械作业，还可以使用简单机械，如人力吊机、手推车等人力机械进行作业。

（5）托盘化、集成化等成组作业。这主要是应用活性理论，将货物直接堆放在托盘上，进行必要的固定，连同托盘一起进行搬运、装卸和堆垛的作业方式。成组作业不仅提高效率，还减少货物在作业中的耗损和散失。在成组作业时要注意使用标准化的成组设备。

（6）省力化作业。装卸搬运作业毕竟还不能实现完全的无人化作业，需要适当使用人工作业或协助作业。为了降低作业的劳动强度，省力化的作业设计和组织极为必要。省力化作业方法主要有：充分利用重力，如采用滑板、自上向下作业等；避免重物提升，如重货放在货架下层的齐腰高度，建造与车厢同样高度的车辆作业平台；可能的话采用滚动作业等。

（7）系统化作业。装卸搬运作业与进货作业、仓储作业、分拣作业、送货作业等其他作业紧密相连。因此，必须通过系统化、全局化的组织和协调，实现装卸搬运的合理化。

☞**任务七：掌握装卸搬运方案设计**

（一）收集资料数据

收集资料数据，确定配送中心物料的类型、物流量、移动方式、设备设施的布置。

1. 五类基本数据 P、Q、R、S、T

P 代表物料品种、系列、规格；

Q 代表每种物料的数量；

R 代表生产工艺流程、物流路线；

S 代表信息；

T 代表各种作业所需时间。

2. 机器设备及设施布置情况

（1）设施布置原则：①与单位容器一致。②与物流系统设备规格型号一致。

（2）设施布置应考虑的因素：①物料因素。②移动因素。③装卸搬运方法。

（3）设施布置类型：

①固定位置布置。适用于产品或物料尺寸比较大，数量比较少，作业过程比较简单的情况。

②按作业工艺过程布置。适用于产品或物料多样化、少批量（或中等批量）的情况。

③按产品布置（流水作业）。适用于经营某一大类产品或物料，产品数量多，标准化程度高，作业过程简单的情况。

3. 物料搬运三要素

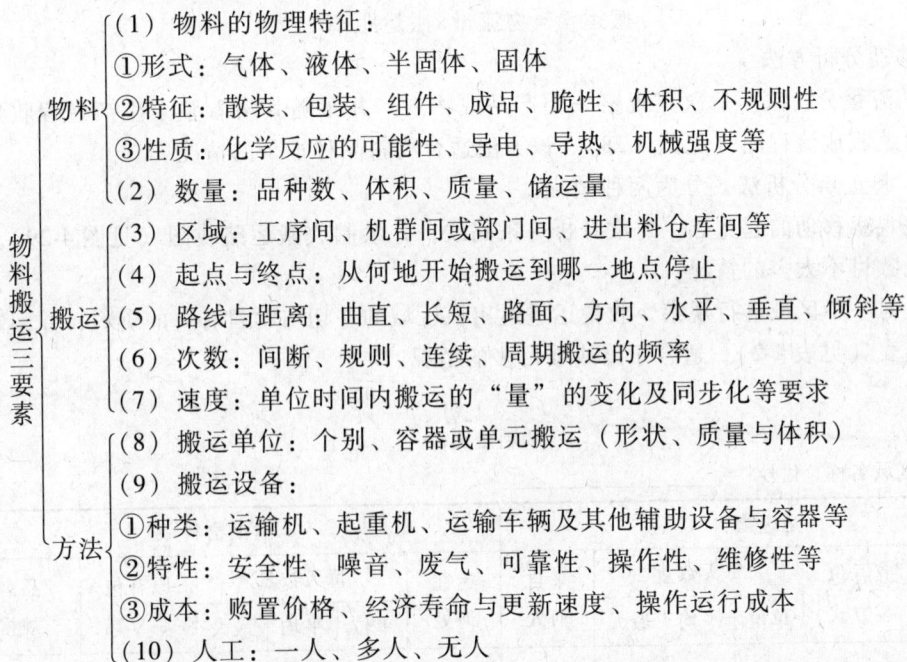

物料搬运三要素

物料
（1）物料的物理特征：
①形式：气体、液体、半固体、固体
②特征：散装、包装、组件、成品、脆性、体积、不规则性
③性质：化学反应的可能性、导电、导热、机械强度等
（2）数量：品种数、体积、质量、储运量

搬运
（3）区域：工序间、机群间或部门间、进出料仓库间等
（4）起点与终点：从何地开始搬运到哪一地点停止
（5）路线与距离：曲直、长短、路面、方向、水平、垂直、倾斜等
（6）次数：间断、规则、连续、周期搬运的频率
（7）速度：单位时间内搬运的"量"的变化及同步化等要求

方法
（8）搬运单位：个别、容器或单元搬运（形状、质量与体积）
（9）搬运设备：
①种类：运输机、起重机、运输车辆及其他辅助设备与容器等
②特性：安全性、噪音、废气、可靠性、操作性、维修性等
③成本：购置价格、经济寿命与更新速度、操作运行成本
（10）人工：一人、多人、无人

（二）移动分析

设施布置决定了物料搬运的起点和终点的距离，因此，移动分析必须建立在相似物料

搬运作业与具体布置结合的基础上。

1. 分析各种资料

（1）物料的类别和基本特征。分析配送中心所经营的物料的物理、化学特征，物料的分类。

物料分类是将多品种物料按其性质和其他条件逐次区别，分别纳入不同的货物类别，并进行系统的排列，以提高作业效率。把生产系统所需储运的全部物料按搬运和储存的技术要求进行分类，要特别注意它们的形式、特征和性质，因为这些因素影响搬运和储存的技术要求最大。一般可分为 8 个基本类型：①散装物料，如煤、型砂等；②板料、型材，如金属、塑料等；③单件物料，如大型机械部件；④桶装料，如油、各种粉料；⑤箱盒装料，如各种小零件；⑥袋装料，如各种粉料；⑦罐装料，如各种气体、液体、粉料；⑧其他。

（2）路线的移动距离和路线的具体情况（弯曲程度、路面情况、气候与环境、拥挤程度、起止点组织情况）。

①外部情况。包括运输问题、目的地距配送中心距离、起运地位置等。

②内部情况。包括移动的起止点是否在同一部门，是否接近搬运设备，运送的部门。

③距离。需要了解是否水平、垂直及倾斜移动。垂直距离（如楼层之间）可换成当量距离。属于哪种距离应在文件中注明。

④次数。掌握每日移动的次数。实际操作时应考虑以下移动方式：偶然、间断、一致、连续、重复及无法预料等。

⑤速度。即件/小时、磅/小时、吨/小时、尺/小时、箱/小时。

（3）搬运量：

$$搬运量 = 物流量 \times 搬运距离$$

2. 移动分析方法

（1）流程分析法。每次只观察一类产品或物料，并跟随其沿着整个生产过程收集资料，最后编制成流程图（见图 4-28）。该方法适合物料品种很少的情况。

（2）起止点分析法。分为两种做法：

一是观察移动的起止点，每次分析一条路线，并绘制成搬运路线图（见图 4-29）。适合于路线数目不太多的情况。

二是对一个区域进行观察，收集运进运出该区域的一切与物料有关的资料，并编制成物料进出表（见表 4-2），适合于路线数目多的情况。

表 4-2　　　　　　　　　　　　　　物料进出表

作业区域名称、代号：＿＿＿＿＿＿＿＿＿＿＿＿＿＿

运进物料						运出物料					
品名规格	原有包装方式	每天数量			来自何处	运往何处	每天数量			原有包装方式	品名规格
		单位	平均	最大			单位	平均	最大		

说明	距离(m)	时间(min)	加工	搬运	检验	停滞
材料仓库			○	⇨	□	▽
将圆钢运到锯床(手推车)	16	1.60	○	⇨	□	▽
等待加工		120.00	○	⇨	□	▽
用锯床切断圆钢		8.75	○	⇨	□	▽
放在零件台上		30.00	○	⇨	□	▽
运到车床的材料架上(手推车)	18	1.80	○	⇨	□	▽
等待加工		48.00	○	⇨	□	▽
粗车		120.45	○	⇨	□	▽
放在车床的材料架上(人工搬运)	3	0.23	○	⇨	□	▽
精车		45.00	○	⇨	□	▽
放在车床的零件台上		138.00	○	⇨	□	▽
搬到铣床的材料架上(人工搬运)	19	1.07	○	⇨	□	▽
等待		46.00	○	⇨	□	▽
在铣床上铣键槽		23.00	○	⇨	□	▽
放在铣床的零件台上		18.00	○	⇨	□	▽
运到磨床的材料架上(轨道手推车)	22	2.20	○	⇨	□	▽
等待加工		36.00	○	⇨	□	▽

图 4-28 工艺流程图

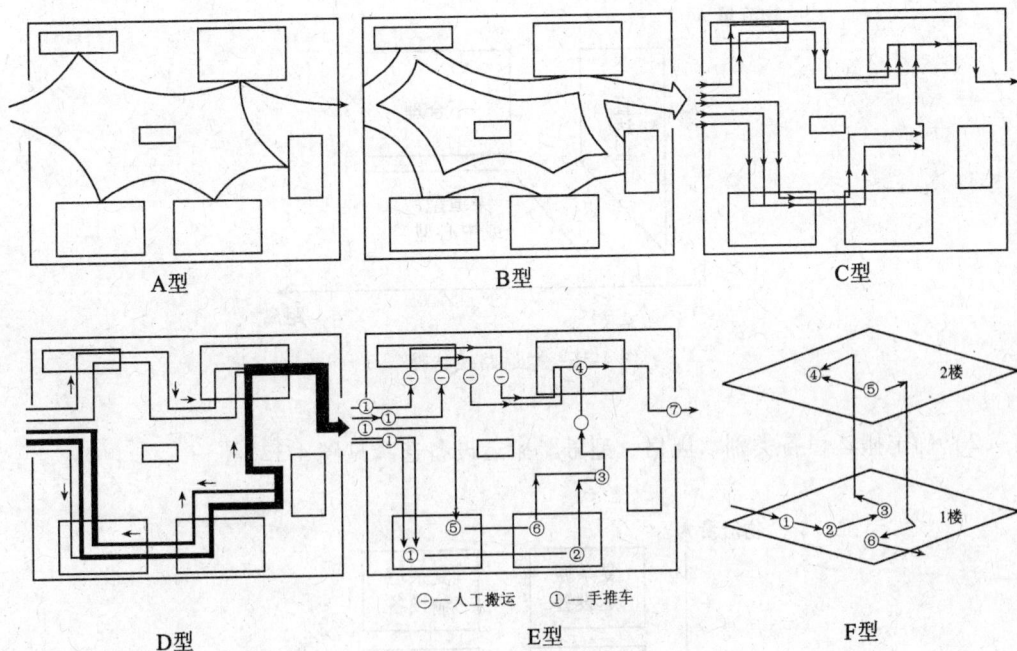

图 4-29 搬运路线图

3. 编制装卸搬运活动一览表

编制装卸搬运活动一览表，并绘制流程图，将各项移动的分析结果标注在流程图上，起到一目了然的作用。

（三）分析搬运方法，形成搬运方案

就是将一定类型的搬运设备与一定类型的运输单元相结合，并进行一定模式的搬运活动，以形成一定的搬运路线系统。一般而言，每个搬运方案都是几种搬运方式的结合。这一过程须建立搬运方法工作表、需求计算表和评价表。

1. 确定搬运方法

（1）确定搬运路线（直达型、渠道型、中心型路线，见图 4-30）。

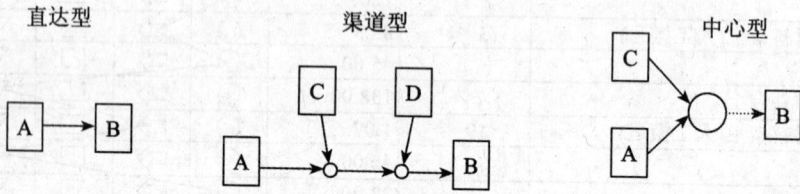

图 4-30　搬运路线图

搬运路线选择方法见图4-31，具体而言，距离短而物流量大宜选择直达型路线；距离长而物流量小宜选择渠道型或中心型路线。

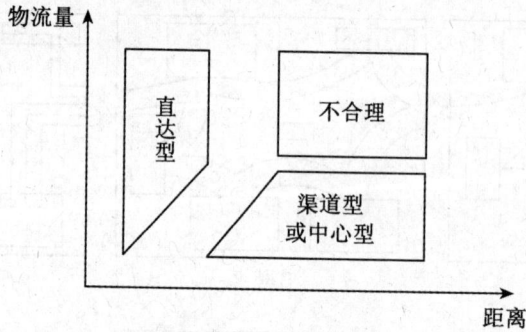

图 4-31　搬运路线选择

（2）确定搬运设备类别、规格、型号。搬运设备选择见图4-32。

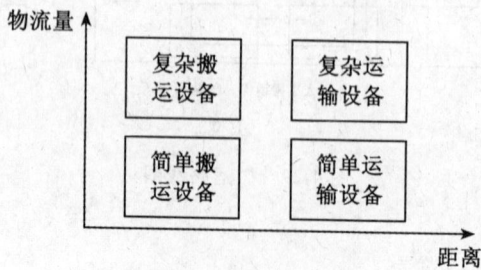

图 4-32　搬运设备选择

①根据距离与物流量大小，确定设备类别。

②根据设备的技术指标和物流特点选择设备规格及型号。

（3）根据物料分类一览表确定运输单元。

2. 方案的修改和限制

除考虑搬运路线、设备和运输单元外，还须考虑正确、有效地操作设备，以及协调、辅助物料搬运正常进行（如生产和库存的协调）。常涉及的修改和限制内容有：同外部衔接的搬运方法、物料存放方式、空间限制、投资限制、现有生产流程限制。

3. 说明和各项需求的计算

对修改后的几个初步搬运方案，应逐个方案进行说明和计算，其内容包括：

（1）每条路线上每种物料搬运方法的说明；

（2）搬运方法之外的其他必要的变动说明（如更改设施布置、作业计划、生产流程、道路等）；

（3）计算搬运设备和人员需求量；

（4）计算投资和预期经营费用。

（四）方案评价

常用费用比较法和加权因素比较法。

（五）搬运方案的详细设计

主要是在初步方案的基础上，解决具体取货、卸货的搬运方法问题。一般来说需要考虑以下问题：

（1）选择单位容器：基本搬运单位。

（2）确定移动方式：移动的起讫点、路径、距离、次数以及速度等。

（3）确定物料装卸搬运的具体方法：设备、限制条件如何、人力搬运的比重。

（4）各项设备的详细规格型号和设施布置。

装卸搬运分析程序见图4-33。

☞任务八：掌握装卸搬运方案改进与优化

为降低搬运成本，应该充分考虑搬运距离和数量，即搬运的距离越短越好，搬运的数量越多越好，搬运的次数越少越好。这样，每单位的移动成本就能有效降低。

为了改进装卸搬运方案，首先要对搬运的对象、距离、空间、时间和手段进行研究。搬运路线是否最佳，将直接影响物流配送中心的作业效率和效益。搬运路线可以分为直线式和间接式两类。直线式路线就是不同货物分别由各自原点直接向终点移动，它适合搬运密度大、移动距离短的情况。直线式又分为单线和双线两种路线。双线式用于大量搬运情况。间接式路线是把分布在不同区域的各类货物相对集中起来共同搬运，而不是把每个货物直接搬运到终点。这种方式适用于搬运密度不大、距离较长而且厂房布置不规则的情况。

对装卸搬运方案改进，不仅要考虑上述搬运路线优化问题，还要结合设施设备、集装方法、搬运活性指数等因素综合权衡考虑。

装卸搬运方案改进与优化方法如下：

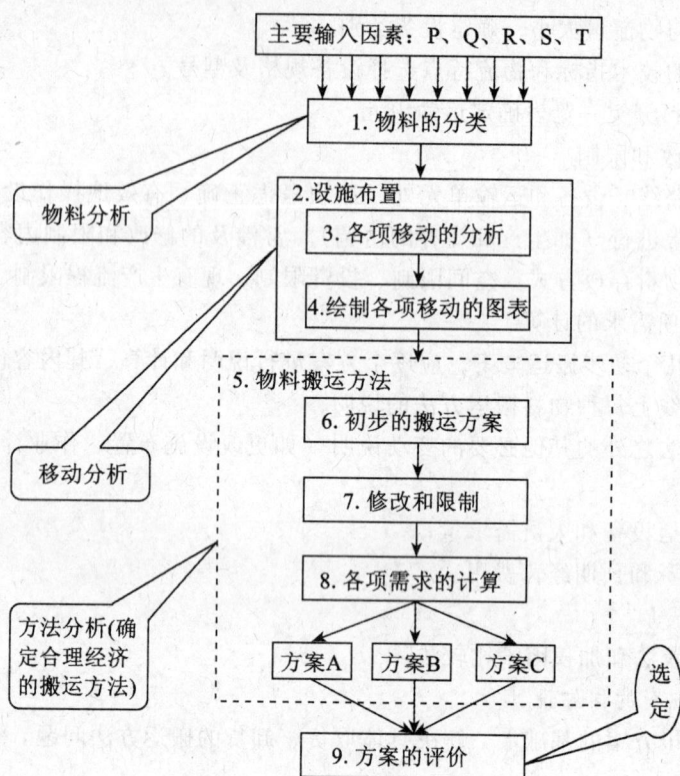

图 4-33 装卸搬运分析程序

（1）画出现有装卸搬运方案的移动路线图。

（2）进行物料搬运现状调查，发现存在的问题。

①有无只重视物料的移动而轻视物料取放的现象；

②有无过多的空搬运或无效搬运的现象；

③有无基本生产工人参与搬运作业过多的现象；

④有无只注重节省搬运工人而导致生产效率下降的现象；

⑤有无因将物料平地散放而多花费劳动力的现象；

⑥有无因将物料散乱放置而在取放物料时出现费时费工的现象；

⑦是否注意到搬运阻力；

⑧有无为了实现直线型布置而造成过多的无效搬运的现象；

⑨有无因搞先进先出而在搬运上造成费时费工的现象；

⑩各生产环节和工序之间有无重复取放等浪费劳力的现象；

⑪搬运作业之间的衔接处有无重复取放等浪费劳力的现象；

⑫物料搬运流程中有无不安全之处；

⑬有无因布局不合理造成搬运距离较长的情况；

⑭有无因布局不合理造成搬运费用高的情况。

（3）分析基本现状。一般来说可以从多个方面对现有搬运方案进行分析，常见的搬运方案分析方法如下。

①运用搬运活性理论，对现有方案进行搬运活性分析。由于装卸搬运是在物流过程中反复进行的活动，装卸搬运的速度可能决定整个物流速度，缩短每次装卸搬运的时间，就会使多次装卸搬运的累计效果十分可观。提高装卸搬运活性对提高物流经济效益是很重要的。搬运活性理论能改善装卸搬运作业，使方案设计、设备选择有定量的依据，还形成了一种检查比较方案的方法。搬运活性理论的应用主要体现在以下几个方面：

第一，测定整个装卸搬运系统的平均搬运指数。

装卸搬运活性是从物的静止状态转变为装卸搬运运动状态的难易程度。

如果很容易转变为下一步的装卸搬运而不需过多做装卸搬运前的准备工作，则活性就高；如果难于转变为下一步的装卸搬运，则活性低。

为了对活性有所区别，并能有计划地提出活性要求，使每一步装卸搬运都能按一定活性要求进行操作，对于不同放置状态的货物做了不同的活性规定，"活性指数"就是确定活性的一种标准方法。活性指数分为 0~4 共 5 个等级。表 4-3 为物料搬运活性指数表。

表 4-3 物料搬运活性指数表

活性指数	状态	是否需要下列活动				已完成的活动	未完成的活动
		聚集	拿起	抬高	运出		
0	散放在地上	要	要	要	要	0	4
1	放在容器内	否	要	要	要	1	3
2	放在托板上	否	否	要	要	2	2
3	放在车上	否	否	否	要	3	1
4	在移动中	否	否	否	否	4	0

第二，提出需要改进的局部区域或作业环节的方案。

图 4-34 为搬运活性指数分析图。某物料平均活性指数低说明物料流转中手工搬运和手工作业多，在搬运方面工作差，是改进的主要对象。

第三，根据搬运活性理论采取改进措施。平均活性指数及适用的改善措施见表 4-4。

表 4-4 平均活性指数与改善措施表

平均活性指数	适用的改善措施
<0.5	①使用容器 ②使用手推车 ③使用托板及叉车
0.5~1.3	①全面使用手推车 ②使用手动提升机 ③使用托板及叉车 ④采用简便输送机

平均活性指数	适用的改善措施
1.3~2.3	①全面使用叉车 ②使用输送机（皮带、滚轮、滚筒等） ③采用工业拖车 ④节省搬运工
>2.3	①全面使用工业拖车 ②以输送机和叉车为中心，重点在于节省搬运工

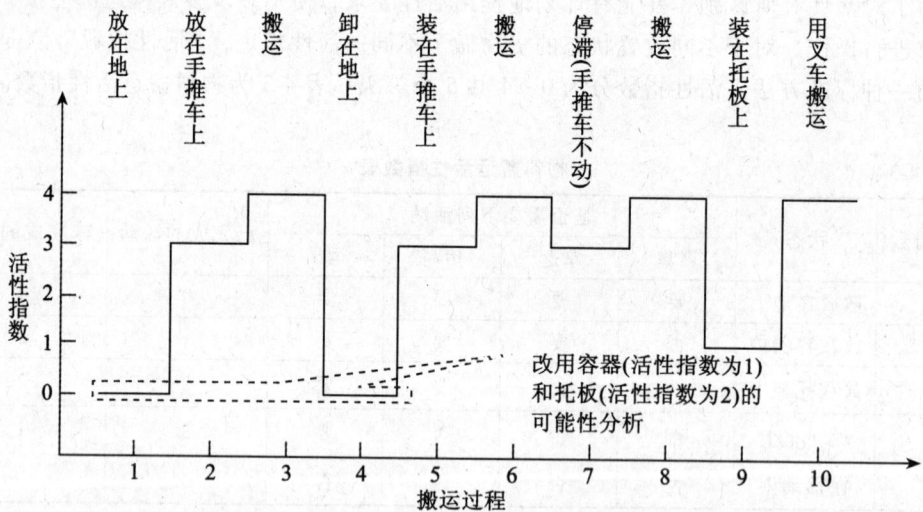

图 4-34　搬运活性指数分析图

②搬运重量比率分析。物料搬运工作量的大小，曾一直是以搬运重量与搬运距离的乘积来衡量的，这种方法在分析和处理有关生产现场物料搬运问题时暴露出比较突出的缺点，因为生产现场物料搬运中实际花费时间多、劳动强度大的是物料的取放，而不是物料的移动，然而这种方法却把取放所花费的时间和劳动量忽略了。针对这种情况，可通过计算搬运重量比率来分析和找出搬运中存在的问题。搬运重量比率的计算公式为：

$$搬运重量比率 = （搬运重量累计值／产成品净重量）×100\%$$

上式中的搬运重量累计值，是把由人力每次取放或移动物品的重量累计后的数值。由此可见，通过简化与合并搬运作业、减少搬运环节和搬运次数、实行单元化搬运或提高搬运机械化水平等，都可以降低搬运重量比率。

搬运重量比率可以用来分析不同搬运工序的劳动强度与好坏程度，亦可用来分析某工序改善后比改善前减少了多少搬运工作量，尤其是用来对比不同部分的搬运工作量最为有效，通过对比分析，便可找出需要改进的重点。

③空搬运分析。空搬运属于无效搬运，在搬运作业中有许多空搬运是可以减少或消除

的，应把它作为分析与改进的对象。为了找出重点改进对象，可对从事搬运作业的人员（包括基本生产工人）测定其满载搬运距离和空搬运距离，然后用下式计算出空搬运系数 K，进行比较分析。

$$K = (m-w) / w$$

式中：m 为人的移动距离；w 为物的移动距离。

空搬运系数小于或等于 1 为良好。如果大于 1 的空搬运系数有多个，则把其中空搬运系数最大者作为重点改进对象。

④搬运工序分析。通过绘制搬运工序分析图，描述物料在生产中流动的全过程，从而查明存在的问题，为改进物料搬运作业提供依据。在此过程中，需要掌握以下几种图形符号的表示方法（见表 4-5、表 4-6、表 4-7、表 4-8、表 4-9）。

表 4-5   基 本 符 号

符号	名称	说明
⤵	移动	物料位置的变化
⤴	取、放	物料支持方法的变化
⬭	加工	物料形式的变化
▭	检验	物料的检验
▽	停滞	物料不发生位置变化

表 4-6   放置状态符号

符号	说明	读法	搬运难易性指数
——	表示散放在地上的状态，需要整理、扶起、抬起、搬走	平放	0
⎿_⏌	表示成箱或成捆的状态，需要扶起、抬起、搬走，不需要整理	箱装	1
⊥—⊥	表示放在托板或枕木上的状态，需要抬起、搬走、不需要整理和扶起	枕装	2
○—○	表示放在车上的状态，需要拉走，不需要整理、扶起和抬起	车装	3
▭	表示在传动带上移动的状态，直接运走，不需要整理、扶起、抬起和搬走	带装	4

表 4-7 　　　　　　　　　　　　　　　　动 力 符 号

动力区分	是否需要人力	符号	使用方法
人力	需要	无	⊔
机械力	需要驾驶	———————	⊔
	不需要驾驶	———————	⊔
重力	需要人监视	＼＼	⊔
	不需要人监视	＼＼	⊔

表 4-8 　　　　　　　　　　　　　　　　移 动 线

表现法	物料	人	搬运工具
单色表示	———————		
多色表示	黑	赤	蓝

表 4-9 　　　　　　　　　　　　　　　　附 加 符 号

名称	区分	符号	搬运难易性指数
操作符号	装	↓	用于区分物料是装还是卸
	卸	↑	
车种符号	机动车	🛒	用于区分是机动车还是非机动车
	非机动车	⊙⊙	
说明符号	改善	———————→	表示应将该符号左侧的情况改善成符号右侧的情况
	取消	✕	表示该符号所指的作业应予取消
	同时	⊖	表示该符号所指的作业应同时进行
	缺少	无	表示属于该移动线的物料未在其处

某物料搬运工序分析图如图 4-35 所示。

(4) 通过对现有搬运方案进行搬运分析，找出主要问题、确定改进目标。

主要问题和错误包括：

①偏重物料的移动相当于忽视物料的取放；

②偏重搬运的重量相当于不注重搬运阻力和劳动力消耗；

③偏重实载搬运等于忽视空搬运；

④忽视搬运工以外的搬运等于轻视由于基本生产工人负担搬运给生产带来的不利；

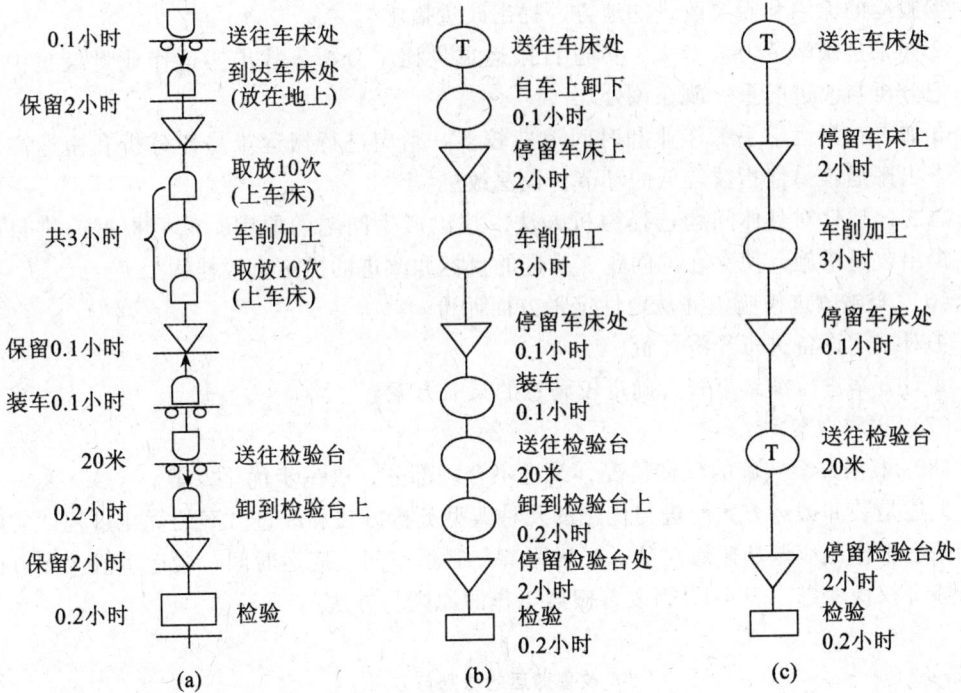

图 4-35

⑤忽视地面放置和散装放置将带来劳动力的浪费；

⑥偏重搞先进先出将带来仓库作业困难和空间利用不充分；

⑦偏重搞直线型布置将带来设备布局不合理，无效搬运过多。

由问题和错误得到以下改进线索：

①基本生产工人参与搬运而影响生产效率和产品质量；

②无效取放，表现为物料放置不良，需再次整理，重复取放；

③无效移动，表现为布置不合理，空搬运多；

④使用人力过多，表现为人力移动、人力操作过多。

从以上改进线索，便可导出如下改进目标，见表4-10。

表 4-10

线索	目标
基本生产工人参与搬运	提高生产效率，保证产品质量
无效取放、移动	减少搬运作业
使用人力过多	减少搬运劳力

（5）分析问题的原因，提出改进措施。

①如果空搬运较多，可通过绘制布局图式的搬运工序分析图来进行空搬运分析，找出产生空搬运的原因和需要改进的地方，提出改进措施。

②如果是搬运劳力浪费大，可进行搬运重量比率分析，找出搬运作业量最集中的环节，把分析与改进的重点放在该处。

③如果在搬运中手工作业和时间浪费较多，则应进行搬运难易性分析和搬运高度分析，查出搬运难易性指数较低的环节，设法改进。

总之，要针对具体问题选择分析方法，找出产生问题的原因，然后根据改进目标要求，提出改进措施，使存在的问题、改进的目标和改进的措施直接挂钩。

（6）实施改进措施，并从定性定量方面评价。

①对搬运设备进行经济评价；

②对方案进行细致审查，确定较满意的某一方案。

（7）实施方案。

（8）根据方案实施的反馈情况，改进不合理部分，进一步优化方案。

上述是装卸搬运方案改进与优化的几种典型分析方法和改进方案的优化过程，实际上改善搬运工作还应该从搬运对象、搬运距离、搬运空间、搬运时间、搬运手段等多方面分析，综合权衡考虑。表4-11为改善搬运工作的原则与方法。

表4-11　　　　　　　　　　　　**改善搬运的原则与方法**

因素	目标	想法	改善原则	改善方法
搬运对象	减少总重量、总体积	减少重量、体积	尽量废除搬运	调整厂房布置
				合并相关作业
			减少搬运量	
搬运距离	减少搬运总距离	减少回程	废除搬运	调整厂房布置
			顺道行走	
		回程顺载	掌握各点相关性	调整单位相关性布置
		缩短距离	直线化、平面化	调整厂房布置
		减少搬运次数	单元化	栈板、货柜化
			大量化	利用大型搬运机
				利用中间转运站
搬运空间	减少搬运使用空间	减少搬运	充分利用三度空间	调整厂房布置
		缩减移动空间	减少设备回转空间	选用合适、不占空间、辅助设施不多的设备
			协调错开搬运时机	时程规划安排

续表

因素	目标	想法	改善原则	改善方法
搬运时间	缩短搬运总时间	缩短搬运时间	高速化	利用高速设备
			争取时效	搬运均匀化
		减少搬运次数	增加搬运量	利用大型搬运机
	掌握搬运时间	估计预期时间	时程化	时程规划控制
搬运手段	利用经济效率高的手段	增加搬运量	机械化	利用大型搬运机
				利用机器设备
			高速化	利用高速设备
			连续化	利用输送带等连续设备
		采用有效管理方式	争取时效	搬运均匀化
				循环、往复搬运
		减少劳力	利用重力	使用斜槽、滚轮输送带等重力设备

☞**任务九：熟悉装卸搬运的作业组织工作**

（一）装卸搬运的作业准则

1. **防止无效装卸搬运**

无效装卸搬运是消耗在有用货物必要装卸搬运之外的多余装卸搬运，具体反映在：（1）过多的装卸搬运次数；（2）过大包装的装卸搬运；（3）无效物质的装卸搬运。

2. **进行消耗少的装卸搬运**

具体反映在：（1）利用重力的合理化装卸搬运；（2）尽量消除或消弱重力的合理化装卸搬运。

3. **充分利用机械，实现"规模装卸搬运"**

4. **提高"物"的装卸搬运活性**

（二）装卸搬运的作业组织工作

装卸搬运的作业组织是指对一次或者同一类型的装卸搬运作业过程设备、人员、线路的计划安排，这种安排包括数量和操作方法的确定。良好的组织是配送中心作业高效率、有秩序、充分利用生产资源的保证，同时也是降低作业成本、防止作业事故的经济管理和安全管理的条件。

装卸搬运作业的基本要求包括：（1）减少不必要作业环节。（2）提高作业的连续性。（3）相对集中装卸搬运地点。（4）力求装卸搬运设备、设施、工艺等标准化。（5）提高货物集装化或散装化作业水平。（6）做好现场组织工作。

1. 装卸搬运组织工作

（1）设备确定。管理人员应该掌握设备的使用情况，包括作业设备的数量、作业能力、工况、所处位置等，以便调度；同时还需要掌握作业对象的情况，如包装、规格、单重、作业位置等。装卸搬运设备台数的确定公式为：

$$Z = \frac{Q}{M}$$

式中：Z 代表所需设备台数；Q 代表装卸搬运作业量；M 代表所使用设备的生产定额。

如果装卸搬运设备采用间隙作业，则每台设备的生产定额为：

$$M = \frac{T \cdot K_1}{t} g \cdot K_2$$

式中：T 代表额定工作时间（装卸搬运作业的总时间）；K_1 代表设备的时间利用系数（设备可用于本作业的时间比例）；t 代表装卸搬运作业一个循环所需的时间；g 代表装卸搬运设备的额定载重量；K_2 代表设备载荷利用系数（取 1/3 或者 2/3）。

（2）人员确定。目前我国的大多数配送中心还是劳动密集型的物流作业模式，自动化、机械化程度还较低，需要大量使用人力。设备操作人员与设备为一体，根据设备操作的需要确定人员。当然可以采用换班的停工不停机方式运行设备，这就需要相应的多套操作人员。设备操作人员必须具有设备操作的资格。

（3）作业线路。作业线路应符合以下要求：

①尽可能使作业线路最短。

②选择的作业线路应能保证搬运设备的畅顺运行、道路平坦。

③作业线路尽可能没有大幅度、大角度转向。

④同时进行的不同作业的作业线路不交叉，都保持同一方向运行。

⑤作业线路不穿越其他正在进行的作业现场。

（4）作业时间。在装卸搬运作业组织中，利用各环节作业的不同速度、不同作业能力以及一些必要的等待时间，妥善组织、重叠、交错和合成，使整体作业不间断。对整个配送中心的作业进行系统化安排，使整体资源充分利用，或者使整体作业时间最少。

车辆因完成货物装卸作业所占用的时间，是车辆停歇时间的组成部分，称为车辆装卸作业停歇时间，具体包括：

①车辆到达作业地点后，等待货物装卸作业的时间。装卸能力大于或等于需装卸车辆的工作量时，车辆等待装卸时间一般不应当发生；只有当车辆到达很不均衡，某段时间内车辆过度集中时，才会使某段时间内装卸能力小于所需要进行装卸车辆的工作量，从而出现车辆等待现象。

装卸能力若小于需要进行装卸车辆的工作量并达到一定程度时，会产生严重的车辆等待装卸现象，甚至造成装卸作业现场的混乱和阻塞现象，致使装卸作业无法进行。

②车辆在装卸货物前后，完成调车、摘挂作业的时间。

③直接装卸货物的作业时间。

2. 提高装卸搬运组织工作效率的途径

（1）制定科学合理的装卸搬运工艺方案；

（2）加强装卸搬运作业调度指挥工作；

（3）加强和改善装卸搬运劳动管理；

（4）提高现代通信系统应用水平；

（5）提高装卸搬运机械化水平；

（6）应用数学方法改善装卸搬运劳动力的组织工作。

实践与思考

云南双鹤医药有限公司的装卸搬运改进难题

云南双鹤医药有限公司（以下简称云南双鹤）是北京双鹤公司下属的子公司，是一个以市场为核心、现代医药科技为先导、金融支持为框架的新型公司，也是西南地区经营药品品种较多、较全的医药专业公司。

虽然云南双鹤已形成规模化的产品生产和网络化的市场销售，但其流通过程中物流管理严重滞后，造成物流成本居高不下，不能形成价格优势。这严重阻碍了物流服务的开拓与发展，成为公司业务发展的"瓶颈"。

装卸搬运活动是衔接物流各环节活动正常进行的关键，而云南双鹤恰好忽视了这一点，由于搬运设备的现代化程度低，只有几个小型货架和手推车，大多数作业仍处于人工作业为主的原始状态，工作效率低，且易损坏物品。另外仓库设计的不合理，造成长距离的搬运，并且库内作业流程混乱，形成重复搬运，大约有70%的无效搬运，这种过多的搬运次数，损坏了商品，也浪费了时间。

资料来源：云南双鹤医药有限公司网站（http://yndchbz.gicp.net）。

思考题

1. 分析装卸搬运环节对企业发展的作用。

2. 针对医药企业的特点，请对云南双鹤的搬运系统的改造提出建议和方法。

某汽车零配件制造厂的装卸搬运方案的改进

1. 基本情况

（1）某厂制造、销售汽车零件发动机轴承，其加工的整体流程及镀金加工工序如图4-36所示。

（2）镀金流水线简况如表4-12所示。

表4-12

人员	科长1人，员工55人
工作制	昼夜两班制
镀金种类	①镀锡（防锈镀金）②覆盖镀金（铅、锡、铜的合金镀金）

（3）改进理由：机械配置不善，导致搬运作业过多。

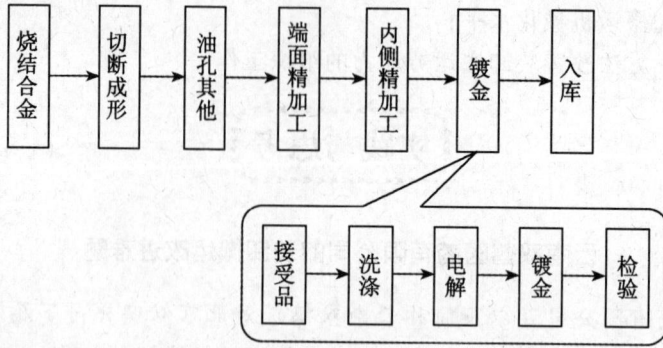

图 4-36

2. 现状

（1）工序分析（图 4-37）。

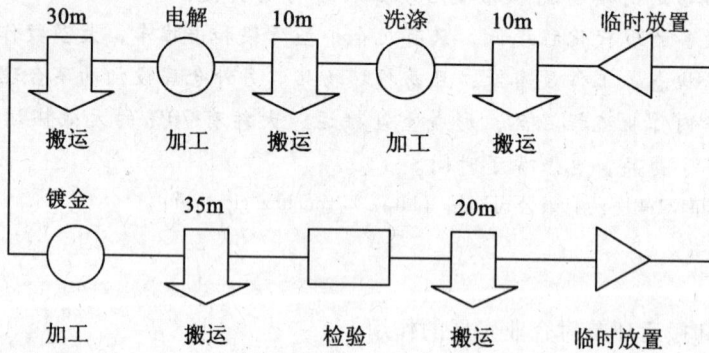

图 4-37

（2）现状分析表（表 4-13）。

表 4-13

	工序数	时间（分）	距离（m）	人员（名）
加工	3	40	—	6
搬运	5	30	105	5
检验	1	20	—	1
停滞	2	—	—	—
合计	11	90	105	12

（3）改进前的布置（图 4-38）。

（4）搬运工序分析表（表 4-14）。

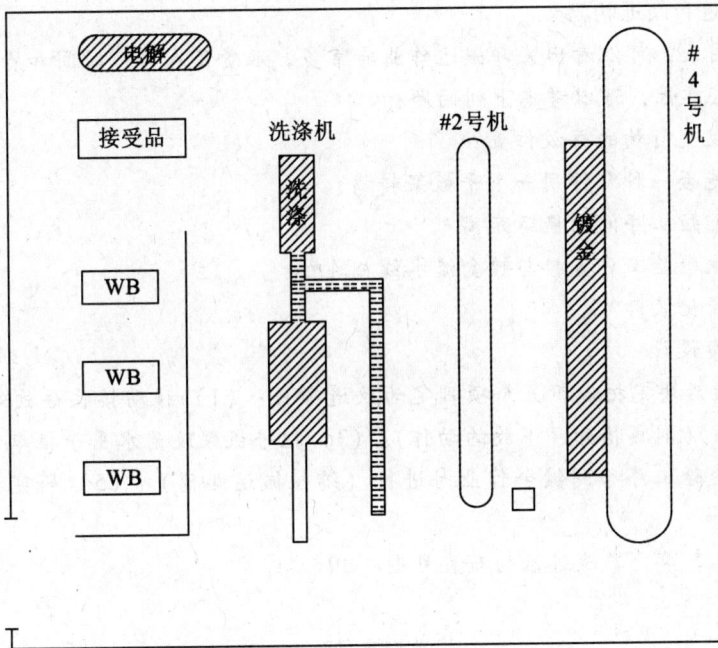

图 4-38

表 4-15　　　　　　　　　　搬运工序分析表

工序	符号	动作次数	时间（分）	距离（m）
放在平板架上	▽	||||	—	—
搬 运	🛒	|||||	30	105
抬 升	↑	||||	—	—
在辊式输送机上移动	⊔	|	4	10
卸 下	↓	|||||	—	—
装 箱	▽	|||	—	—
检 验	□	[|]	(20)	—
加 工	○	[|||]	(43)	(10)
合 计		22 (4)	34 (63)	115 (10)

3. 指出问题和改进构思

通过以上图表，可以看出装卸搬运作业非常多，浪费了人力、时间和资金，同时增加操作过程的不可靠性，可以考虑下列问题：

（1）能否改变货物的存放位置？

（2）货物能否一种零件用一个平板架转载？

（3）能否缩短工序间的搬运距离？

（4）能否把检验工序直接与镀金流水线相连？

（5）能否简化装卸？

4. 改进方案设计

经分析，最后决定把以下五个项目定为改进项目：（1）移动接收存放处。（2）把混载改为单项装载（削减抬升、下放的动作）。（3）把平板架改为水平手推车（省去抬升动作）。（4）把检验工序移到镀金作业时进行（缩短搬运距离）。（5）研究机械设备的布置。

改进方案见表4-15。改进后的布置见图4-39。

表4-15　　　　　　　　　　　　改进方案表

工序	符号	动作次数	时间（分）	距离（m）
放在平板架上	▽	│	——	——
搬运	🛒	│││	14	50
抬升	⬆	││	——	——
在辊式输送机上移动	⊔	│	2	5
卸下	⬇	││	——	——
装箱	▽	││	——	——
检验	▢	〔│〕	（20）	——
加工	◯	〔│││〕	（38）	（5）
合计		11 (4)	16 (58)	55 (5)

改进前后装卸搬运工序比较表见表4-16。

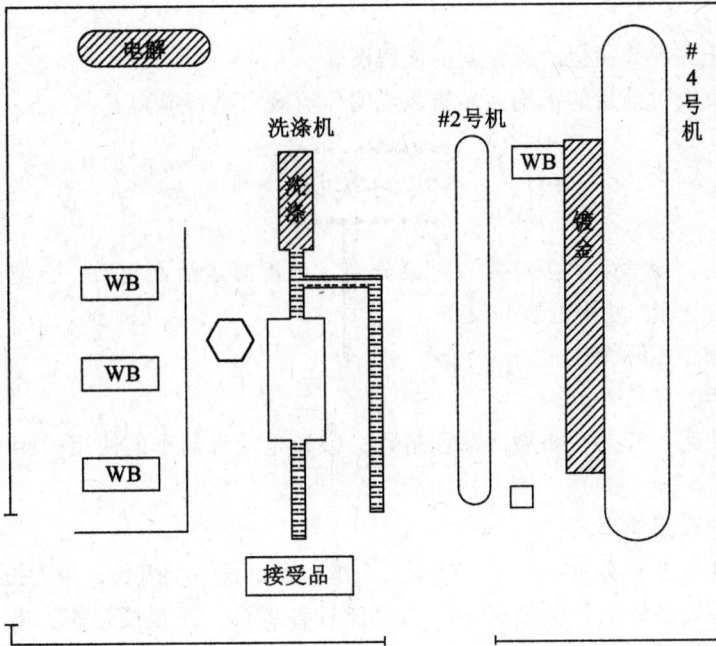

图 4-39

表 4-16

工序		符号	改进前			改进后		
			次数	时间（分）	距离（m）	次数	时间（分）	距离（m）
操作	放在平板架上	▽	4	—	—	1	—	—
	抬 升	⌂	4	—	—	2	—	—
	卸 下	⌂	5	—	—	2	—	—
	装 箱	▽	3	—	—	2	—	—
搬运	搬 运	⊕	5	30	105	3	14	50
	在辊式输送机上移动	⊡	1	4	10	1	2	5
合 计			22	34	115	11	16	55

资料来源：华南理工大学工商管理学院网站（www.cnsba.com）。

思考题

1. 请画出上述装卸搬运改进方案的流程图。

2. 通过计算改进前后的平均活性指数说明作业效率是否提高了。

实习实训

1. 实训目的：使学生学会对装卸对象分类，分析搬运活性指数，会使用手动、电动堆高机，会操作分拣作业中的装卸设备。

2. 实训方式：实际操作。

3. 实训内容：

（1）分类装运；（2）分析搬运活性指数；（3）电动堆高车的使用；（4）货物接收装卸流程。

4. 实训条件及组织形式：

（1）在150平方米实训室进行，每6人一组，每组选一个组长，每人扮演一个角色。

（2）实训室配备手动打包机和半自动打包机各2台，托盘搬运车、电动堆高车各2台，木托盘6个，网罩、框架、胶带若干。

5. 实训步骤：

（1）分类装运：

①辨析物料特征。装卸人员将各种物料摆放在一起，了解物料的基本特征。

②对物料分类。装卸人员根据物料特征辨析轻货、重货，辨析散装货、集装货，辨析易碎、耐压货，辨析大批量、小批量货，然后将一类物料放置在一起。

③码放物料。装卸人员将经过辨析的物料码放在托盘上，将结实耐压品、重货放在底层，将易碎品重新包装置于上层，将同一批货放置在一起。

（2）分析搬运活性指数：

①分析活性指数。装卸人员将物料散放于地上、置于容器、置于托盘、置于车内、置于传送带等不同位置，根据物料放置的位置不同，判断活性指数。

②提高活性指数。装卸人员将直接置地的物料放于容器或托盘上，将置于容器的物料放于托盘上。

（3）使用电动堆高机。

①使用前的准备工作：检查电压，检查电源插头。

②使用过程：移动电动堆高机使之靠近托盘，低速行走；将货叉叉入托盘，注意对准；提升托盘，避免一面提升一面行走；放入货架，避免震动。

③结束作业：清洁和整理，去除灰尘，视实际情况充电。

（4）货物接收装卸流程：

①件货实训步骤：打开容车车厢端门；装卸人员登上升降平台；将升降平台调到与车厢底板同高；装卸人员进入车厢；在车厢门边放置托盘；将车厢内货物移至托盘上，按要求码放；若需要，对托盘货物进行紧固（用绳索、打包带、网罩、框架等）；将升降平台

降下，移开；手动托盘车就位；先降低托盘叉的高度，使之低于托盘底座高度；插入托盘叉入口；抬高叉座，将托盘抬起；操纵手柄，移动托盘车到目的地；再降低叉座高度，从叉入口抽出叉。

②散货实训步骤：取合适的周转箱；将货物码放在周转箱中；将周转箱放在托盘上；手动托盘车就位；先降低托盘叉的高度，使之低于托盘底座高度；插入托盘叉入口；抬高叉座，将托盘抬起；操纵手柄，移动托盘车到目的地；再降低叉座高度，从叉入口抽出叉。

6. 考核及评价

（1）考核分值比例：实际操作50%，实训报告30%，团队合作表现10%，实训表现10%。

（2）考核形式：教师点评40%，学生分组互评30%，学生自评30%。

项目五 进仓作业

项目任务单

一、企业岗位

进仓员 \ 堆卸员

二、岗位职责

（1）根据储位管理目标与原则，及时将货物存放到货位上；

（2）正确操作进仓作业工具，进行进仓作业；

（3）进仓过程中应做到仓位看准、条码扫准、商品放稳、数量点准、品种对准。

三、完成进仓作业任务所需知识和能力

1. 知识

储位管理目标与原则、仓库分区方法、货物分类方法、定位保管、储位编号、定位储存、随机储存、分类储存、分类随机储存、共同储存、储位指派方式（人工指派法、计算机辅助指派法、计算机指派法）等。

2. 能力

（1）能理解储位管理目标与原则，掌握储位规划基本方法，掌握储位编号方法；

（2）能根据储存物品的情况选择储存方法；

（3）能正确操作进仓作业工具，进行进仓作业。

四、项目教学任务

序号	教学任务	课时
1	任务一：储位规划与管理	1
2	任务二：选择正确的储存方法	1
3	任务三：选择储位指派方式	
4	任务四：选择和正确操作进仓作业工具	1
5	任务五：利用 RF 进行进仓作业	
6	任务六：利用仓储管理分配仓位软件进行进仓作业	1

任务情境

☞任务一：储位规划与管理

进仓作业人员要找到合适的储位，必须先掌握储位管理原则以及储位管理技术。

（一）储位管理目标与原则

储位管理是探究如何将仓库储位合理地安排以便最快地存放、提取货物，从而实现仓库货物搬运时间最优化和提高空间利用率的操作。

从上面的定义可以看出，优化货物搬运时间其实包括两个部分：最小化行走距离和最小化存放、提取货物时间。前者与货物在仓库中存放的位置有关，后者与货物在储位上的高低位置有关。优化仓库的储位规划方案，可以同时节约入库时的搬运时间和出库时提货与运送时间。合理的储位摆放方法是一种既能节省投资，又能理想地提高仓库效率的有效手段。

1. 储位管理目标

（1）充分有效地利用空间，通过合理地调整仓库布置，提高空间利用率，推迟或避免再建投资。

（2）尽可能提高人力资源及设备的利用率，按合理的拣货顺序放置货物能够减少拣货人员数量，合理的储位规划可以平衡仓库员工的工作量以及缩减作业周期。

（3）有效地保护商品的质量和数量，合理的储位规划优化货物摆放位置，不但可以降低货物破损的概率，还可以减少作业人员受到伤害的可能性。

（4）维护良好的储存环境。

（5）将容易混淆的货物分到不同的拣货区，可以提高拣货准确率。

（6）使所有在储货物处于随存随取状态。

2. 储位管理基本原则

（1）储位明确化。在仓库中所储存的商品应有明确的存放位置。货物储存区必须经过详细规划区分，每一储位都要编码。

（2）存放商品合理化。每一商品的存放都遵循一定的规则，比如：

①存取频率高的货物对应的存放储位与收货区、发货区或仓库出入口的距离小，即考虑横向距离。

②存取频率越低的货物存放的纵向相对位置越高，相反，存取频率越高的货物存放的纵向相对位置越低，但最接近于最佳纵向存取位置，即不须弯腰。

③重量大的货物存放的储位纵向相对位置低，相反，重量小而体积大的货物存放的纵向相对位置高一些。

④需要专门存储环境的货物，要放在指定的库区，冷冻品要存于冷库，易燃易爆品存于防火防爆库。

⑤必须考虑货物相关性，即相关性强的货物，一起出库的可能性大，最好置于相邻储位。

⑥必须考虑货物的相容性。相容性低的货物决不能放在一起，以免损害品质，如烟、香皂和茶叶绝对不能放在一起。

⑦对寿命周期短的产品，要遵循先入先出原则，即先入库的货物应先出库，如感光纸、胶卷、食品、药品等。

（3）储位上商品存放状况明确化。

（二）储位规划

1. 储位规划的必要性

物流配送中心的作业是一连串的"存"和"取"的动作组合。随着需求向小批量、多品种和时效性方向发展，储存作业中货物流动频率、货物品种和数量迅速增加。据统计，仓库中卸货、取货、分拣和装车环节的作业一般占整个配送中心总作业时间的40%，而其余约60%的作业时间却是作业人员的行走耗时，考虑到劳动力成本占仓库成本的比例比较高以及许多行走耗时是因为储位规划不合理的缘故，那么如何使"存"和"取"的动作快速而有效，做到"好存好取"，对储位进行有效的管理非常必要。现代物流配送中心除了保管之外，拣货、发货和配送也是很重要的工作，要及时掌握和控制货物在库状况，动态调整和改善储位安排以尽量减少行走耗时，从而提高配送中心的运作效率与降低劳动力成本。

2. 储位规划基本方法

在存储作业中，为有效对商品进行科学管理，必须根据仓库、存储商品的具体情况，实行仓库分区、货物分类和定位保管。

（1）仓库分区。仓库分区是根据仓库建筑形式、面积大小、库房、货场和库内道路的分布情况，并结合商品分类情况和各类商品的储存量，将仓库划分为若干区域，确定每类商品储存的区域。

（2）货物分类。对货物进行ABC分类，将A类货物定义为存取频率最高的1/3货物品种，C类货物为存取频率最低的1/3货物品种，而B类货物为存取频率居中的1/3货物品种。A类货物的工作量约占总工作量的75%，B类货物约占总工作量的20%，而C类货物仅占总工作量的5%。

（3）定位保管。当货物放入储位后，要对货物的数量、品种、存放位置、拣货取出、淘汰更新和损耗损伤情况进行详细的登记建账，做到货物与账务完全吻合，并做好保管工作。

3. 储位规划操作流程

储位规划的第一步是明确工作目标，以避免在后续工作中走弯路。进行储位规划的目标是通过储位调整改善作业效率，包括以下3个方面：

（1）缩短行走距离。这个目标不是缩短某一次操作的行走距离，而是在一个衡量时期内缩短所有操作的行走总距离。

（2）平衡仓库员工工作量，争取在每次出入库操作中能够缩短总的时间跨度。

（3）缩短存放、提取货物时间。明确每一种货物的存取频率以决定其储位的纵向位置，即上下相对位置。例如将高存取频率的货物放在储位的纵向最佳位置，从而员工可以直接站在地上取货，省去人员（或者叉车）频繁上下储位的时间。

在实现规划目标过程中还需要考虑许多客观影响因素，包括货物重量、储位大小、平均拣货准确率要求等，保证储位规划的顺利进行。

第二步，选择和收集储位规划分析所要的各类数据。这些数据包括储位的特性资料、货物的相关资料等。例如，可能会用到下面一些基础性数据：

（1）储位类型与性能信息，比如储位高度、储位宽度、储位深度、储位承载能力；

（2）搬运设备的类型，比如托盘；

（3）存取货物的方式，比如整托盘拣货、整箱拣货、拆箱零拣等；

（4）货物的种类、重量、体积、存放要求、包装方式、平均库存量等；

（5）货物需求的季节性变化或其他变化规律。

所有这些数据都将对储位的规划产生重要影响，因为这些数据将影响货物在仓库中的横向与纵向存放位置，以及可能的变动调整工作量和频率，从而影响规划的效果。

第三步，运用 ABC 分类法对货物进行分类，同时对仓库进行空间区域划分，二者结合起来进行统筹规划，确定每一种货物在仓库中的横向与纵向摆放位置。

4. 储位规划管理的注意事项

在进行储位规划时，除了需要遵守上述的规划原则和操作流程，同时还需要注意以下几点：

（1）根据仓库中可能使用的辅助搬卸工具、货物可能的长宽高、存取货物时可能需要的周转空间等因素，选择一种或多种储位类型，以及决定每排储位之间的距离、每排储位的长度等。

（2）对货物按 ABC 分类法进行分类时，还需要考虑货物有无毒性、挥发性等特性，或货物的存取方式，如整托盘存取、整箱货物存取、拆箱零取等，这些因素也会影响货物的存放位置安排。

（3）考虑改变一种货物只有单一存放位置的传统做法，可以将某些货物存放在两种区域，在高存取频率区域存放较少量的固定库存，以便出货时提取，从而能缩短取货时间，提高工作效率，然后在空闲时间由工作人员从低存取频率区域提取必要的数量转移到高存取频率区域。

（三）储位编号

在商品保管过程中，根据储位编号可以对库存商品进行科学合理的管理，有利于对商品采取相应的保管措施；在商品收发作业过程中，按照储位编号可以迅速、准确、方便地进行查找，不但可以提高作业效率，而且可以减少差错。

1. 区段式编号

区段式编号适用于单位化商品和量大而保管期短的商品。通道编号见图 5-1，区段编号见图 5-2，货架的区段编号见图 5-3。

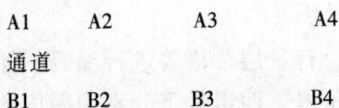

A1	A2	A3	A4
通道			
B1	B2	B3	B4

图 5-1　通道编号

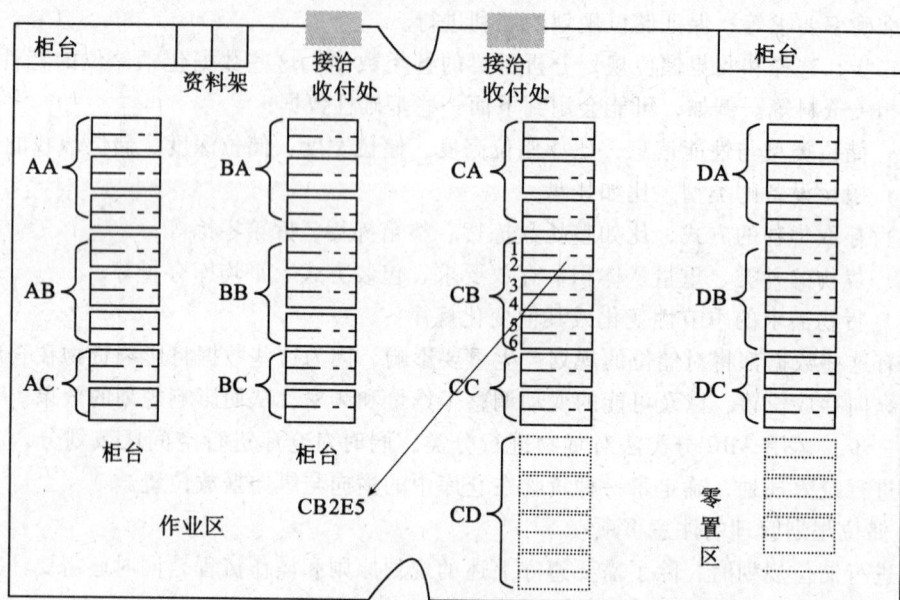

图 5-2 区段编号

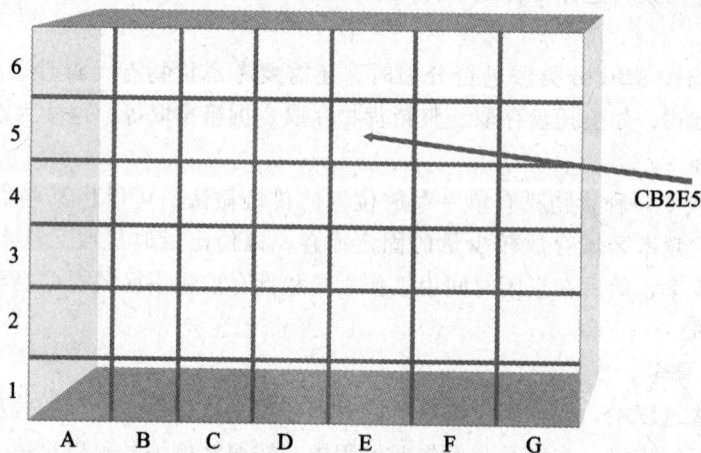

图 5-3 货架的区段编号

2. 品项群式编号

这种方式适用于容易按商品群保管和品牌差异大的商品。把一些相关性强的商品进行集合，分成几个品项群，再对每个品项群进行编号，如服饰群、五金群等。

3. 地址式编号（图 5-4）

这是按照仓库、区段、排、行、层、格等进行编码。如在利用货架存放的仓库，可采用四组数字来表示商品存放的位置，四组数字分别为库房的编号、货架的编号、货架层数的编号和每一层中各格的编号。

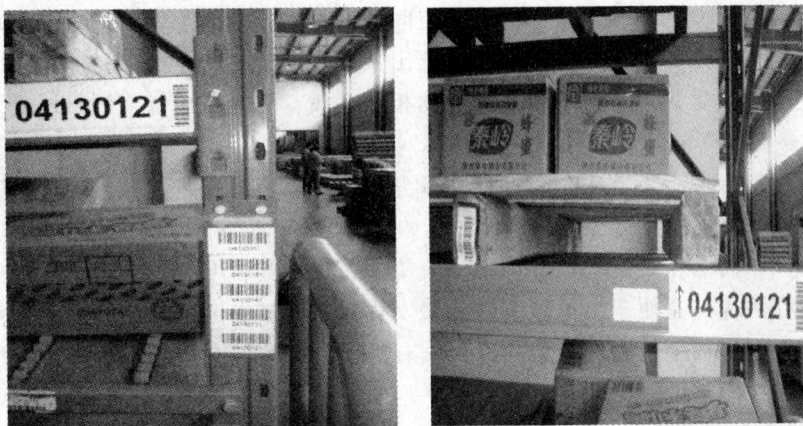

图 5-4 货位的地址式编号

（四）储位确定

（1）根据商品周转率确定储位。搞清楚什么样的商品存放在接近出入口或专用线的位置，什么样的商品存放在远离出入口处。

（2）根据商品相关性确定储位。相关性大的商品，通常被同时采购或同时出仓，对于这类商品应尽可能规划在同一储区或相近储区。

（3）根据商品特性确定储位。性质相同或所要求保管条件相近的商品应集中存放，并相应安排在条件适宜的库房或货场。

（4）根据商品体积、重量特性确定储位。重的物品存放在地面上或货架下层位置。为了保证货架的安全并方便人工搬运，人的腰部以下的高度通常储放重物或大型商品。

（5）根据商品先进先出的原则确定储位。

☞**任务二：选择正确的储存方法**

掌握储位编码原则和储位管理技术以后，要根据储存物品的情况选择储存方法。

（一）定位储存

定位储存是指每一项商品都有固定的储位，商品在储存时不可互相窜位。

适应条件：不同物理、化学性质的货物须控制不同的保管储存条件，或防止不同性质的货物互相影响；重要物品须重点保管；多品种、少批量货物的存储。

注意事项：在采用这一储存方法时，每一项货物的储位容量必须大于其可能的最大在库量。

采用定位储存方式易于对在库商品管理，提高作业效率，减少搬运次数，但需要较多的储存空间。

（二）随机储存

随机储存是根据库存货物及储位使用情况，随机安排和使用储位，各种商品的储位是随机产生的。

适应条件：储存空间有限以及商品品种少而体积较大的情况。

优缺点：共同使用储位，可提高储区空间的利用率，但增加货物出入库管理及盘点工作的难度。周转率高的货物可能被储放在离出入口较远的位置，可能增加出入库搬运的工作量。有些可能发生物理、化学影响的货物相邻存放，可能造成货物的损坏或发生危险。

（三）分类储存

分类储存是指所有货物按一定特性加以分类，每类货物固定其储存位置，同类货物的不同品种又按一定的法则来安排储位。

适应条件：商品相关性大，进出货比较集中，货物周转率差别大，商品体积相差大。

分类储存的优点是便于按周转率高低来安排存取，具有定位储放的各优点；分类后各储存区域再根据货物的特性选择储存方式，有助于货物的储存管理。缺点是储位必须按各类货物的最大在库量设计，因此储区空间平均的使用率仍然低于随机存储。

（四）分类随机储存

分类随机储存是指每类商品有固定的存放储区，但各储区内，每个储位的指定是随机的。该方法具有分类储存的部分优点，又可节省储位，提高储区利用率。因此，该方法兼有分类储存和随机储存的特点。分类随机储存的缺点是货物出入库管理特别是盘点工作较困难。

（五）共同储存

共同储存是指在知道各货物进出仓库确定时间的前提下，不同货物共用相同的储位。这种储存方式在管理上较复杂，但储存空间及搬运时间却更经济。

☞任务三：选择储位指派方式

（一）人工指派法

（1）要求仓管人员必须熟记储位指派原则，并能灵活应用；

（2）仓储人员必须按指派单证把商品放在指定储位上，并做好详细记录；

（3）实施动态管理，进行补货或拣货作业时，仓储人员必须做好登记或消除工作，保证账物相符。

（二）计算机辅助指派法

计算机辅助指派法是利用仓库监控系统，收集储位信息，并显示储位的使用情况，以此作为人工指派储位依据，进行储位指派作业。

（三）计算机指派法

通过计算机分析后直接完成储位指派工作。

☞任务四：选择和正确操作进仓作业工具

（一）无线手持终端（图5-5）

无线手持终端（RF）可将现场实时采集的有用数据存储起来或传送至一个信息管理系统，可有效运用于许多自动识别应用中，一般包括一个扫描器、一个体积小但功能很强并带有存储器的计算机、一个显示器和输入键盘。存储器中的数据可随时通过射频通信技术传送到主计算机。

（二）T 车（图 5-6）

图 5-5 无线手持终端（RF）

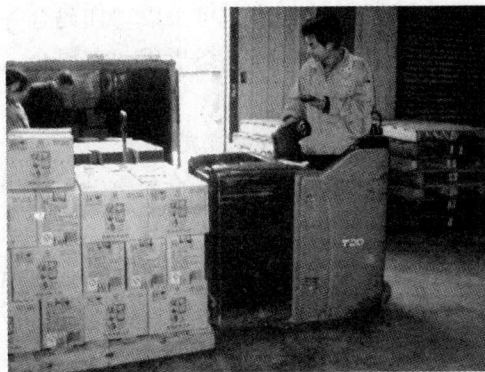

图 5-6 T 车

T 车又称前移式叉车，主要功能是将高架叉车运到地面的货物转移到存储位，完成货物在库内水平移动的过程。

（三）R 车（图 5-7）

R 车的特点是结构紧凑，货叉在两个支腿之间，因此无论是取货或卸货，还是在运行过程中，都不会失去稳定，适于库内作业。这种叉车一般采用蓄电池为动力，不会污染环境。座椅采用侧向布置方式，操作人员的视野良好。R 车具有适用性强、机动灵活、效率高等优点。它不仅可以将货物叉起进行水平运输，还可以叉取货物进行垂直堆码。

图 5-7 R 车

☞**任务五：利用 RF 进行进仓作业**

在进仓作业过程中，可采取"四码合一"的方式，对商品进行条码管理，即仓位码、托盘码、商品编码和商品条形码"四码合一"。如此操作，便能时时了解商品储位以及库存数量等信息。

（一）进仓作业相关规定

（1）进仓过程中应做到仓位看准、条码扫准、商品放稳、数量点准、品种对准。

（2）进仓时，托盘边缘不得超出货架 3~5cm。

（3）R 车作业时，必须注意安全，人不能靠近横穿。

（4）T 车在库区不能高速行驶，速度应低于 6 公里/小时。转弯时，速度应低于 2 公里/小时。

（二）进仓作业流程

进仓员通过 RF 扫描仓位码、托盘码、商品编码、商品条形码，实现"四码合一"捆绑定位，堆卸员然后通过 R 车完成进仓操作。利用 RF 的进仓作业流程见图 5-8。

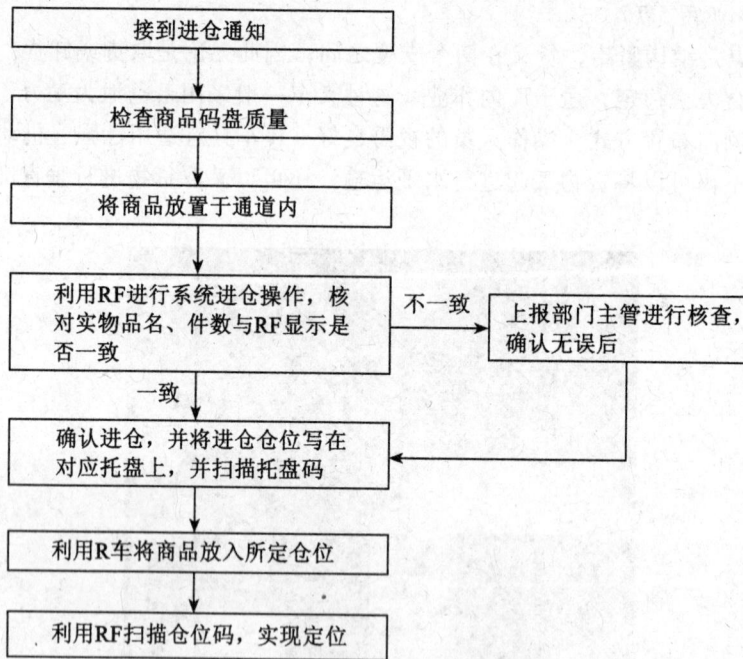

图 5-8　利用 RF 进仓作业流程图

☞**任务六：利用仓储管理分配仓位软件进行进仓作业**

对于自动化立体仓库等设施设备，我们可以通过操作仓储管理分配仓位软件，进行进仓作业。下面通过中海 2000 仓储管理软件说明进仓作业。

（一）功能说明

仓位分配是在货物到达仓库，并且已经检验完毕之后，将货物放入相关位置的过程，以便进行货物的在库管理和出入仓统计、查询等相关操作。

（二）操作方法

仓位分配的操作分为以下几个步骤：

（1）点击"分配仓位"按钮，进入仓位分配主界面（见图5-9）。本界面分为两个部分：部件信息界面列出所有本次入仓的部件清单；部件仓位信息界面则会列出该批货物入仓的仓位信息，由于现在所有的货物都还没有分配到固定的仓位，仓位信息暂时为空。

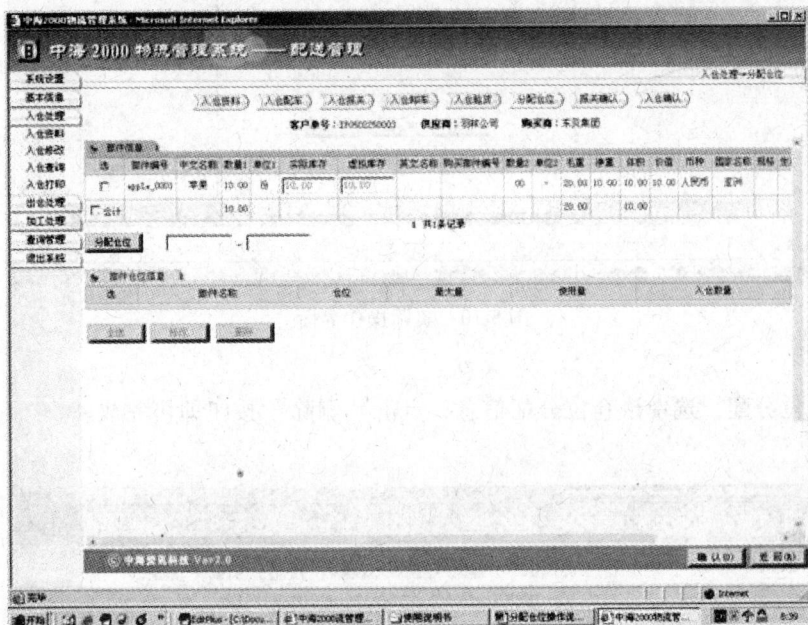

图5-9 仓位分配主界面

（2）选中需要分配仓位的部件（可单选或多选），然后点击"增加仓位"按钮，进入仓位分配实际操作界面（见图5-10）。此时弹出的小窗口列出了所有属于该客户的包租仓位，以及这些仓位还可存放的空间；如果包租仓位已经满了，可以在仓位后面选择"散租"，即可调出所有的散租仓位，进行后续的操作。

①如果一种部件放入多个仓位，首先选中需要放置的仓位，在仓位后面的"可入仓数量"一栏填入实际放置的货物数量，然后点击"提交仓位"，系统会提示"提交成功"或者"提交失败"。如果成功，即可进行后续的操作；如果失败，则需要重新分配仓位。

②如果两种以上的部件同时分配仓位，只能分配到一个仓位里。操作方法同上。

③提交仓位成功以后，可以在"部件仓位信息"界面看到分配仓位的结果（见图5-11）。如果需要对仓位分配进行修改，在"部件仓位信息"界面中选中需要修改的仓位分配信息，然后点击"修改"按钮，即可对分配入该仓位的货物数量进行修改。如果需要

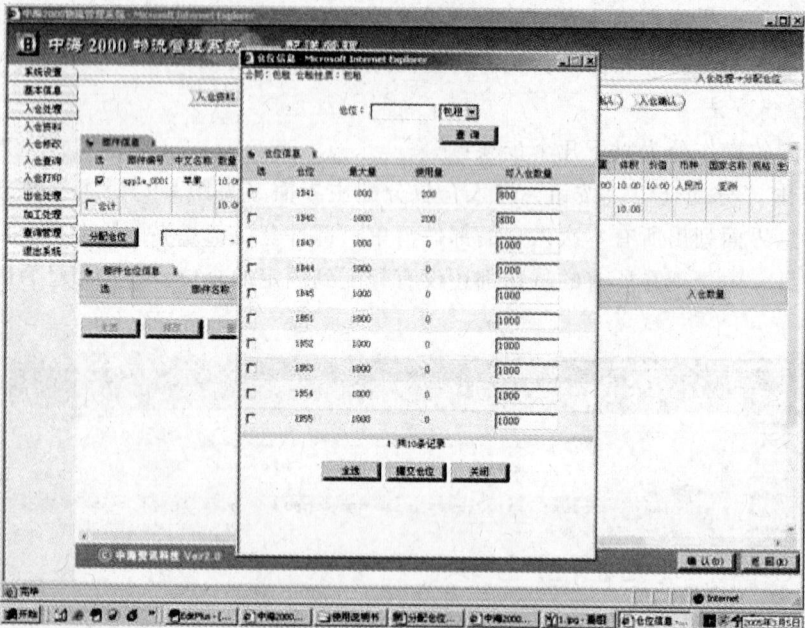

图 5-10　实际操作界面

取消一个仓位分配，选中该仓位分配信息，点击"删除"按钮即可完成。

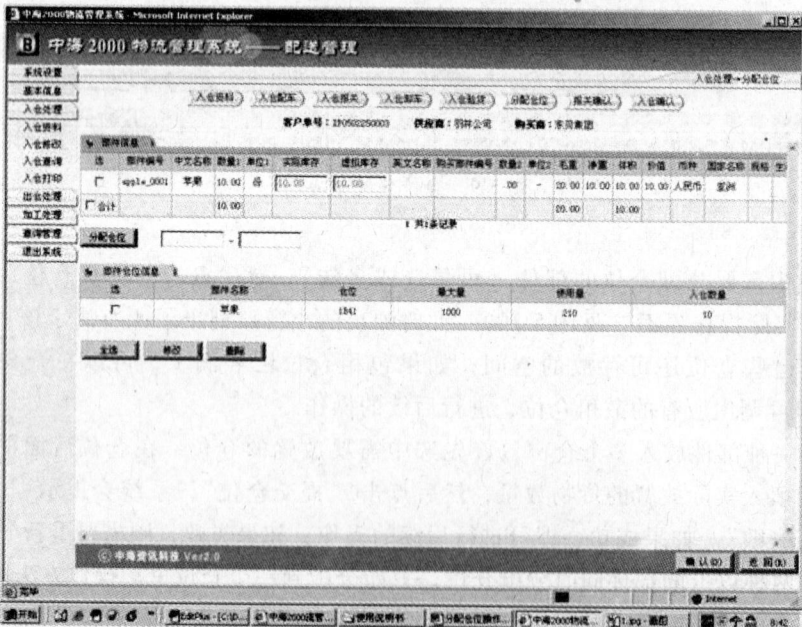

图 5-11　分配仓位后

注意：仓位分配过程中"可入仓数量"一定要与选中的货物数量相等。

（3）仓位分配完成之后，点击主界面的"确认"按钮，仓位分配完成。

（4）如果需要取消本次仓位分配操作，点击主界面"取消"按钮（该按钮在确认之后才会出现），即可再次对仓位分配进行操作。

注意：本操作中出现的"合计"、"全选"按钮作用一致，都是一次性选择该界面上所有的信息项。

实践与思考

宝供南岗基地仓库的进仓作业

在宝供南岗基地仓库的货架及一些设施上张贴有各种注意事项和操作规则、业务指标。以 B 仓库为例，"应急疏散示意图""消防器材分布图""应急沟通程序""安全须知"等，都被一张张看板规范化，有效地规范员工的操作。在大客户的原料仓库中也有原料综合管理看板，作业员可以看到各种指标。"仓库介绍""区域分布""组织架构"让即使是新来的员工都可以迅速了解仓库的基本情况。"今日把简单的事做好就不简单，认真把容易的事做好，就是不容易。明日把事情做得比今日好，就是创新。"醒目的标语阐释了南岗基地仓库的管理哲学。高达 10 米的重力式货架按编号排列，清洁的货架区以黄色警戒线划分叉车作业区和操作员通道，20 多台高位叉车在货架巷道中不断来回穿梭，每个货架的前面都有作业规则和货架标志的看板。当货物验收后，装卸工人按产品和型号分类，按照 WMS 系统输出的结果编码、贴标签，按照标签找到具体的货位。货物出仓时仓管员、分拣员只要看相应的标签或者拣货单就可以方便、迅速地找到。南岗基地仓库还打算配置适合大批量、高密度的商品储存的驶入式货架，适合超长、超大以及周转规则较多的商品储存的悬臂式货架等。

在仓库数据采集方面，南岗基地仓库也在尝试运用大量的自动化数据采集设备，以实现方便的信息更新和仓库的无纸化操作。南岗基地仓库目前采用卡西欧的一套扫描识别设备，管理人员运用扫描枪实现对条形码的自动识别，扫描枪将信息直接导入、导出 WMS 系统中。据了解，宝供合肥基地的仓库已在大量运用 RF。目前，一般的仓库还是人工操作，也就是每当仓库中发生变动，进行了某些操作后，仓管员都必须用纸质的单证记录并交给统计员，输入系统保存。为了进一步提高效率，宝供全国的仓库将采用 RF，系统将可以自动更新全国仓库信息，无须手动输入，使全国的仓库管理实现真正的实时。但是 RF 的成本较高，一个扫描枪值上万元，而南岗基地这样的仓库可能需要十几把，那就需要十几万元。除此之外，RF 扫描需要通过在仓库顶上布置一些基站来实现无线网络连接。这样一个网络的成本也比较高。南岗基地目前也是全国 RFID 系统的试验基地，最近由中山大学、香港大学联合研发的 RFID 读写系统已投入试验阶段。未来，南岗基地将跟随客户的需要，布置 RFID 系统。

资料来源：宝供物流企业集团有限公司网站（www.pgl-world.com）。

思考题

1. 简述南岗基地仓库的进仓作业流程。
2. 通过上述材料分析如何提高进仓的作业效率。

实习实训

1. 实训目的：使学生学会正确操作进仓作业工具，进行进仓作业。

2. 实训方式：实际操作及上机模拟软件操作。

3. 实训内容：

（1）检查商品码盘质量；（2）将商品放置于通道内；（3）利用 RF 检查实物名称、件数与 RF 显示是否一致；（4）利用 R 车将托盘进仓。

4. 实训条件及组织形式：

（1）在 100 平方米实训室进行，每 6 人一组，每组选一个组长，每人扮演一个角色。

（2）实训室配备三层货架 2 排、R 车 2 台、RF2 台、电脑、打印设备及纸张、条码扫描仪等复核设备、手推车 6 台、木托盘 6 个、胶带若干。

5. 实训步骤：

（1）接到进仓通知。

（2）检查商品码盘质量。商品码盘时应整齐一致，上层应用胶带打围，商品不能超出托盘边缘 2cm，层高不要超过货架每层高度。

（3）利用手推车将托盘（堆放商品）放置于通道内。

（4）利用 RF 进行系统进仓操作，核对实物品名、件数与 RF 显示是否一致。若不一致，上报部门主管进行核查。

（5）确认无误后确认进仓，并将进仓仓位写在对应托盘上，并扫描托盘码。

（6）利用 R 车将商品放入所定仓位。进仓过程中应做到仓位看准、条码扫准、商品放稳、数量点准、品种对准；R 车作业时，必须注意安全，人不能靠近横穿；进仓时，托盘边缘不得超出货架 3～5cm。

（7）利用 RF 扫描仓位码，实现定位。

6. 考核及评价：

（1）考核分值比例：实际操作 50%，实训报告 30%，团队合作表现 10%，实训表现 10%。

（2）考核形式：教师点评 40%，学生分组互评 30%，学生自评 30%。

项目六 分拣作业

项目任务单

一、企业岗位

拣货员

二、岗位职责

（1）根据客户的订单要求，从储存的商品中将用户所需的商品分拣出来，放到发货场指定的位置，以备发货。

（2）熟练操作拣货作业，认真完成每日的拣货作业任务。

（3）作出拣货出库实绩总结和报告。

（4）做好拣货设备的定期检查，在设备出现不良状况时及时向保养人员报告。

（5）按时完成上级主管交办的其他任务。

三、完成分拣作业任务所需知识和能力

1. 知识

分拣作业的概念、拣货作业设备、多品种少批量配送常见设备配置、储存与拣货货架不分开的布置模式、储存和拣货区共用托盘货架但分区的布置模式、储存和拣货区共用的零星拣货方式、储存与拣货区分开的零星拣货方式、分段拣货的少量拣货方式、U形多品种少批量拣货补货方式、两种拣货方法（摘果法、播种法）、传统拣货方式、现代拣货方式、拣货信息的传递方式等。

2. 能力

（1）能阐述"摘果式"与"播种式"两种不同的拣货方法，准确说明两种方法所适用的场合，会将两种拣货方式与拣选辅助设备配合使用；

（2）能针对客户实际需求（订单状况）合理选择拣货方式；

（3）能叙述多种分拣方式的特点和适应场合；

（4）能确定拣货作业基本单位，能计算分拣作业时间；

（5）会合理规划与选择拣货路径；

（6）会根据拣货要求对仓库布置、货品摆放提出合理化建议，以提高拣货效率。

四、项目教学任务

序号	教学任务	课时
1	任务一：认知分拣作业	
2	任务二：熟悉拣货作业设施	2
3	任务三：熟悉拣货作业系统的布置	
4	任务四：掌握拣货方式	2
5	任务五：确定拣货作业基本单位	
6	任务六：了解拣货信息的传递方式	2
7	任务七：计算分拣作业时间	
8	任务八：按照分拣作业流程实施分拣作业	2

任务情境

☞任务一：认知分拣作业

分拣作业是配送中心依据客户的订单要求或配送计划，迅速、准确地将商品从其储位或其他区位拣取出来，并按一定的方式进行分类、集中的作业过程。

在配送中心搬运成本中，分拣作业搬运成本约占90%；在劳动密集型配送中心，与分拣作业直接相关的人力占50%；分拣作业时间占整个配送中心作业时间的30%~40%。

合理规划与管理分拣作业，对配送中心提高作业效率和降低作业成本具有事半功倍的效果。分拣作业集中在配送中心内部完成，是为高水平配送商品所进行的拣取、分货、配货等理货工作，是配送中心的核心工序。

从各国的物流实践来看，由于大体积、大批量需求多采取直达、直送的供应方式，配送的主要对象是中、小件货物，即配送多为多品种、小体积、小批量的物流作业，这就使得分拣作业工作量占配送中心作业量的比重非常大，而且工艺复杂，特别是对于客户多、商品品种多、需求批量小、需求频率高、送货时间要求高的配送服务，分拣作业的速度和质量不仅对配送中心的作业效率起决定性的作用，而且直接影响整个配送中心的信誉和服务水平。因此，迅速且准确地将客户所要求的商品集合起来，并且通过分类配装及时送交客户，是分拣作业最终的目的及功能。

☞任务二：熟悉拣货作业设施

在拣货过程中所使用的设备很多，如储存设备、搬运设备、信息设备等。使用高效的拣货设备可以大大提高作业效率。

（一）拣货作业设备

1. 人至物的拣货设备

这是指物品固定，拣货人到物品位置处把物品拣出来的工作方式。所使用的拣货设备大致分为以下几类：

（1）储存设备。主要包括：托盘货架、轻型货架、储柜、流动货架、高层货架、数位显示货架。

拣选重力式货架（picking flow pack）是一种应用较为普遍的货架拣选设施，适用于以纸箱为单位的开箱拆零的人工拣选。它是轻型的重力货架，一般高度人手可取，高1.8~2.3米，可放纸箱6~10只。几个单位货架可按需要的长度连接起来。货架以带坡度（约4度）的滚轮轨道作为货箱的支撑架，货箱两侧有导向条，作为货箱间的分隔。

（2）搬运设备。主要包括：无动力台车、动力台车、动力牵引车、堆垛机、拣选车、搭乘式存取机、无动力输送机、动力输送机、计算机辅助台车。

（3）叉车、货架拣选系统。拣选叉车的货叉上设置载人和载货平台，操作人员在平台上操纵叉车，到达一定的货格位置，人工拣货，把商品搬到平台的托盘上。这种拣选系统的特点是投资少，货架走道宽度小（仅1.7米），而普通货架走道宽2.5米以上。

（4）电子标签拣选系统。在现代化配送中心，这类拣选货架与计算机控制系统配套使用。

2. 物至人的拣货设备

这与人至物的拣选方法相反，拣货人员固定位置，等待设备把货品运到拣货者面前进行拣货。这种拣货设备的自动化水平较高，本身附有动力，所以能移动货品储位或把货品取出。包括如下储存设备和搬运设备：

（1）储存设备。如单元负载自动仓库、轻负载自动仓库、水平旋转自动仓库、垂直旋转自动仓库、梭车式自动仓库。

（2）搬运设备。如堆垛机、动力输送带、无人搬运车。

3. 自动拣货系统

除上述两种拣货设备之外，还有一种就是自动拣货系统。其拣货无人介入，自动进行。其中又包括箱装自动拣货系统和单品自动拣货系统两种。

（二）根据包装单位配置拣货设备

在整个分拣作业过程中使用到的设备非常多，主要有储存设备、搬运设备、分类设备和信息处理设备等，这些设备相互协调配合，共同完成分拣作业过程。下面我们主要讨论配合分拣作业的包装单位，如何配置相应的储存、搬运和分类设备及适应多品种、小批量配送的设备配置。

1. 各类设备的配置

不同的商品特性和包装体积对设备的适应能力不同，在进行设备配置以前先必须确定商品分拣出货的包装单位，进而确定与之相适应的商品储存包装单位，在此基础上选择和配置相应的储存设备。其配置可参考表6-1。

表6-1　　　　　　　　　　　　　　　**储存设备配置表**

单位 储存设备	商品储存包装单位			商品拣取包装单位		
	托盘	箱	单件	托盘	箱	单件
托盘货架	✓			✓	✓	

续表

储存设备＼单位	商品储存包装单位			商品拣取包装单位		
	托盘	箱	单件	托盘	箱	单件
轻型货架		✓			✓	✓
储柜			✓			✓
重力式货架	✓	✓		✓	✓	✓
高层货架	✓	✓		✓	✓	✓
旋转货架		✓	✓		✓	✓

在配送中心常用的搬运设备有人力拣货台车、动力式拣货台车、动力牵引车、巷道堆垛起重机、叉车、搭乘式存取机、电脑辅助拣货台车、传送带等连续输送装置。搬运设备主要是参照储存设备来配置的，具体选择可以参考表6-2。

表6-2　　　　　　　　　　　　　搬运设备配置表

储存设备＼搬运设备	人力拣货台车	动力式拣货台车	动力牵引车	叉车	搭乘式存取机	连续输送机	电脑辅助拣货台车	巷道堆垛起重机
托盘货架	✓	✓	✓	✓		✓		✓
轻型货架	✓	✓					✓	
储柜	✓	✓			✓	✓		
重力式货架	✓	✓				✓	✓	
高层货架					✓	✓		✓

2. 多品种少批量配送常见设备配置

从国内外配送的业务特点来看，由于大体积笨重商品多采用直达送货，一般不通过流通机构，所以配送对象多为多品种、中小批量、高频率商品。

（1）附加显示装置的重力式货架。附加显示装置的重力式货架是在重力式货架相应储位上安装数量显示装置的拣货设备，即在储存货架上安装数位显示装置，拣货时显示所拣货物的储位和数量。货架的层格呈倾斜式，当前排货物被拣走后，由于重力作用，后排货物自动滑向前排。拣货人员开始拣货时，主电脑即传达拣货信息，当拣货信息到达时，所需拣取的商品储位的显示灯会自动亮起，并显示所需拣取的数量，拣货员获得信息即能快速完成拣货作业。这种设备常与动力传输系统结合使用，采取接力式拣取方式，即每位拣货员只负责本区域的货物，将其拣出放至输送带上的拣货篮内，拣货篮移至下一区域，剩下的由下一区域的拣货员完成。

（2）旋转货架。旋转货架是利用电脑操纵控制，让准备拣取的货架储位自动旋转至拣货员的面前，使拣货员完成拣货作业。这一系统不仅可以提高拣货效率，还可以由电脑控制减少人为差错。旋转货架在设计布局时，可以节省储存空间，适用于电子零件、精密机件等少量、多品种、小体积、高频率出入库物品的储存和拣货作业。其移动速度约30m/min，存取效率较高，而且依照需求自动旋转存取物品，层数不受高度限制，故能有效地利用空间。在分拣作业系统中，多层水平旋转式货架、整体水平旋转式货架、垂直旋转货架都得到了较广泛的应用。

（3）电脑辅助拣货台车。在拣货台车上设置辅助拣货的电脑系统，拣货前在台车上输入商品编号及拣取数量，主电脑会将拣货信息显示在台车的终端机上，拣货人员按电脑屏幕上的指示进行拣取。使用这种设备可以不使用拣货单，功能完备的电脑辅助拣货台车，还可以检测拣取商品的数量是否准确，发生拣货错误时会自动发出警告信号。在国外，一些电脑辅助自动导引台车还可以让拣货人员直接站在车上，输入货物编号按下启动按钮后，红外线遥控系统会引导台车自动运转，并在欲拣取的储位前停止，拣货员依台车上显示的拣货数量拣取商品。

（4）自动分拣系统。自动分拣系统目前已广泛用于国内外自动化程度较高的配送中心。对于整托盘出货可以使用升降叉车或巷道堆垛起重机拣取货物，置于自动分类输送机上；人工拣取小件、小批量货物时，则由人工取货置于货架前传输带上进入自动分类输送机。自动分类输送机通过控制装置、辨识分类装置、输送装置、分拣道口完成分拣作业过程。

☞任务三：熟悉拣货作业系统的布置

提高物流效率的基本前提是货物的合理流动，即货物从进入储存系统开始到出库为止必须尽可能使运行路线最短，作业效率最高，使进货、储存、拣货、出货这一流动过程合理化。拣货作业是整个配送作业的核心部分，所以拣货作业系统的布置非常重要，下面我们介绍几种基本的布置模式。

（一）储存与拣货货架不分开的布置模式

储存与拣货货架不分开，即直接从储存保管区的货架上拣取商品，不通过专门的拣货储架。这种情况可以采取以下两种基本布置模式：

1. 使用两面开放式货架

两面开放式货架，即货架的正面和背面呈开放式，两面均可以存货与取货，而且货物可以从一面存入，另一面取出，可以采用如图6-1所示布置模式。

使用这种方式，在进货—储存—拣货—出货作业中，货物呈单向流动：在进货验收区，将货物直接卸到入库输送机上，入库输送机自动将货物送到储存区；货物储存保管于双面敞开式货架上，仓库作业人员将需进入储位的货物从上货一侧补充到货架上，货物可按先进先出的原则流向拣货区一侧，使拣货区侧货品排列整齐紧凑，方便拣货，拣取的货物可以直接放置在出库输送机上，出库输送机将货物自动集中到出货区。这种布局方式适用于小规模配送中心。大规模配送中心则可按图6-2的方式布置。

2. 使用单面开放式货架

单面开放式货架，即货架只有一面可以存取货，货物出库与入库必须在货架或货棚的同一面进行，由同一条输送机输送出入库货物，这种货架在布局时占用的空间相对较少，

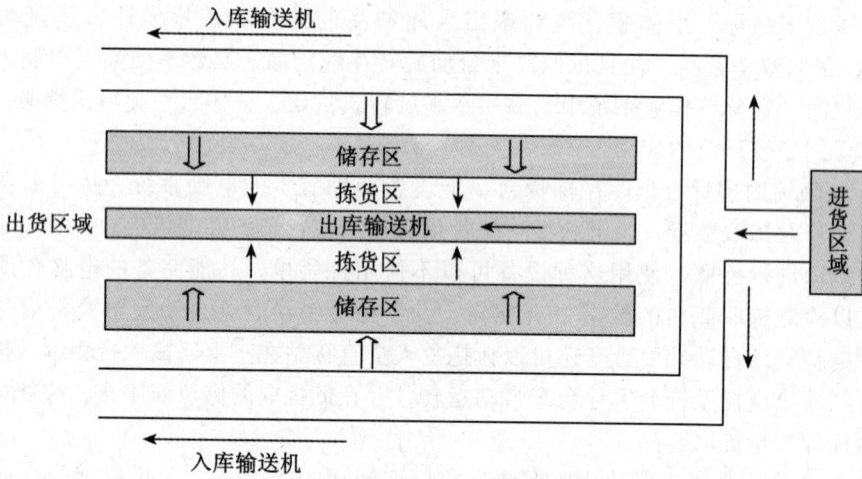

图 6-1 两面开放式货架（小规模配送中心）

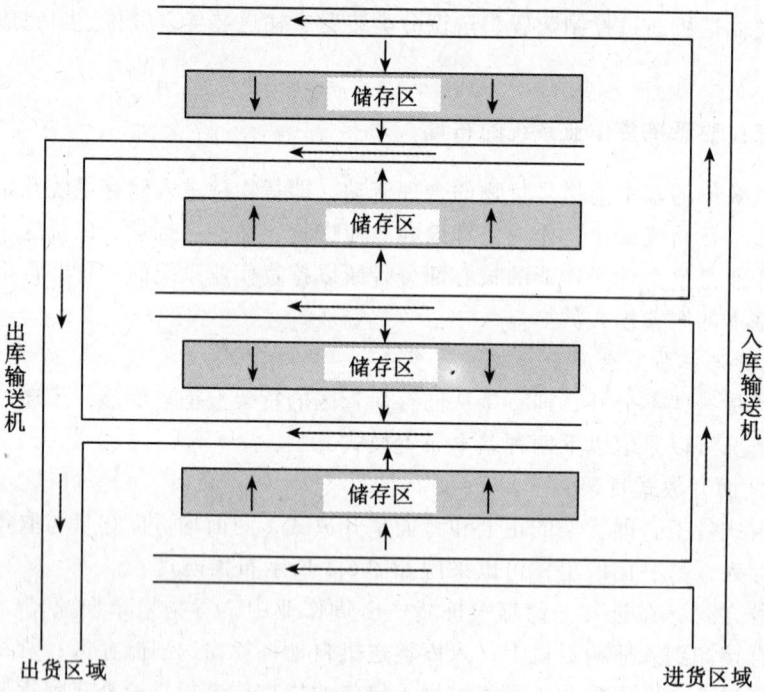

图 6-2 两面开放式货架（大规模配送中心）

其布局模式如图 6-3 所示。

这种方式由于出库与入库输送机和输送道共用，入库与出库作业的时间必须错开，以免造成混乱。所以，这种布置模式不适用于出入库太频繁的配送中心。

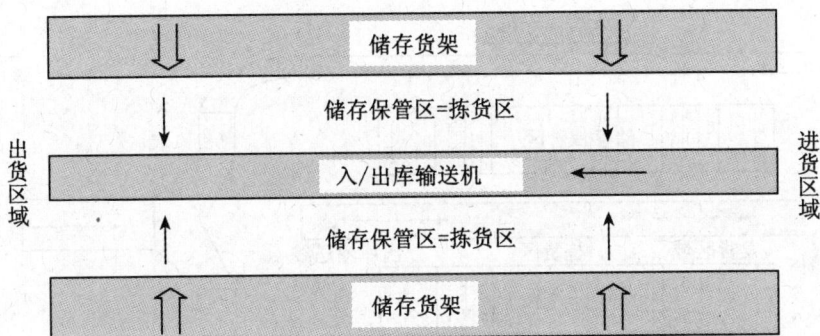

图 6-3 单面开放式货架

（二）储存和拣货区共用托盘货架但分区的布置模式

此种模式适合体积大、发货量也大的物品。一般是托盘货架第一层为拣货区，第二、三层为库存区，当拣货区物品不足时再由库存区向拣货区补货，如图 6-4 所示。

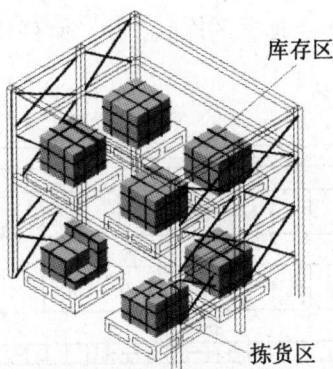

图 6-4 储存和拣货区共用托盘货架

（三）储存和拣货区共用的零星拣货方式

1. 流动货架拣货方式

这种方式适用于进出货量较小、体积不大或外形不规则货品的拣货工作。因为进货保管、拣货、发货都是单向物流动线，可配合入、出库的输送机作业，让流动货架实现储存和拣货的动管功能。这可达到先入先出的管理效果，如图 6-5 所示。

2. 一般货架拣货方式

用单面开放式货架进行拣货作业，但入库和出库是在同一侧。

（四）储存与拣货区分开的零星拣货方式

这种方式是储存与拣货区不是同一个货架，通过补货作业把货品由储存区送到拣货区。这种方式适合进出货量中等的情况。储存与拣货不在同一货架上，即货物入库后存储在储存保管区。拣货前，先由储存货架通过"补货"作业，将货物补充到方便拣取的货

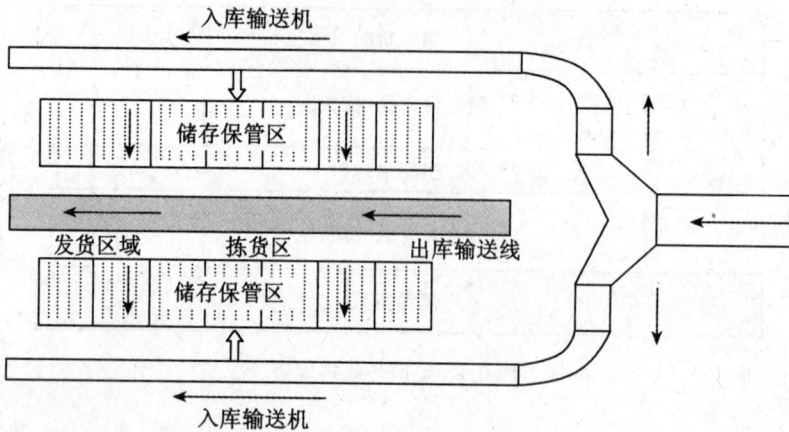

图 6-5　流动货架的拣货方式

架上，再从拣货货架上拣取货物，这种方式比较适合进出货量差异大，或出、入库包装单位不同的货物，如以托盘或箱为单位储存，而以箱或单件拣取出货的货物，可以先通过补货环节拆装后补充到拣货区，再从拣货区拣取货物。储存和拣货区分开的零星拣货方式如图 6-6 所示。

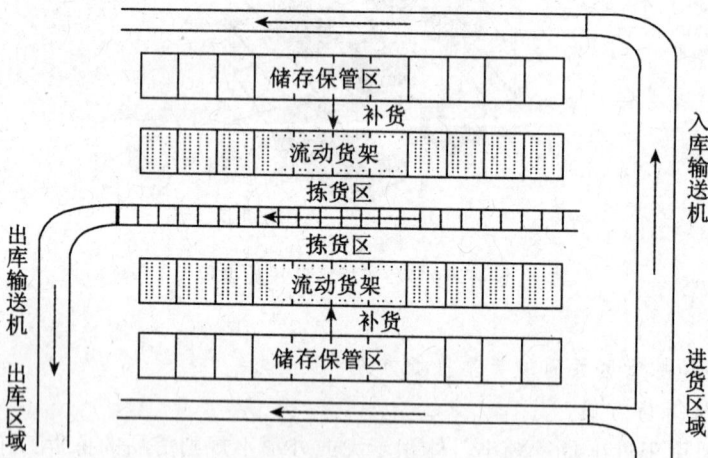

图 6-6　储存与拣货区分开的零星拣货方式

（五）分段拣货的少量拣货方式

当拣货区拣货品项过多时，流动货架的拣货路线会很长，可考虑接力式的分段拣货方式。如果订单品项分布都落在同一分区，则可跳过其他分区，缩短拣货行走距离，避免绕行整个拣货区。图 6-7 所示为分段拣货补货方式。

A 区拣完后若无 B 区货品需拣，则由侧向出口离开拣货区，减少在拣货区行走距离。

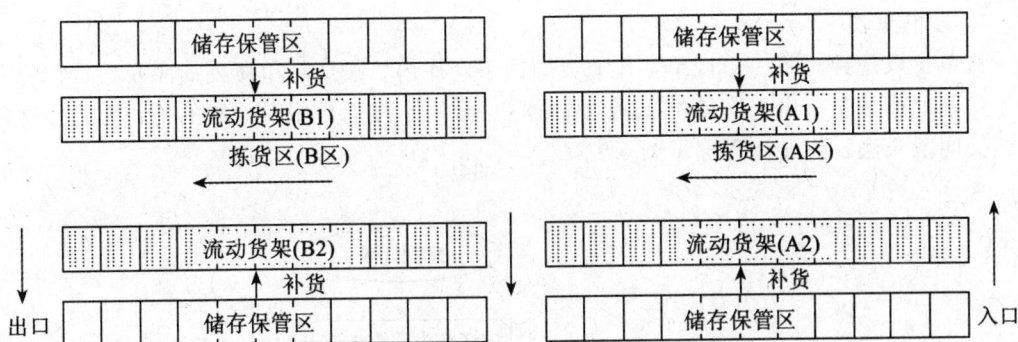

图 6-7　分段拣货补货方式

（六）U 形多品种少批量拣货补货方式

为减少拣货人员或要兼顾输送机两侧货架的拣取作业时，可采用 U 形拣货路径和输送机方式。图 6-8 为多品种少批量拣货补货方式。

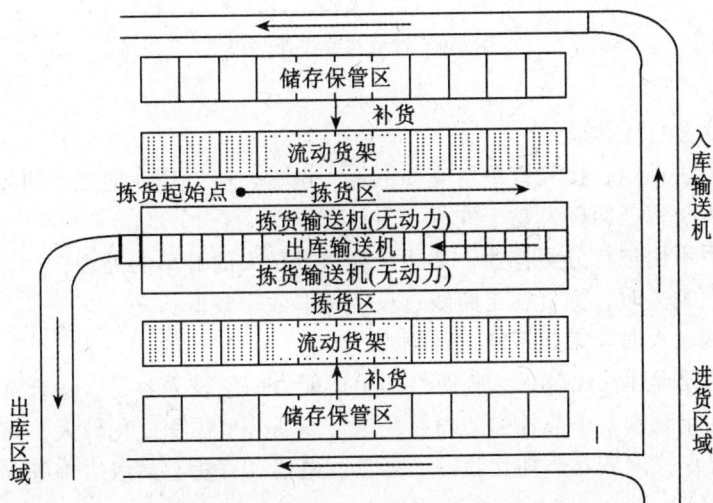

图 6-8　多品种少批量拣货补货方式

☞**任务四：掌握拣货方式**

（一）传统拣货方式

传统物流对这一环节采用的是人工目视分拣的方法，作业效率低，尤其在拣货量大的情况下无法保证分拣的准确性，统计数据表明这种方式分拣的出错率为 1/300。

传统拣货方式可以分为订单拣取、批量拣取及复合拣取三种方式。订单拣取是分别按每份订单来拣货；批量拣取是多张订单累积成一批，汇总数量后形成拣货单，然后根据拣货单的指示一次拣取商品，再进行分类；复合拣取是充分利用以上两种方式的特点，并综合运用于拣货作业中。

1. 订单拣取

订单拣取是针对每一份订单，作业员巡回于仓库内，按照订单所列商品及数量，将客户所订购的商品逐一由仓库储位或其他作业区中取出，然后集中在一起的拣货方式。这种方式又叫摘果法。作业流程图见图6-9。

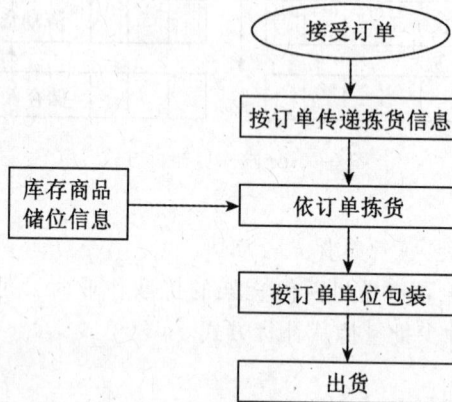

图 6-9　订单拣取作业流程

订单拣取方式的特点是：

（1）作业方法单纯，接到订单可立即拣货、送货，所以作业前置时间短；

（2）作业人员责任明确，易于安排人力；

（3）拣货后不用进行分类作业，适用于配送批量大的订单的处理；

（4）商品品类多时，拣货行走路线过长，拣取效率较低；

（5）拣货区域大时，搬运系统设计困难。

订单拣取的处理弹性比较大，临时性的生产能力调整较为容易，适合订单大小差异较大，订单数量变化频繁，季节性强的商品配送。商品外型体积变化较大、商品差异较大的情况下宜采用订单拣取方式，如化妆品、家具、电器、百货、高级服饰等。

2. 批量拣取

批量拣取是将多张订单集合成一批，按照商品品种类别加总后再进行拣货，然后依据不同客户或不同订单分类集中的拣货方式。这种方式又叫播种法。作业流程图见图6-10。

批量拣取方式的特点有：

（1）适合配送批量大的订单作业；

（2）可以缩短拣取货物的行走时间，增加单位时间的拣货量；

（3）必须当订单累积到一定数量时，才做一次性的处理，因此会有停滞时间产生。

批量拣取方式通常在系统化、自动化设置之后，作业速度提高，而产能调整能力较小的情况下采用，适合订单变化较小、订单数量稳定的配送中心和外型较规则、固定的商品出货，如箱装、扁袋装的商品。需进行流通加工的商品也适合批量拣取，再批量进行加工，然后分类配送，有利于提高拣货及加工效率。

批量拣取的类型有：

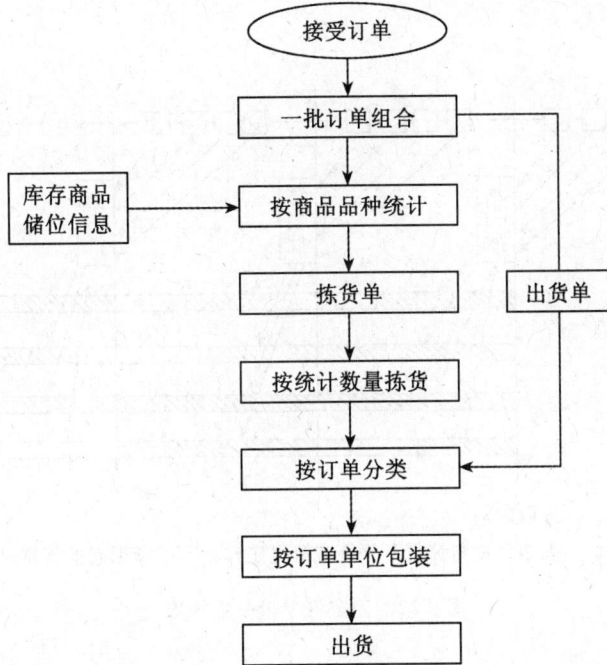

图 6-10　批量拣取作业流程

（1）总合计量分批。将拣取路径减至最短，适合周期性配送。

（2）定时分批。适用于到达时间短而平均的订单形态，适合密集频繁的订单，且能应付紧急插单的需求，如图 6-11 所示。

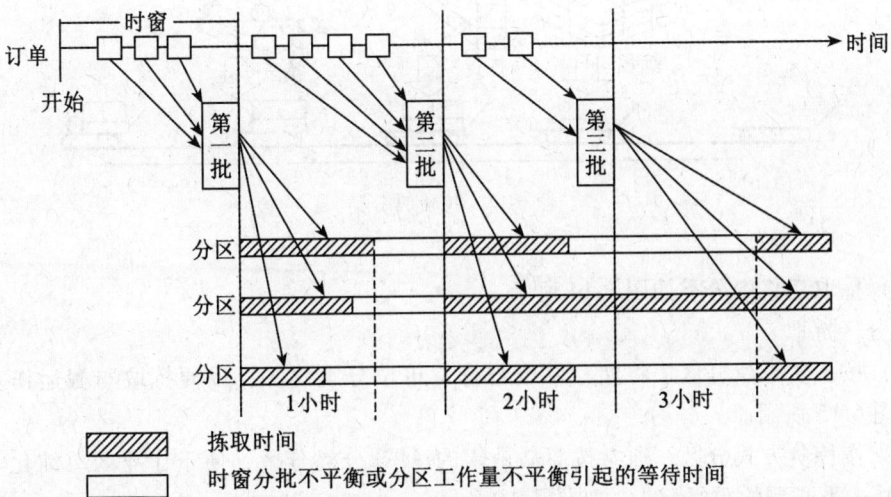

图 6-11　定时分批拣取

（3）固定订单量分批。偏重于维持较稳定的作业效率，处理速度上慢于定时分批，如图 6-12 所示。

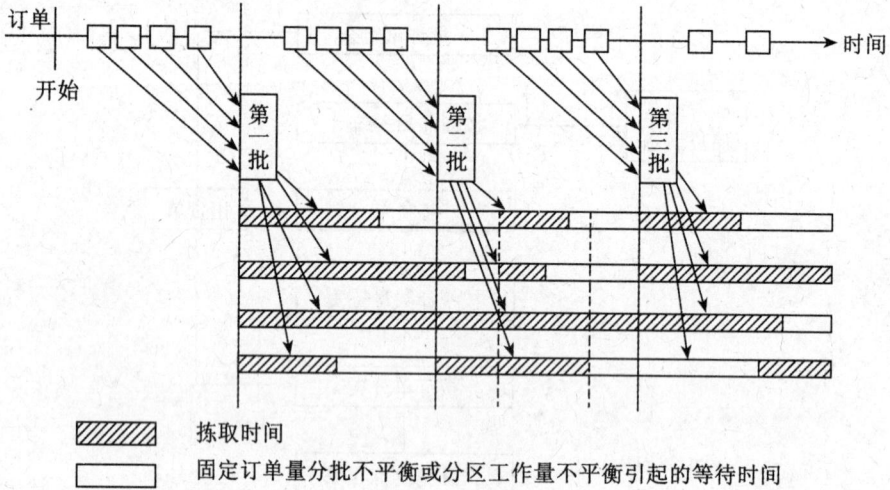

图 6-12　固定订单量分批拣取

（4）智慧型分批。将拣取路径相近的订单分成一批，速度较快。

3. 分类拣取

（1）拣货时分类如图 6-13 所示。

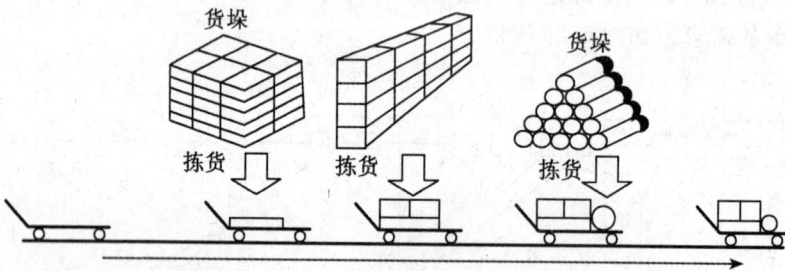

图 6-13　拣货时分类

（2）拣取后集中分类如图 6-14 所示。

4. 分区拣取

（1）按拣货单位分区。将储存单位与拣货单位分类统一，以便拣取与搬运作业单元化，如图 6-15 所示。

（2）按拣货方式分区。通常按商品销售的 ABC 分类分区，便于作业区单纯化、一致化，以减少不必要的重复行走，如图 6-16 所示。

（3）由一个或一组固定的拣货人员负责拣货区域内的货物（见图 6-17）。优点是能减少拣货人员所需记忆的存货位置及移动距离，短时间内共同完成订单的拣取。

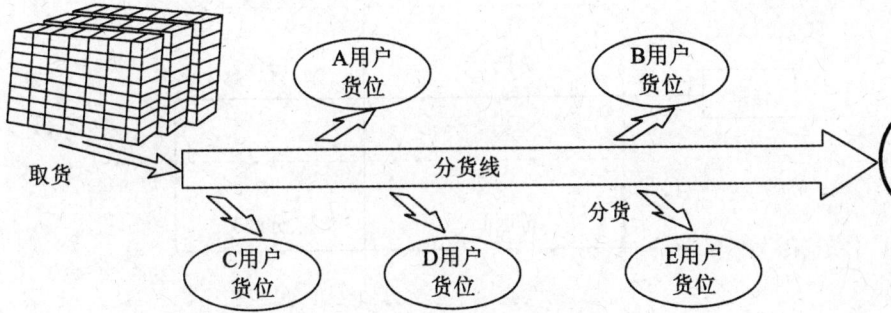

图 6-14 拣取后集中分类

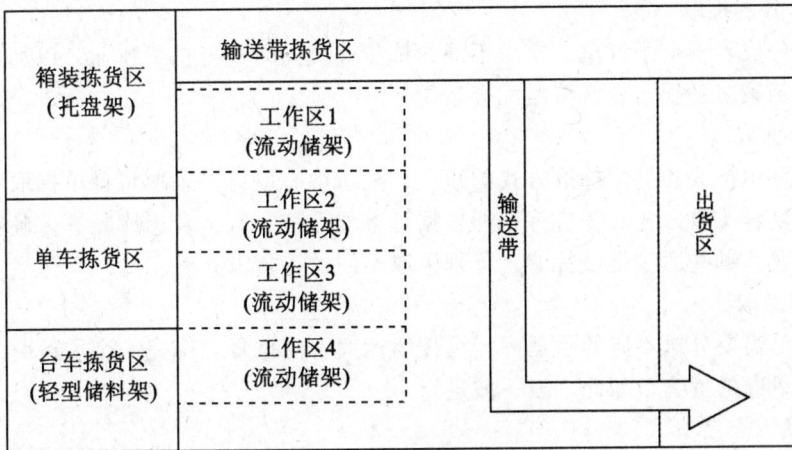

图 6-15 按拣货单位分区

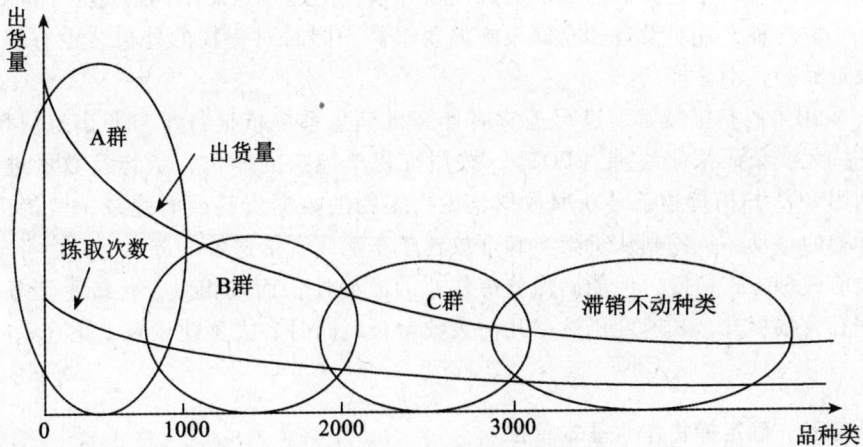

图 6-16 按拣货方式分区

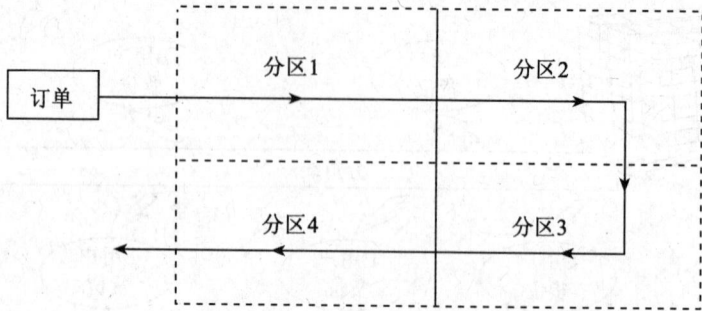

图 6-17　由一个或一组固定的拣货人员负责拣货区域内的货物

5. 订单分割拣取

将订单分成若干个子订单，交由不同的拣货人员同时进行拣货作业，以加速拣货的完成，订单分割策略必须与分区策略配合运用。

6. 复合拣取

为克服订单拣取和批量拣取方式的缺点，配送中心也可以采取将订单拣取和批量拣取组合起来的复合拣取方式。复合拣取即根据订单的品种、数量及出库频率，确定哪些订单适于订单拣取，哪些适于批量拣取，分别采取不同的拣货方式。

7. 分波拣取

一个订单需要分送不同的承运商，可按承运商不同拣货。拣完一个承运商的货物，再拣下一个承运商的货物，如此一波一波进行。

（二）现代拣货方式

现代物流主要采用两种方式：

（1）自动分拣系统。这种系统可在最短的时间内对货物按照类别、货主、具体储位、到达地点、到达时间等进行快速准确的分类，并按照配送地点的不同输送至不同的出货口等候装车。但这种方式对设备和仓储设施的要求高，同时对货物的外包装也有较高要求，因此，投资额高，不易推广。

（2）采用条码扫描技术，进行拣货时计算机信息系统依据订单打印出拣货单，仓储管理员手持无线条码采集终端（POT），按照拣货单指定的库位、货物及数量进行提取，作业时利用 POT 扫描货物条码获取数据，做到实物的数据资料及时登录，留待出货核查和处理货物的移动。货物则从货架上卸下放置于车辆或者传送带上进入下一个环节。这种方式虽比前一种方式稍慢，但能确保分拣作业的准确性，而且相对于传统手工分拣作业，验货效率有大幅提升，其速度仍然以几何级数增长，同时省去了建设自动化仓库的巨额投资。

☞任务五：确定拣货作业基本单位

（一）拣货单位的确定

依据何种包装单位拣货是从分析订单得出的结果，其分析过程见图 6-18。其中商品特性分类是指将必须分别储存处理的商品依其特性来分类，再由历史订单统计资料结合客户对包装单位的要求，与客户协商后将订单的单位合理化。历史订单统计资料主要是算出每一出货品种以托盘为单位的出货数量，以及从托盘上以箱为单位拣取出货的数量，作为分拣包装单位设计的基础。将订单单位合理化，主要是避免过小的单位出现在订单中。如果过小的单位出现在订单中，必须进行合理整合，否则会增加作业量，并且引起作业误差。将合理化后的商品资料进行归类整理，最终确定拣货单位。

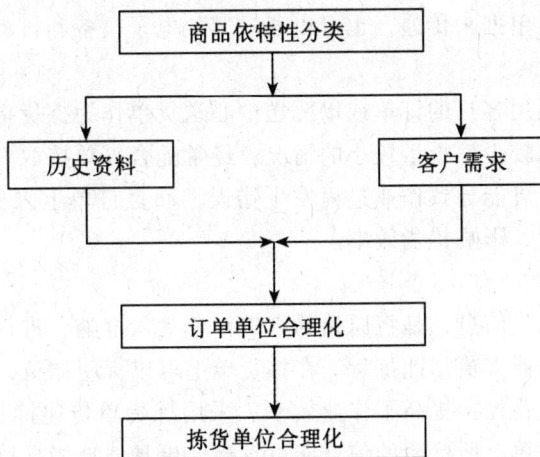

图 6-18　拣货单位分析过程

配送作业中拣货包装单位通常有以下四种：

（1）单件：单件商品包装成独立单元，以该单元为拣取单位，是拣货的最小单位。

（2）箱：由单件装箱而成，拣货过程以箱为拣取单位。

（3）托盘：由箱堆码在托盘上集合而成，经托盘装载后加固。每托盘堆码数量固定，拣货时以整托盘为拣取单位。

（4）特殊物品：体积过大、形状特殊，或必须在特殊条件下作业的货物，如桶装液体、袋装颗粒、冷冻食品等，拣货时以特定包装形式和包装单位为准。

（二）储存包装单位的确定

拣货包装单位确定之后，接下来便是确定储存货物的包装单位，通常储存单位必须大于或等于拣货单位，确定储存单位的步骤如下：

（1）订出各项商品一次采购最大、最小批量及前置时间；

（2）预计客户订单到达仓库后，多长时间将货物送交客户，即预计送达天数。

如果商品平均每天采购量×采购前置时间（或库存水准）小于上一级包装单位数量，则储存单位等于拣货单位；反之，则储存单位大于拣货单位。

例如，某种商品每天平均采购量为 10 箱，平均在库时间为 4 天，该商品每托盘可放 50 箱，则有 10×4＝40（箱），小于 50 箱。储存单位及拣货单位均以箱为宜。若以托盘为单位，则可能不满一整托盘。

（三）入库包装单位的确定

在储存包装单位确定后，货物入库包装单位最好能配合储存包装单位，有时可要求供应商配合。入库包装单位通常等于货物的最大储存单位。

☞**任务六：了解拣货信息的传递方式**

拣货信息的作用在于指导拣货作业的进行，使拣货人员正确而迅速完成拣货工作。拣货作业的依据是客户的订单或其他送货指令，因此，拣货信息最终来源于客户的订单。拣货信息既可以通过手工单据来传递，也可以通过其他电子设备和自动拣货控制系统传输。

（一）订单传票

订单传票即直接利用客户的订单或以配送中心送货单作为拣货指示凭据。这种方法适用于订单订购品种数比较少、批量较小的情况，经常配合订单拣取方式。订单在传票和拣货过程中易受到污损，可能导致作业过程发生错误，而且订单上未标明货物储放的位置，靠作业人员的记忆拣货，影响拣货效率。

（二）拣货单传递

通过拣货单传递拣货信息，是将原始的客户订单输入电脑，进行拣货信息处理后，生成并打印出拣货单，作业人员据此拣货。在拣货单上可以标明储位，并按储位顺序来排列货物编号，缩短了拣货路径，提高了作业效率。采用拣货单传递拣货信息，其优势在于：经过处理后形成的拣货单上所标明的信息能更直接、更具体地指导拣货作业，提高拣货作业效率和准确性。但处理打印拣货单需要一定成本，而且必须尽可能防止拣货单据出现误差。拣货单格式参见表6-3。

表6-3　　　　　　　　　　　　　**拣　货　单**

拣货单号码		拣货时间		至	
顾客名称		核查时间		至	
		拣货人员			
出货日期		核查人员			

序号	储位号码	商品名称	商品编码	包装单位			拣取数量	备注
				整托盘	箱	单件		

（三）显示器传递

显示器传递是在货架上安装液晶显示器，来显示通过数位控制系统传递的拣货信息。

相应储位上的显示器显示该商品应拣取的数量，这就是数位拣取系统。这种系统可以安装在重力式货架、托盘货架、一般货物棚架上。如图 6-19 所示，在重力式货架上安装液晶显示器以显示拣取数量，指示拣货。显示器传递方式可以配合人工拣货，防止拣货错误，提高拣货人员的反应速度，提高拣货效率。

图 6-19　显示器传递方式

（四）无线通信传递

无线通信传递是在叉车上安装无线通信设备，通过这套设备把应从哪个储位拣取何种商品及拣取数量等信息指示给叉车上的司机以拣取货物。这种传递方式通常适用于大批量出货时的拣货作业。

（五）电脑随行指示

电脑随行指示是指在叉车或台车上设置辅助拣货的电脑终端机，拣取前先将拣货信息输入电脑，拣货人员依据叉车或台车上电脑屏幕的指示，到正确位置拣取货物，图 6-20 为电脑辅助拣货台车。

（六）自动拣货系统传递

拣货过程全部由自动控制系统完成。通过电子设备输入订单后形成拣货信息，在拣货信息指导下由自动分拣系统完成分拣作业，这是目前物流配送技术发展的主要方向之一。

☞任务七：计算分拣作业时间

整个分拣作业所消耗的时间主要包括以下四大部分：

（1）订单或送货单经过信息处理，形成拣货指示的时间；

（2）行走与搬运货物的时间；

（3）准确找到货物的储位并确认所拣货物及其数量的时间；

（4）拣取完毕，将货物分类集中的时间。

因此，提高分拣作业效率，主要应缩短以上四种作业时间，以提高作业速度与作业能力。

图 6-20　电脑辅助拣货台车

☞**任务九：按照分拣作业流程实施分拣作业**

分拣作业流程见图 6-21。

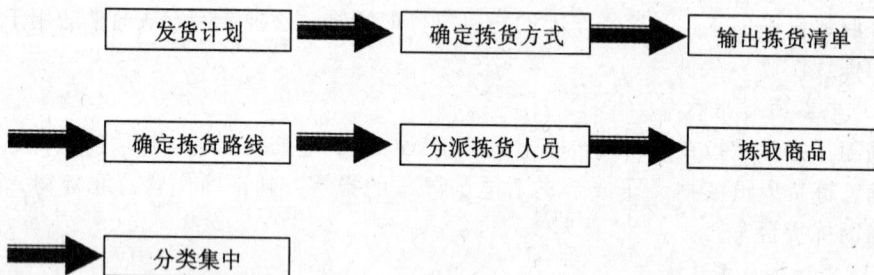

图 6-21　分拣作业流程图

（一）发货计划

发货计划根据客户的订单编制而成。订单是指客户根据其用货需要向配送中心发出的订货信息。拣货作业必须在拣货信息的指导下才能完成。国外大多数配送中心一般先将订单等原始拣货信息经过处理后，转换成"拣货单"或电子拣货信号，指导拣货人员或自动拣取设备进行拣货作业，以提高作业效率和作业准确性。

配送中心接到订货信息后需要对订单的资料进行确认、查询存货和处理单据，根据客户的送货要求确定发货日程，最后编制发货计划。

（二）确定拣货方式

在规划设计拣选作业之前，必须先确定拣选作业的基本方式。基本方式有两种：按单拣选和批量拣选。

1. 按出货品项数的多少及货品周转率的高低，确定合适的分拣作业方式

按当日 EN（出货品项数）及 IK 值（货品重复订购频率）的分布判断出货品项数的多少和货品周转率的高低，确定不同作业方式的区间，见表 6-4。其原理是：EN 值越大，表示一张订单所订购的货品品项数越多，货品的种类越多越杂，批量分拣时分类作业越复杂，采取按单拣选较好。相对地，IK 值越大，表示某品项的重复订购频率越高，货品的周转率越高，此时采取批量分拣可以大幅度提高拣选效率。

表 6-4　　　　　　　　　　　　**分拣方式选定对照表**

		货品重复订购频率（IK 值）		
		高	中	低
出货品项数 （EN 值）	多	S+B	S	S
	中	B	B	S
	少	B	B	B+S

注：S 表示按单拣选，B 表示批量拣选。

2. 按拣选方式项目要素进行考核，决定采用何种拣选作业方式

表 6-5 为拣选方式项目要素表。表中第一项为每日的订单数，主要考虑的因素是行走往复所花费的时间；第二项是一天订单的品项数，考虑的是寻找货品货位的时间；第三项是一张订单中每一品项一天的重量，考虑的是抓取货品所用的时间；第四项是每一品项一天的订单件数，考虑的是同一品项重复被分拣所花的时间。

表 6-5　　　　　　　　　　　　**拣选方式项目要素表**

所以，采用何种分拣方式，主要看该拣选方式效率的高低，也就是何种拣选方式所耗费的总时间最短，且避免不必要的重复行走时间。

表中从左至右可以有多种组合形式，如 A-C-C-A，表示的是每日的订单数很多，而订单的品项数却很少，且一张订单的每一品项数量也很少，但不断地被重复订购，所以可以将每一品项数加总合计，采取批量分拣，以减少重复行走分拣同一品项所消耗的时间。但也要考虑分拣完后的分类集中作业的效率问题。C-A-A-C 形式代表每天的订单数很少，但一天订单的品项数很多又不重复，且每一张订单的品项数也很少，此时适合按单个订单方式分拣。

（三）输出拣货清单

拣货清单是配送中心将客户订单资料进行计算机处理，生成并打印出拣货单。拣货单上标明储位，并按储位顺序来排列货物编号，作业人员据此拣货可以缩短拣货路径，提高拣货作业效率。

（四）确定拣货路线及分派拣货人员

配送中心根据拣货单所指示的商品编码、储位编号等信息，能够明确商品所处的位置，确定合理的拣货路线，安排拣货人员进行拣货作业。

（五）拣取商品

拣取的过程可以由人工或机械辅助作业或自动化设备完成。人工或机械拣取货物，都必须首先确认被拣货物的品名、规格、数量等内容是否与拣货信息传递的指示一致。这种确认既可以通过人工目视读取信息，也可以利用无线传输终端机读取条码由电脑进行对比，后一种方式往往可以大幅度降低拣货的错误率。拣货信息被确认后，拣取的过程可以由人工或自动化设备完成。通常体积小、批量小、搬运重量在人力范围内的货物且出货频率不是特别高时，可以采取手工方式拣取；对于体积大、重量大的货物可以利用升降叉车等搬运机械辅助作业；对于出货频率很高的货物可以采用自动分拣系统。

（六）分类集中

配送中心在收到多个客户的订单后，可以进行批量拣取，然后再根据不同的客户或送货路线分类集中，有些需要进行加工的商品还需根据加工方法进行分类，加工完毕再按一定方式分类出货。多品种分货的工艺过程较复杂，难度也大，容易发生错误，必须在统筹安排形成规模效应的基础上，提高作业的精确性。在物品体积小、重量轻的情况下，可以采取人力分货，也可以采取机械辅助作业，或利用自动分货机将拣取出来的货物进行分类与集中。分类完成后，货物经过查对、包装便可以出货、装运、送货。分拣后货物分类集中如图 6-22 所示。

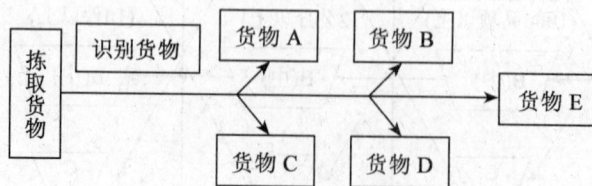

图 6-22　分拣后货物分类集中

实践与思考

TT 医药公司的分拣作业困惑

TT 医药公司主要经营药品与医疗器械，在东北地区占有相当的市场份额。为了服务东北地区三个省份的客户，公司专门在哈尔滨市成立了一个配送中心。配送中心是一个四层楼结构的建筑，一层是收、发货区域，二、三、四层用于存储药品，二层还有部分面积用于存储医疗器械。公司的服务承诺是客户下达订单后，本市客户 24 小时、省内客户 48 小时、外省客户 72 小时可以收到货物。配送中心的作业过程是这样的：客户订单分配给每个楼层的拣货员；拣货员拣完该订单存储在本层的各种药品后用周转箱把药品送到一层，一层的发货员收集到三个楼层的拣货后合并到一起装箱、发货。药品在各楼层之间上下依靠一部货梯。

TT 公司的配送中心成立后极大地提高了客户服务水平，销售规模一直保持增长。但今年以来客户的投诉增加，反映送货的品种、数量经常与订单不符。公司专门开会讨论这个问题，配送中心的经理把自己一肚子的苦水倒了出来：现在订单量是原来的几倍，而且客户知道 TT 医药公司的品种全，所以每张订单上都有几十个品种。因为药品还有批号的要求，更增加了拣货的难度。配送中心就那么一部货梯，他手下的拣货员已经增加了一倍，但还是天天加班，他这里已经是超负荷地运转了。

资料来源：根据安徽物流网（www.ah56.cn）有关资料整理得到。

思考题

1. 请简要描述 TT 公司的配送中心目前存在的问题。
2. 配送中心的拣货作业一般可以采取哪些拣货方式？这些拣货方式各有什么特点？
3. TT 公司的配送中心采用的是何种拣货方式？
4. TT 公司准备提高拣货环节的效率，你认为可以采取哪些措施，并对你提出的措施进行简要的评价。

实习实训

1. 实训目的：使学生熟练掌握不同的拣货方式及其操作流程，认识各种拣货单据，熟练使用相应的拣选辅助设备；不但能按要求完成拣货任务，而且能通过拣货效果分析提出改进措施，真正达到提高拣货效率、缩短拣货时间、降低拣货出错率的目的。

2. 实训方式：实际操作及上机模拟软件操作。

3. 实训内容：

（1）纸制单据拣选——单一顺序拣取操作。（2）纸制单据拣选——批量拣取操作。

4. 实训条件：

（1）两间标准教室 60 平方米，分别作为实训室与研讨室（包括学生进行信息处理）。

实训室分为拣货区（占 2/3）和学生观摩区（占 1/3）。

（2）实训室配置带有电子标签的轻型货架，40 个品种以上相近的货物，每种货物的数量不少于 30 件，用于存放货物和拣取货物的周转箱 60 个，3 台手推车作为拣货车；每组需要配备一台计算机用于拣货单处理和一台公用联网打印机及条码打印机，用于拣货单打印及条码打印。

（3）实训室的拣货区由三排等长的货架及巷道组成，货架用于存放需要拣取的货物，每个货架不少于三层且不少于 20 个货位（即每个货架应至少能够摆放 20 个以上用于存放货物的周转箱，周转箱的尺寸为 600mm×400mm），货架摆放应与教室纵向平行。

（4）货架、货位应进行合理标示。

（5）巷道呈 S 形，巷道口对着观摩区，便于学生观察，人推着拣货车在巷道中行走进行拣取作业。拣货车在巷道中能来回移动，且能容易地改变方向。研讨室桌椅呈圆形布置，便于学生讨论。

5. 实训的组织形式与步骤：

（1）将学生分成 6 个人一个小组，指定一名学生作为小组负责人，负责小组人员分工，完成拣货任务。

（2）对于教师提出的拣货任务，小组指派一名同学按照拣货单及拣货要求完成拣货任务，小组其他同学对拣货过程进行观察，对设备的使用及拣货路径进行记录，并对拣货所用时间及拣货结果进行详细记录。以小组为单位，教师组织学生共同对拣货作业过程及效果进行分析，找出影响拣货效率的原因，提出改进策略。运用改进策略，对于同一（批）拣货单重新进行拣货操作，比较改进前后的拣货时间和拣货效果。

（3）教师组织学生对改进策略进行评价，归纳出不同拣货方式的特点及适用场合。学生根据实训过程、实训结果及有关分析撰写实训报告。

6. 考核及评价：

1. 考核分值比例：实际操作 50%，实训报告 30%，团队合作表现 10%，实训表现 10%。

2. 考核形式：教师点评 40%，学生分组互评 30%，学生自评 30%。

项目七　转仓出仓作业

项目任务单

一、企业岗位

库管员 \ 堆卸员

二、岗位职责

（1）库管员配合堆卸员，根据订单要求，及时将货物出仓；

（2）正确操作出仓作业工具（RF 和 R 车等），进行出仓作业，核对品名、数量后勾单；

（3）严格按照转仓出仓作业流程操作。

三、完成转仓出仓作业任务所需知识和能力

1. 知识

转仓流程、出仓的概念、出仓基本要求、出仓流程、货物出仓常见问题等。

2. 能力

（1）能理解转仓出仓作业规范，并按照转仓出仓作业规范进行作业操作；

（2）能正确叙述转仓出仓作业流程；

（3）能正确操作 RF 和 R 车等作业工具，进行转仓出仓作业。

四、项目教学任务

序号	教学任务	课时
1	任务一：运用 RF 进行转仓作业	1
2	任务二：使用仓储管理软件实现转仓作业	
3	任务三：掌握出仓作业	1

任务情境

☞**任务一：运用 RF 进行转仓作业**

分拣人员配合转仓人员将货物从货架转移出去的作业过程，称为转仓作业。

（一）相关作业规范

（1）每转一托盘商品应仔细核对商品品名、数量是否与转仓单一致，确保转仓商品、数量、转出仓位、转入仓位与转仓单完全一致。

（2）转出商品时，应低速慢行，仓位看准，数量点准，防止摔落致损，应注意托盘上商品码放的平衡性，不得造成商品倾斜一边或呈楼梯状。

（3）转仓时，应及时将商品补入货架，不得倒置码放。若原仓位有商品，应将前一批次的商品码放在上层，坚持先进先出的原则。

（4）作业时，应保持分拣位、存储位的干净整洁，随时清理胶带。

（二）转仓作业流程

（1）领取转仓单，R车库管员与两名T车库管员各执一联。

（2）R车库管员照单将商品从转出仓位转出，核对品名、数量后勾单。

（3）商品转入确认无误后，勾单示明"已转入"。

（4）转仓完毕，三人核对商品是否转仓完毕。如有误则及时上报主管查找原因，并做补转。确认无误，在转仓单上签名，并交部门主管。

注意：在上述作业流程（2）中，可能涉及整件分拣和拆零分拣。

☞**任务二：使用仓储管理软件实现转仓作业**

下面以骏虎仓管管理软件为例说明如何实现转仓作业。

点击仓库管理菜单下的转仓管理菜单，即可进入转仓单列表，见图7-1。

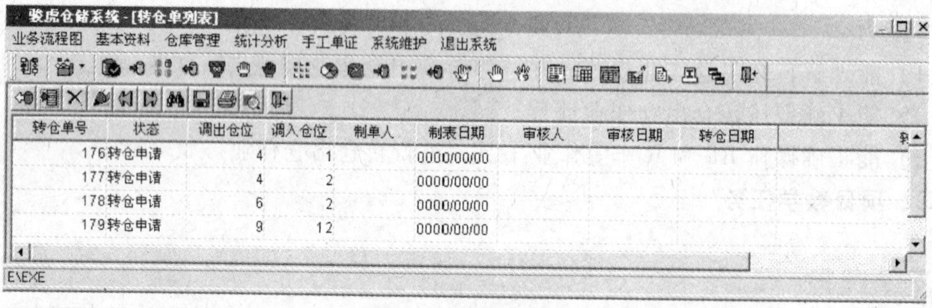

图7-1　转仓单列表

这里，我们可以增加一个转仓单，或对已有转仓单进行修改，点击增加按钮，出现生成转仓单界面，见图7-2。

首先，选择调出仓位，按显示调出仓位所有库存，然后选择要调入的仓位，双击要调拨的产品，系统将自动生成一张调拨单。

转仓单分上下两个部分，见图7-3，上半部分是转仓单的主信息，包括：单号，状态，转入、转出仓位，转仓原因，转仓日期等；下半部分是转仓明细和相关工作单。

当转仓单状态为转仓申请时，屏幕右上角有两个按钮：

确认转仓：按此按钮，转仓单状态将变为确认转仓，表示转仓可以进行。

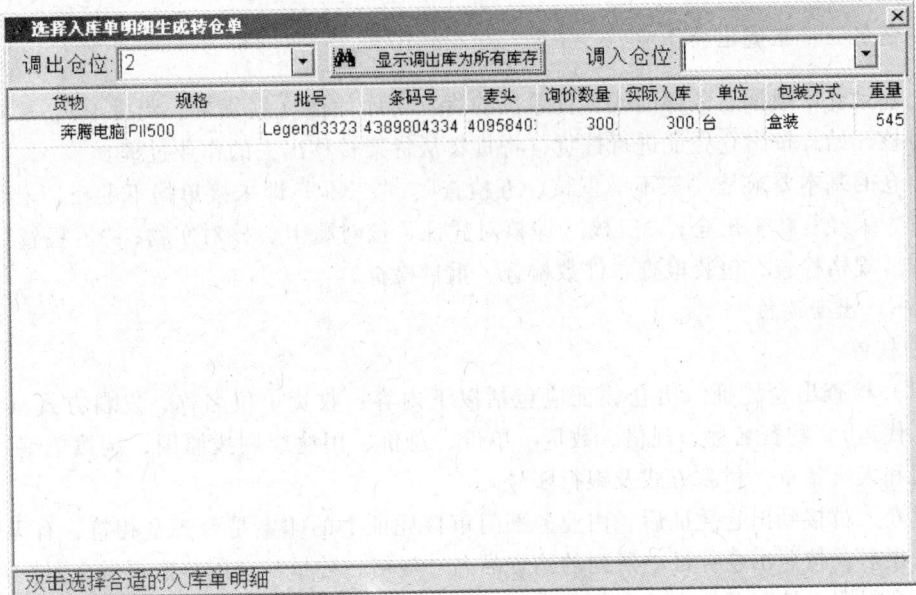

图 7-2　生成转仓单

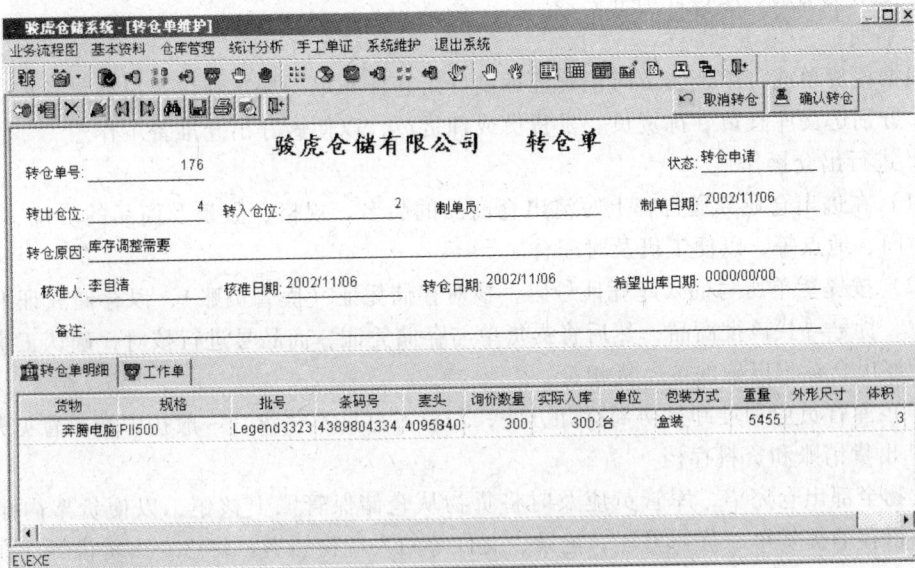

图 7-3　转仓单维护

取消转仓：如果没有通过核准，转仓将被取消。

当转仓单状态为批准转仓时，屏幕右上角有一个按钮：

转仓：按此按钮，转仓单状态将变为转仓，表示转仓正在进行。

当转仓单状态为转仓时，屏幕右上角有一个按钮：

转仓完成：按此按钮，转仓单状态将变为完成，表示转仓结束。

☞**任务三：掌握出仓作业**

出仓是仓库根据业务部门或存货单位的货物出库凭证（提货单、调拨单），从对出库凭证审核开始，按出仓凭证进行拣货，将货物从货架转移出去的作业过程。

出仓的基本要求是"三不、三核、五检查"。"三不"即未接单据不翻账、未经审核不备货、未经复核不出仓；"三核"即核对凭证、核对账卡、核对实物；"五检查"即品名检查、规格检查、包装检查、件数检查、重量检查。

（一）出仓流程

1. 核单

（1）检查出仓凭证。出仓凭证应包括以下内容：收货单位名称，发料方式（自提、送料、代运），物资名称、规格、数量、单价、总价、用途或调拨原因，调拨单编号，有关部门和人员签章，付款方式及银行账号。

出仓人员接到出仓凭证后，由业务部门审核凭证上的印鉴是否齐全相符，有无涂改。审核无误后，按照出仓凭证上所列的物资品名、规格、数量与仓库料账再做全面核对。无误后，在料账上填写预拨数后，将出仓凭证移交给仓库库管员。

（2）库管员复核料卡无误后，即可做物资出仓的准备工作，包括准备随货出仓的合格证、使用说明书、质检证书等。

2. 备货

根据提货单或订单，应及时正确地编制好出仓任务单、配车吨位及机械设备单、提货单等，分别送交库管员、拣货员、发货员或理货员，以便做好出仓准备工作。

3. 进行出仓操作

（1）在进出仓业务通告牌上写清出仓商品的品名、规格、数量及商品的货位、货号、发货时间、地点等，以便工班及时配合。

（2）按提货单所写的入库凭证号码，核对存储凭证（库管员账），以存储凭证上所列的货位、货号寻找该批商品，然后将提货单与存储凭证、商品号进行核对，确认正确无误后，做好出仓标记以确保单、货相符。

（3）库管员应和堆卸员协商拆卸方法，若双方意见不一致，一般按库管员意见办。

4. 出货销账和资料存档

货物全部出仓完毕，库管员应及时将货物从仓储保管账上核销，以便货架内账货相符；将留存的提货单、货物单证、记录、文件等归入货物档案；将已空出货位标注在货位图上，以便安排货物。

（二）使用仓储管理软件实现出仓作业

仍然以骏虎仓管管理软件为例说明如何实现出仓作业。

点击仓库管理菜单下的出仓管理菜单，进入出仓管理列表（见图7-4）。在此列表中，我们可以对出仓单进行修改操作。

点击增加按钮，弹出选择入库单界面，见图7-5。

选择客户之后，点击查找入库单按钮，在下面的列表中会列出所有该客户仍在库中的

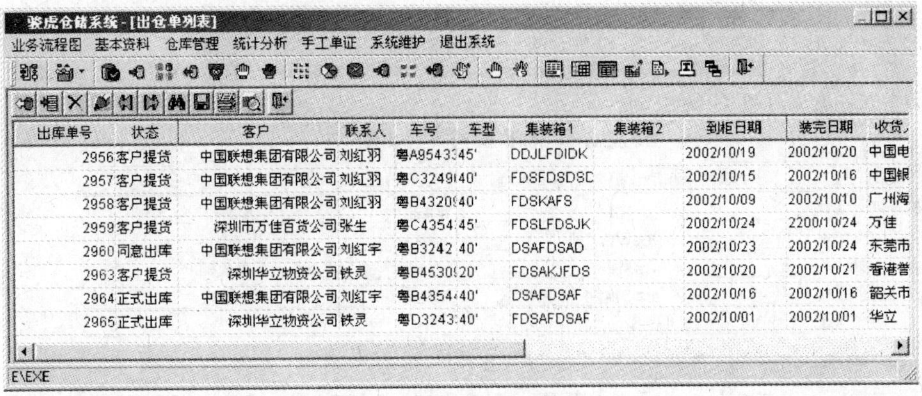

图 7-4　出仓管理列表

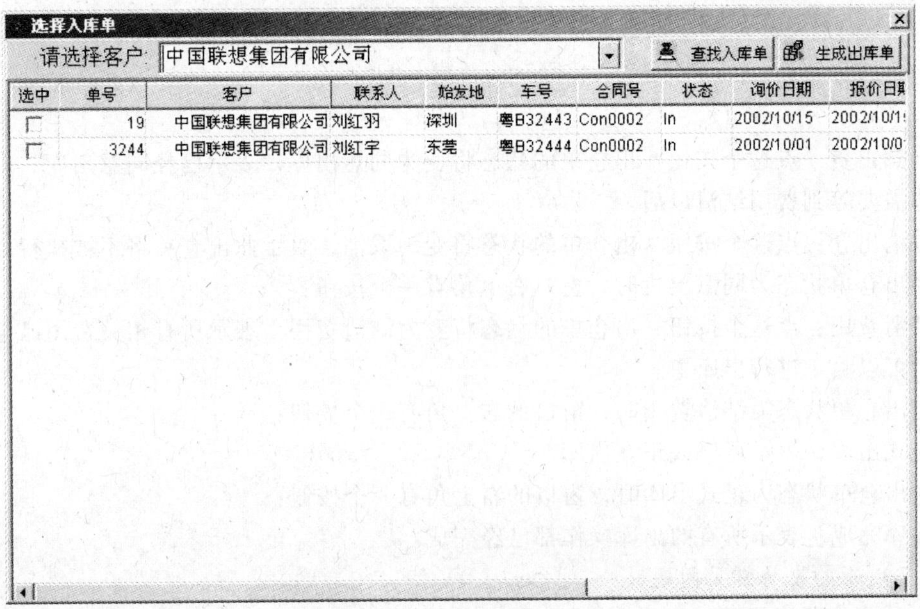

图 7-5　选择入库单

入库单。

在列表中选中其中一个或多个入库单，然后按生成出仓单按纽，就可以生成一张出仓单，见图 7-6。从图中可以看出，出库单界面包括出仓单主信息和出仓单明细信息，以及与出仓单相关的工作单信息。

出仓单主信息包括：出库单号、状态、客户、联系人、联系方式、车号、车型、集装箱 1、集装箱 2、到达日期、装完日期、收货人、承运人、核销单号、合同号、制单员、检验员、希望出库日期、出库日期、封志号、仓管员等。

当工作单状态为新工作单时，窗口右上角有两个按钮：

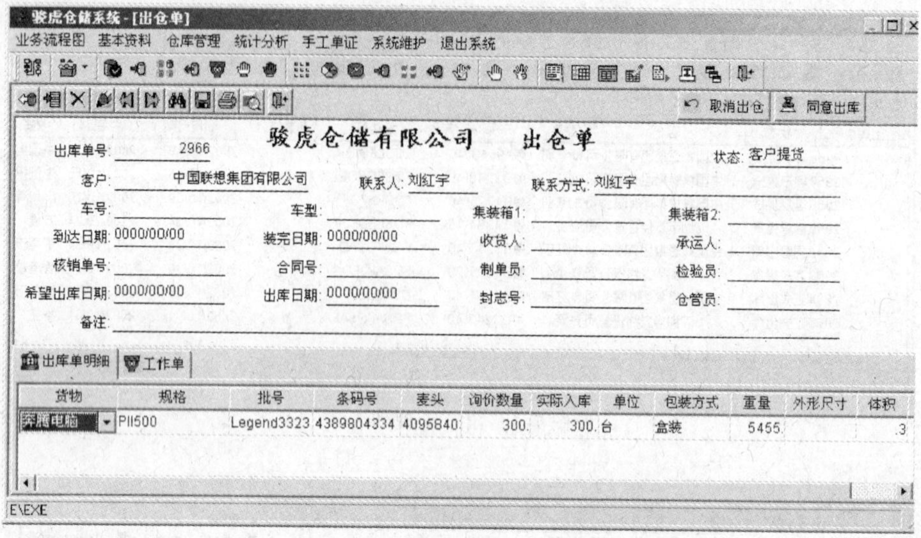

图 7-6　生成出仓单

同意出货：点这个按钮，出仓单的状态将变为同意出库，表示已经同意出库，但真正的出库需要等到费用结清以后。

取消出仓：点这个按钮，出仓单的状态将变为取消，表示此出仓单将不被执行。

当出仓单状态为同意出货时，窗口右上角有一个按钮：

结清费用：点这个按钮，出仓单的状态将变为结清费用，表示所有相关费用已经结算清楚，可以真正进行出库了。

当出仓单状态为结清费用时，窗口的右上角有一个按钮：

正式出库：表示可以或正在出库。

当出仓单状态为正式出库时，窗口的右上角有一个按钮：

出库完成：表示所有的出库操作都已经完成。

（三）货物出仓常见问题

（1）出仓凭证问题。主要有：凭证假冒、复制、涂改问题；凭证过期问题；凭证开错问题；凭证遗失问题。应向主管汇报。

（2）串发货和错发货问题。应查明原因，尽快解决。

（3）包装问题。应加强出库检验，并与运输部门协商。

（4）漏记和错记账问题。应及时汇报，查明原因，修改正确。

（5）退货问题。应出具质检证书，经主管同意，按退货流程处理。

注意：在现代配送企业，利用现代出仓工具，如 RF、R 车等，分拣人员和堆卸员合作，出仓操作速度大大提高。分拣人员将货物从货位上取出后，只需手持 RF 先后扫描订单条码、货物条码、托盘条码、货架货位条码，然后按出仓键，即可实现数据通过无线射频技术远传到控制中心计算机数据库，完成出仓销账和资料存档操作，大大降低工作强度，提高可靠性、安全性、便利性。

实践与思考

骏虎物流教学系统的仓储管理流程

进入骏虎物流教学系统，点击仓储管理系统的图标即可进入仓储管理系统的登录界面，见图7-7。

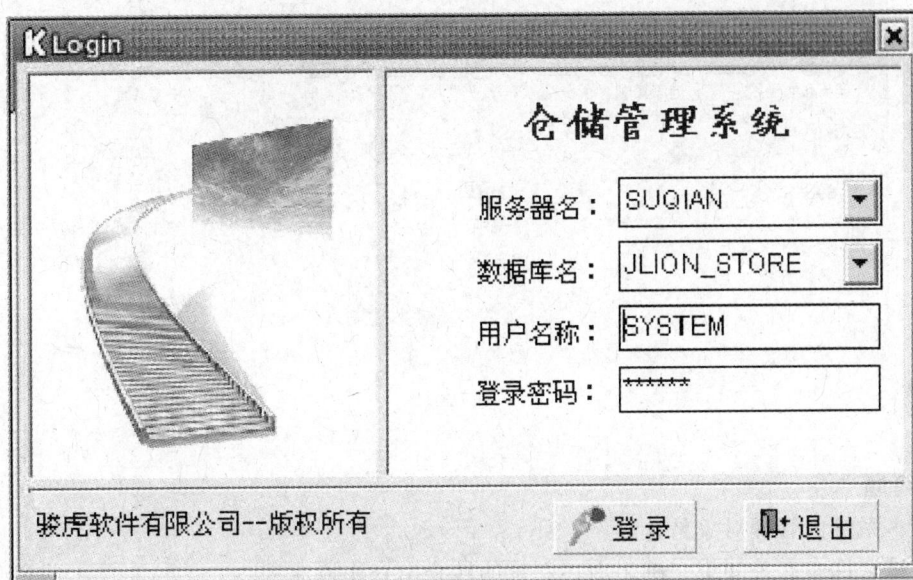

图 7-7

输入服务器名、数据库名、用户名称和密码，点击登录即可进入仓储管理系统的主界面，见图7-8。

在主界面中，我们可以看到整个系统的业务流程图。从流程图中我们不难看到本系统对仓储公司的客户询价、报价、入仓、转仓、出仓、工作单、结算费用、成本分析进行管理。

通过菜单我们可以看到，本系统主要分为基本资料、仓库管理、统计分析、手工单证共四部分。其中基本资料包含：货物资料、仓位资料、员工资料、车辆资料、收费标准、客户资料和合同管理。仓库管理包括：定仓管理、进仓管理、转仓管理、出仓管理、作业单管理、应收账管理和应付账管理。统计分析包括：库存分布图、仓位结构分析图、定仓查询、进仓查询、出仓查询、转仓查询、工作单查询、应收账查询和应付账查询。手工单证分为：业务便函、货物报检单、工作联系单、货物报关单、资料交接单、装箱单和联合发票。

资料来源：骏虎物流教学系统软件。

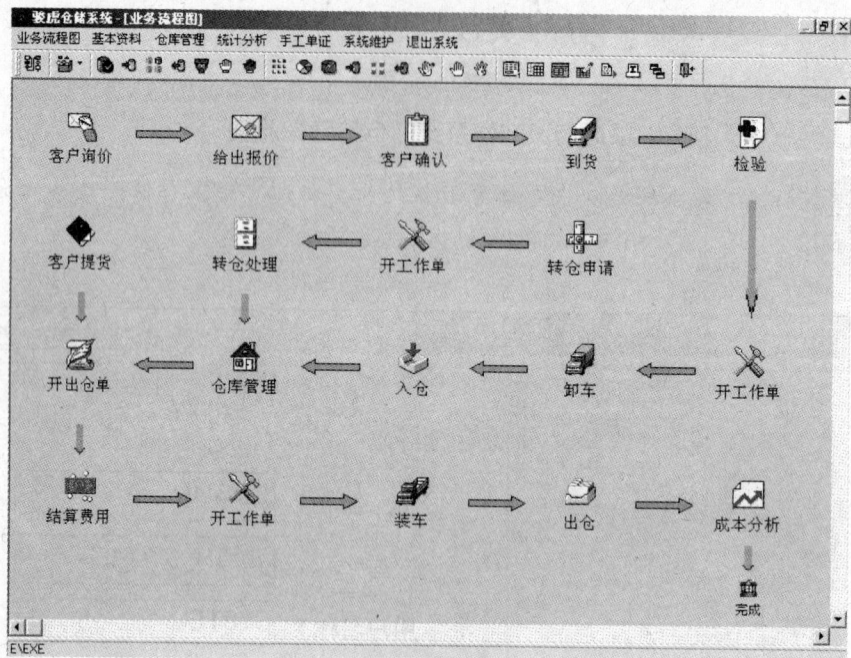

图 7-8

思考题

1. 本系统的管理对象是什么？
2. 结合课本有关知识，画出上述系统的转仓出仓作业流程。

实习实训

1. 实训目的：使学生学会正确操作转仓出仓作业工具，进行相关作业。
2. 实训方式：实际操作。
3. 实训内容：

（1）核单；（2）备货；（3）利用 R 车进行转仓出仓操作；（4）出货销账和资料存档。

4. 实训条件及组织形式：

（1）在 100 平方米实训室进行，每 6 人一组，每组选一个组长，每人扮演一个角色。

（2）实训室配备三层货架 2 排、R 车 2 台、RF2 台、电脑、打印设备及纸张、条码扫描仪等复核设备、手推车（T 车）6 台、木托盘 6 个、胶带若干。

5. 实训步骤：

（1）接收转仓出仓通知。

（2）核单。检查出仓凭证。

（3）备货。根据提货单或订单，及时正确地编制好转仓单或出仓任务单、配车吨位及机械设备单、提货单等，分别送交库管员、拣货员、发货员或理货员。

（4）R 车库管员照单将商品从转出仓位转出，核对品名、数量后勾单。以上过程实现出仓作业。

（5）若为转仓作业，接着按以下流程进行：T 车库管员核对品名、数量后，照单将商品转入对应分拣位；T 车库管员核对品名，并按单据上显示数量取出商品，放置于托盘上，勾单确认，在商品外包装上明显处标明转入仓位、数量；一个托盘装载完毕后，由另一名 T 车库管员对照商品包装上所示仓位、数量，将商品转入对应仓位；商品转入确认无误后，勾单示明"已转入"。

（6）转仓完毕，三人核对商品是否转仓完毕。确认无误，在转仓单上签名，并交部门主管。

（7）出货销账和资料存档。货物全部出仓完毕，库管员及时将货物从仓储保管账上核销，将留存的提货单、货物单证、记录、文件等归入货物档案。

6. 考核及评价：

1. 考核分值比例：实际操作 50%，实训报告 30%，团队合作表现 10%，实训表现 10%。

2. 考核形式：教师点评 40%，学生分组互评 30%，学生自评 30%。

项目八　盘 点 作 业

项目任务单

一、企业岗位
盘货员

二、岗位职责
（1）根据货品的特点与要求选择合适的盘点方法，正确进行"账面盘点操作"及"现货盘点操作"，正确使用盘点的各种表单。

（2）准确计算盈亏差异，对盘点结果进行合理分析，正确进行盘盈、盘亏处理。

（3）通过点数计数查明商品在库的实际数量，核对库存账面资料与实际库存数量是否一致。

（4）掌握库存与仓容情况，并对储存环境进行清理保洁。

（5）负责库存货物的定期和动态清查、盘点。

三、完成盘点作业任务所需知识和能力
1. 知识

盘点作业概念，盘点目的，总盘人、主盘人、会点人、填表人、核对人、协点人以及监点人职责，盘点表单，确定盘点时间，定期盘点法，循环盘点法，盘盈、盘亏处理原则等。

2. 能力

（1）能正确叙述盘点作业的流程，有效地做好盘点前的准备工作，按要求对盘点现场进行有效的清理；

（2）能选择合适的盘点时间；

（3）能根据货品的特点与要求选择合适的盘点方法，会正确进行"账面盘点操作"及"现货盘点操作"，会正确识读和使用盘点的各种表单；

（4）能准确计算盈亏差异，对盘点结果进行合理分析，正确进行盘盈、盘亏处理。

四、项目教学任务

序号	教学任务	课时
1	任务一：明确盘点的目的	
2	任务二：熟悉盘点作业流程	1
3	任务三：了解盘点前的准备工作	

序号	教学任务	课时
4	任务四：决定盘点时间	1
5	任务五：选择盘点方法	
6	任务六：了解盘点人员的组织与培训	1
7	任务七：了解储存场所的清理	
8	任务八：实施盘点工作	
9	任务九：盘点结果处理	1
10	任务十：填写仓库盘点单和库存盘点表	

任务情境

☞**任务一：明确盘点的目的**

为了对库存物品的数量进行有效控制，并查清其在仓库中的质量状况，必须定期或不定期地对各储存场所进行清点、查核，这一过程称为盘点作业。

盘点目的主要有：

（1）确定现存量。通常货物在一段时间不断地进货和出货，容易产生误差，通过盘点可以查清实际库存数量，并确认库存货品实际数量与库存账面数量的差异。账面库存数量与实际库存数量不符的主要原因通常是收发作业产生的误差，如记录库存数量时多记、误记、漏记；作业中导致的商品损坏、遗失；验收与出库时清点有误；盘点时误盘、重盘、漏盘等。如发现盘点的实际库存数量与账面库存数量不符，应及时查清问题原因，并作出适当的处理。

（2）查清企业损益。企业的损益与总库存金额有相当密切的关系，而库存金额又与库存量及其单价成正比。因此，为了能准确地计算出企业实际的损益，就必须针对现有库存加以盘点。一旦发现库存太多，即说明企业的经营受到制约。对此应考虑改进库存管理的措施。

（3）发现库房管理存在的问题。通过盘点，可发现作业或管理中存在的问题，并通过解决问题来改善作业流程和作业方式。如通过盘点可以查出超期保管、长期积压商品的实际品种、数量，呆、废货品的处理状况，存货周转率，货物的养护修复情况，进而分析原因，提出改进措施，防止再度发生类似情况，从而使管理水平不断提高。

☞**任务二：熟悉盘点作业流程**

盘点的流程包括：盘点准备、盘点现场的清理、盘点实施以及盘点结果的分析与处理，见图8-1。

```
                        ┌──────────────┐
                        │   事先准备    │
                        └──────┬───────┘
        ┌──────────────┐      │      ┌──────────────┐
        │  决定盘点时间  │──────┼──────│  决定盘点方法  │
        └──────────────┘      │      └──────────────┘
                        ┌──────┴───────┐
                        │  盘点责任区确定 │
                        └──────┬───────┘
                        ┌──────┴───────┐
                        │ 盘点人员组织与培训│
                        └──────┬───────┘
                        ┌──────┴───────┐
                        │  储存现场的清理 │
                        └──────┬───────┘
                        ┌──────┴───────┐
                        │     盘点      │
                        └──────┬───────┘
                          ◇是否存在◇
                          ◇重大差错◇
   ┌──────────────┐          │是
   │     重盘      │◄─────────┤
   └──────┬───────┘          │否
   ┌──────┴───────┐          │
   │   差异原因分析  │          │
   └──────┬───────┘          │
   ┌──────┴───────┐   ┌──────┴───────────┐
   │  追究责任与改进 │──►│  盘盈、盘亏的处理   │
   └──────────────┘   └──────────────────┘
```

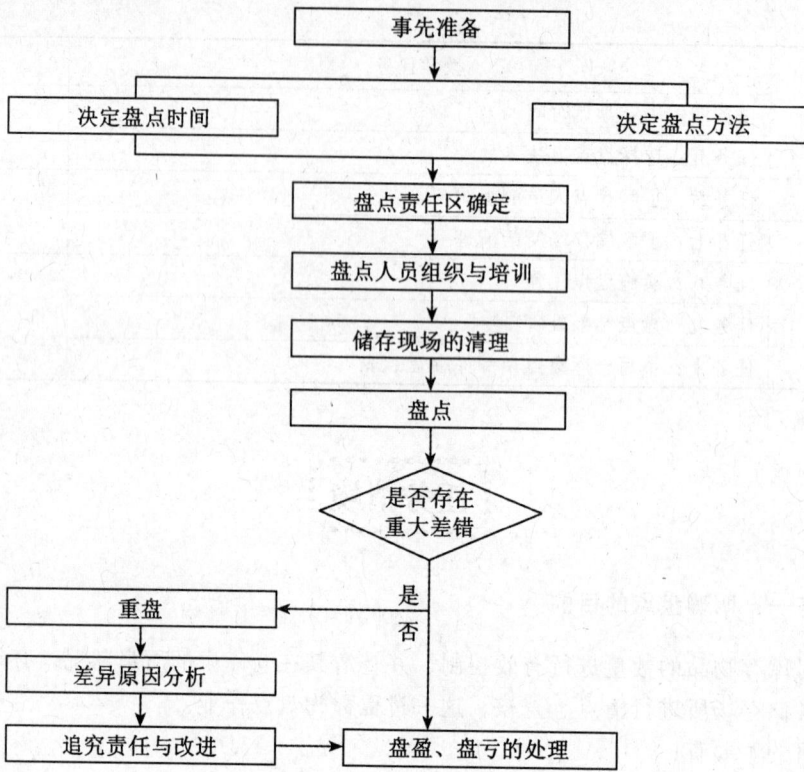

图 8-1 盘点作业流程

☞任务三：了解盘点前的准备工作

（1）明确盘点的程序方法。企业的盘点程序与方法经会议通过后，应列入企业正式的盘点制度中。

（2）配合会计决算进行盘点。

（3）确定盘点时间。合理确定盘点时间非常必要，盘点日期一般会选在财务决算前夕或生产经营淡季。

（4）确定盘点人员。通常，循环盘点由仓库管理人员自己进行。对于全面盘点主要是确定总盘人、主盘人、会点人、填表人、核对人、协点人以及监点人等。

（5）经过训练的人员必须熟悉盘点用的表单。盘点单样本见表 8-1。

表 8-1 　　　　　　　　　　　　　盘 点 单

盘点日期：　　　　　　　　　　　　　　　　　　　　　　　　　编号：

物品编号	物品名称	存放位置	盘点数量	复核数量	盘点人

（6）盘点资料的准备。盘点用具、表单必须事先准备或印制，并供培训时使用。

（7）库存资料必须确实结清。

☞任务四：决定盘点时间

（1）运用商品 ABC 分类法确定盘点时间。A 类主要货品应每天或每周盘点一次。B 类货品应每二、三周盘点一次。C 类较不重要货品每月盘点一次即可。

（2）为盘点选择合适的时间点。

①财务决算前夕，因便利计算决算损益以及说明财务状况。

②生产经营淡季，因淡季储货量少，盘点容易，人力的损失相对降低，且调动人力较为便利。

☞任务五：选择盘点方法

（1）账面盘点法。要得到正确的库存情况并确保盘点无误，最直接方法就是确定账面盘点与现货盘点的结果完全一致。

（2）现货盘点（实地盘点）法。现货盘点依其盘点时间频率的不同又可分成"定期盘点"和"循环盘点"。

①定期盘点法：定期盘点法就是定期检查所有物资的在库余量，以核对和保持准确的库存记录的方法。定期盘点法要求在一个短暂的时期内对各种物资进行全面盘点。盘点时，每组盘点人员至少三人，以便能互相核对减少错误，同时也能彼此牵制，避免流弊。

②循环盘点法：循环盘点法又称连续盘点法或永续盘点法，它是有顺序地、不定期地进行的一种物资盘点方法，是控制库存记录准确性的一种基本方法。同定期盘点法相比，通常循环盘点法所需费用较少。循环盘点一次只进行少量盘点，因而只需专门人员负责即可，不需动用全体人员。

☞任务六：了解盘点人员的组织与培训

盘点人员的组织与培训直接关系到盘点工作的成败，培训主要针对所有人员进行盘点方法训练，针对复盘与监盘人员进行认识货品之训练。一般来说，盘点培训的内容包括两个方面，一是熟悉物料，二是掌握盘点方法和盘点作业流程。

（一）填表人员的盘点培训与组织

（1）填表人员拿到盘点表后，应注意是否有重复。

（2）填表人员和盘点人员分别在盘点表上签名。

（3）填表人员盘点时，必须先核对料架编号。

（4）填表人员应复诵盘点人员所念的各项物料名称及数量。

（5）填表人员填写的顺序依次为物资编号、物资名称、单位、金额和数量。

（6）对于某些内容已预先填写的盘点表，应在料号、料名、单位、金额等核对无误后，再将盘点人员所获得的数量填入盘点表。

（7）如果预先填写的物资在盘点时已无存货，则在数量栏内填"0"。

（8）盘点表只可填写到指定的行数，指定行数以后留作更正用。

（9）盘点表的填写未超过指定行数时，如当中某一行有错误应画去，重新写于最后一行的次一行。例如，一张盘点表只填写 10 行，其中第 7 行错误，应将这行画去，重新写于预留空白栏的第一行。

（10）数字的填写必须正确清楚，绝对不可涂改。

（11）对于写错需更正的行次，必须用直尺画去，并在审核栏写"更正第×行"，然后请督导签名（只签名于更正的一行即可）。

（12）如果预先填表错误，更正重写在下一行即可，同样应在审核栏写"更正第×行"。

（13）盘点表的空白栏应由核对者画斜线，如需填写，必须由抽查员或督导员在审核栏签名。

（二）盘点人员的盘点培训与组织

（1）盘点人员盘点前应和填表人员分别在盘点表上签名。

（2）盘点人员对一个料架开始盘点前，先叫料架编号、盘点表号码、张数，让填表人员核对。

（3）盘点人员盘点时原则上由左而右，由上而下，不得跳跃盘点。

（4）盘点人员盘点的顺序（针对同一物料）依次为：物料货号、物料名称、价格、数量、单位（如个、条、千克）。

（5）盘点人员在盘点中应特别注意各角落，避免遗漏物料。

（6）盘点人员在盘点物料时，数量必须正确，不可马虎。

（7）盘点人员在盘点中，吐字要清晰，音量要适中，以让填写人员及核对人员听清楚为原则。

（8）盘点人员在盘点中，遇到标价不同或没有标价时应：①找其他同种类物料的价标；②向主盘人员报告后，询问负责该部门的仓库管理人员；③向主盘人员报告后，由相关人员在电脑中心查询。

（三）核对人员的盘点培训与组织

（1）核对人员应注意盘点人员的盘点数量、金额是否正确无误。

（2）核对人员应核对填表人员的填写是否正确无误。

（3）核对人员应监督错误的更正是否符合规定。

（4）核对人员应于每一料架盘点完后，在料架编号卡右上角打"√"。

（5）核对人员在盘点仓库物料时，应对每一种物料进行盘点，核对无误后即在物料计算卡右上角打"√"。

（6）核对人员应于物料盘点表全部填写完毕并核对无误后，在审核栏内核对处打"√"，右边留作更正、签名及抽查员打"√"用。

（7）核对人员审核打"√"应在合计与单位的空白栏间，从右上至左下画斜线并在核对人栏签名。

（8）核对人员在盘点期间应准确核对，以发挥核对的作用。

（四）抽查人员的盘点培训与组织

（1）抽查人员应先了解盘点料架的位置、物料堆放的情形以及其他知识。

（2）抽查人员应接受主盘人员的指挥调派，在成立配合抽查组织后，开始进行盘点抽查工作。

（3）抽查人员检查已盘点完的物料，核对其料号、品名、单位、金额及数量是否按规定填写。

（4）抽查人员检查更正处是否按照规定处理，检查进行盘点的各组是否签名。

（5）抽查人员抽点已盘点完的物料是否与盘点表上记载的相符，若发现盘点数量不符，应立即通知原盘存组人员更正。

（6）抽查人员抽点的物资如正确无误，则在该行的审核栏内打"√"。

（7）抽查人员抽查的重点，应以金额大、单价高，而且容易出错的盘点表为对象，并以每张抽查为原则，抽查的比例每张约30%。

（8）抽查人员对每张盘点表进行抽查后，应在抽查人栏签名。

（9）抽查人员抽查后，应向主任抽查员报告有关抽查该部门时所发现的优缺点，主任抽查员再综合各抽查人员意见，将优缺点填入盘点综合抽查报告内。

（10）抽查人员抽查完后，应立刻到总指挥部接受调派。

☞任务七：了解储存场所的清理

（一）盘点前清理工作基本要求

盘点现场也就是仓库或配送中心的保管现场，清理工作主要包括：整理整顿，鉴定呆料、废品、不良品，账卡、单据、资料均应整理后加以结清，储存场所的管理人员在盘点前应自行预盘。具体如下：

（1）盘点前对已验收入库的物品进行整理，归入储位；对未验收入库的物品，应区分清楚，避免混淆。

（2）储存场所在关闭前应通知各需求部门预领所需的物品。

（3）储存场所整理整顿，以便计数盘点。

（4）预先鉴别变质或损坏商品、呆品、不良品，以便盘点时鉴定。

（5）账卡、单据、资料均应整理后加以统一结清。

（6）储存场所的管理人员对物品进行盘点后加以结清。

（二）清理"5S"

（1）整理。整理是将工作现场内的物品进行分类，并把不要的物品坚决清理掉。

（2）整顿。整顿是把有用的物品按规定分类摆好，并做好相应的标示，不要乱堆乱放，防止诸如"该找的东西找不到"等无序的状况发生。

（3）清扫。清扫是把工作现场所有的地方以及工作时使用的工具、仪器、设备、材料等打扫干净，使工作现场干净、宽敞、明亮。

（4）清洁。清洁是指经常性地开展整理、整顿和清扫工作，并对该三项工作进行定期和不定期的检查监督。

（5）素养。素养是指每个员工都能够养成良好的习惯，表现为积极向上，精神饱满，文明礼貌，遵守规则，主动学习，乐于助人，团结协作等。

☞**任务八：实施盘点工作**

盘点时，因工作单调琐碎，人员较难以持之以恒，为确保盘点的正确性，除人员培训时加强宣传外，工作进行期间应加强领导与监督。

开始前应确定各盘点区域的责任人员，做好商品整理、盘点工具与用品的准备、单据整理等工作。

打印盘点清单，供盘点人员使用；库管员将盘点结果输入电脑，并对盘点中产生差异的商品进行复核；对库存商品进行损益上报并对所报的商品损益进行复核，打印配送损益单；最后按加点或不加点生成损益结算的财务凭证。

盘点作业的关键是点数，其工作强度极大，且手工点数差错率较高。

依实际盘存情况做好盘存记录。盘存作业使用的记录有很多种，如盘存传票、盘存卡、盘点单等。

（一）盘存传票

盘存传票的使用步骤是：（1）按计划要求制成盘存传票（记录品名、品号等）；（2）送交盘存人；（3）记录现货的数量及日期；（4）撕去一半（表示已盘）；（5）撕去的一半收回作统计等盘存处理。

盘存传票的样本见图8-2。

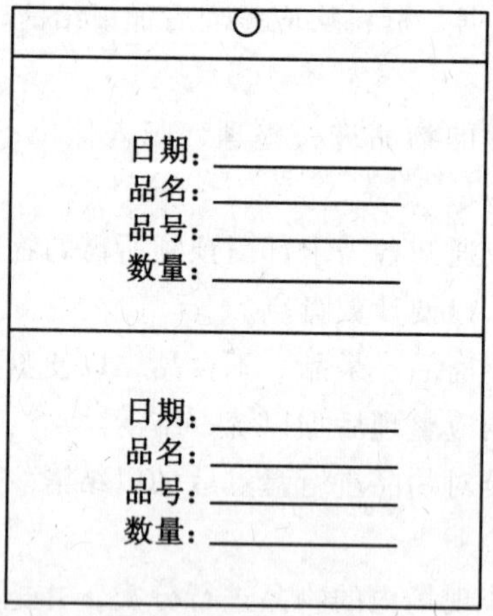

图8-2　盘存传票样本

（二）盘存卡

盘存卡要收回，不能留在现货处，其使用步骤是：（1）按计划要求做成盘存卡（记录品名、品号等）；（2）送交盘存人；（3）记录现货数量及盘存日期；（4）收回作盘存处理。

盘存卡样本见图8-3。

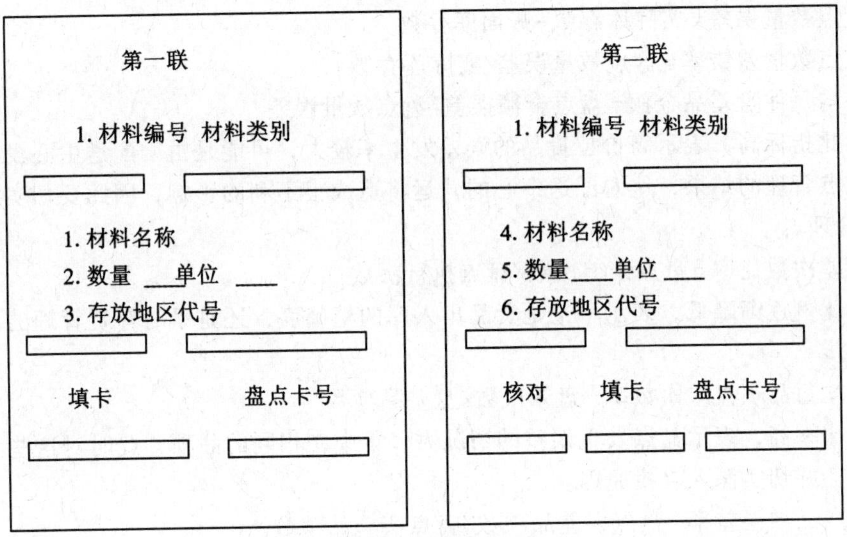

图 8-3　盘存卡

☞任务九：盘点结果处理

（一）差异原因的查找

当盘点结束后，发现所得的数据与账簿资料不符时，应查找主要原因。其着手的方向有：

（1）记账员素质不足。登录数据时发生错登、漏登等情况。

（2）料账处理制度存在不足。账务处理系统管理制度和流程不完善，导致数据出错。

（3）盘点制度存在不足，导致货账不符。

（4）差异是否在容许误差内。

（5）盘点人员是否尽责，产生盈亏时应由谁负责。

（6）是否有漏盘、重盘、错盘等情况。

（7）盘点前数据资料是否未结清，使账面数据不准确。

（8）出入库作业产生误差。

（9）货物发生损坏、丢失等。

（二）盘盈、盘亏处理

主要包括：盘点结果的问题分析、修补改善工作及预防工作。

1. 盘点结果的问题分析

通过盘点应了解的问题主要有：

（1）实际库存量与账面库存量的差异有多大？是否在容许范围之内？

（2）这些差异主要集中在哪些品种？

（3）这些差异对公司的损益造成多大影响？

（4）每次循环盘点中，有几次确实存在误差？

（5）平均每项货品发生误差的程度是多少？

①盘点数量误差＝实际库存数－账面库存数

②盘点数量差错率＝盘点数量误差/实际库存数

③平均每件盘差品金额＝盘点金额误差/盘点数量误差

一旦此指标高，表示高价位货品的误差发生率较大，可能是由于配送中心没有实施重点物品重点管理的结果，这对配送中心的营运将造成很不利的影响，因此要切实实行商品的 ABC 管理。

④盘差次数比率＝盘点误差次数/盘点执行次数

当此比例逐渐降低，表示不论是货品出入库的精确度，还是平时存货管理的方式都有很大的进步。

⑤平均每品项盘差次数率＝盘差次数/盘差品项数

若此比率高，表示盘点发生误差的情况大多集中在相同的品项，此时对这些品项必须提高警觉，并切实深入寻找原因。

⑥盘点品项误差率＝盘点误差品项数/盘点实施品项数

（6）分析发生盘盈盘亏的原因，分析今后是否可以事先设法预防或能否缓和账物差异的程度。

通过对上述问题的分析和总结，找出在管理流程、管理方式、作业程序等方面需要改进的地方，进而改善库存管理的现状，降低库存损耗，提高经营管理水平。

2. 修补改善工作

查出差异原因后，应针对主要原因进行适当的调整与处理，至于呆废品、不良品减价的部分则需与盘亏一并处理。

除了盘点时产生数量的盈亏外，有些货品在价格上会产生增减，这些变化在经主管审核后必须利用货品盘点盈亏及价目增减更正表修改。主要的修补改善工作有：（1）依据管理绩效，对分管人员进行奖励。（2）料账的账面纠正。（3）不足料迅速办理订购。（4）呆废料迅速处理。（5）加强整理、整顿、清理、清洁工作。

3. 预防工作

（1）呆废料比率过高，宜设法研究，致力于降低呆废料比率。

（2）存货周转率极低，存货金额过大造成财务负担过大时，宜设法降低库存量。

（3）强化物料计划与库存管理以及采购的配合。

（4）料架、物料存放地点影响物料管理绩效时，宜设法改进。

（5）产品成本中物料成本比率过大时，应探讨采购价格偏高的原因，设法降低采购价格或寻找廉价的代用品。

☞任务十：填写仓库盘点单和库存盘点表

（一）步骤

（1）将全体员工分组，明确各小组盘点的物品或区域。

（2）各小组到指定区域或物品存放处清点货物品种、数量，查看物品外观质量，先由一人清点，再由第二人复点，最后由第三人核对。

（3）将盘点单交给盘点管理小组，合计物品库存总量。

（4）盘点结束后，与账册资料进行对照。

（二）表单

1. 仓库盘点单（表8-2）

表 8-2

仓库盘点单

盘点日期		第一盘点人		盘点单号码				
物品号码								
物品数量								
物品单价								
物品外观状况								
物品存放位置								
盘点日期		第二盘点人		盘点单号码				
物品号码								
物品数量								
物品单价								
物品外观状况								
物品存放位置								
盘点日期		复核人		盘点单号码				
物品号码								
物品数量								
物品单价								
物品外观状况								
物品存放位置								

2. 库存盘点表（表8-3）

表 8-3

库存盘点表

编码	品名	规格	单位	单位进价	账面数		清点数		溢余		短缺	
					数量	金额	数量	金额	数量	金额	数量	金额
1												
2												
3												
4												
5												

单位负责人：　　　　仓储主管：　　　　库管员：　　　　制单：　　　　复核上报：

实践与思考

某配送中心盘点错误的原因及解决方式

某配送中心在 2010 年 6 月盘点时，发现某商品盘亏 13600 元。在损耗调查过程中发现该商品自上一次盘点后至本次盘点期间的进货、销售、库存均没有问题，随后再往前追溯发现：此商品在上一次盘点时显示盘盈 13600 元，由此可以推定：上一次该商品的盘盈属于盘点错误所致。盘点作业是取得可靠的实物库存数据、控制损耗的常用方法之一，可以说：成功控制损耗的一半在于平时的控制，另一半在于准确的盘点。

实践中我们发现，盘点错误主要由以下原因造成：

（1）盘点前没有充分准备。

（2）盘点前库存量没有合理控制，库存庞大。

（3）盘点货位分布图有遗漏。

（4）培训不够导致员工对盘点流程不熟。

（5）不参加盘点的区域没有明显的"不参加盘点"标志。

（6）盘点前没有及时处理单据，造成初盘结果误差很大。

（7）已经盘过的仓库没有封库，商品进出没有登记。

（8）样品、赠品和商品没有区分，造成盘盈。

（9）点数错误或串盘。

（10）数据录入错误。

（11）店外的库存商品漏盘。

（12）缺乏盘点抽查机制，影响准确率。

（13）对所有区域缺少总控，造成某个区域漏盘。

（14）管理人员人为干扰，篡改盘点数据。

要确保盘点的准确性和真实性，需从以下方面控制：

（1）盘点前控制：

①商品陈列准备严格遵守盘点流程的要求。

②商品预盘。

③单据处理，如负库存的调整。

④抽查收货单据，防止盘点前作弊，如收货不录入系统、空调拨、空返厂等。

⑤盘点人员安排（分区编组、人员安排、盘点培训、盘点演习）。

（2）盘点中控制：

①严格执行盘点流程。

②确保不同区之间不允许货物流动。

③商品、单据复核需按要求比例进行。

④盘点中出现的异常情况要及时处理（破损、空包装、过保质期等）。

⑤防止非原包装箱、货架顶、堆垛打底商品漏盘、错盘。

⑥确保录入准确。

⑦高价值商品重点抽盘。

⑧预防盘点期间盗窃。

（3）盘点后控制：

①盘点后打印出库存差异报告，并在最短的时间里复查。

②对于大金额的库存调整，必须复核后才可以确认。

③保管好盘点的文件，并复印存档，防止有人篡改。

④复查时需分析查出的结果，哪些是上次盘点错误影响本次盘点，哪些是盘点时点错的，哪些是录入时录错的，哪些是单据出错。

⑤盘点后要对损耗的部门和单品进行分析，并制定行动计划。

可以请独立的第三方盘点公司盘点，以确保数据的真实性。

资料来源：超市 168 网站（www.chaoshi168.com）。

思考题

造成盘点错误的原因有哪些？如何解决这些问题？

实习实训

1. 实训目的：使学生掌握库存盘点的操作。

2. 实训方式：实际操作及上机模拟软件操作。

3. 实训内容：

（1）盘点受理新增。（2）盘点清单打印。（3）盘点。（4）盘点单录入/审核。（5）生成盘点盈亏表。

4. 实训条件及组织形式：

（1）在 150 平方米实训室进行，每 6 人一组，每组选一个组长，每人或两人扮演一个角色。

（2）实训室配备电脑、打印设备及纸张、条码扫描仪等复核设备、3 层货架 2 排、货物若干、手推车 6 台、木托盘 6 个、胶带若干。

5. 实训步骤：

（1）盘点受理新增。单击"库存管理"，进入"盘点受理"。输入盘点日期、客户代码、仓库代码后，盘点新增处理完成。

（2）盘点清单打印。单击"库存管理"下拉菜单中的"盘点清单打印"。输入需要打印的货主单位代码、仓库代码和盘点清单生成日期，然后确认打印。

（3）盘点确认。单击"库存管理"下拉菜单中的"盘点受理"，在相关界面输入需要进行盘点货物的入库日期、订单号、客户代码、仓库代码，然后单击"确认"。在盘点过程中发现实际盘点数与库存记录不符，输入实际盘点数量后确认即可。

（4）盘点。盘点人员按照盘点单到指定的库位清点商品，并且将数量填入盘点单。

（5）盘点单录入/审核。进入盘点单录入界面，调出对应的盘点账面表，录入实盘的数量。

（6）生成盘点盈亏表。当盘点部门的实盘结果录入完毕后，就可以生成盘点盈亏表，生成的盘点盈亏表可以查询或打印输出。

（7）盘点记账。盘点记账是对整个盘点的确认，这里是针对盘盈和盘亏的商品进行记账。

6. 考核及评价

（1）考核分值比例：实际操作50%，实训报告30%，团队合作表现10%，实训表现10%。

（2）考核形式：教师点评40%，学生分组互评30%，学生自评30%。

项目九 补货作业

```
项目任务单
```

一、企业岗位

补货员

二、岗位职责

（1）根据补货作业流程进行补货；

（2）根据实际需求制定补货策略，确定补货时机，进行补货操作；

（3）补完货要把托盘或周转箱送到指定的清理点；

（4）必须做到及时补货，不得出现在有库存的情况下有空货架的现象；

（5）补货要做到先进先出；

（6）检查库存商品的包装是否正确；

（7）补货作业期间，不能影响通道顺畅。

三、完成补货作业任务所需的知识和能力

1. 知识

移动补货、流动补货、整箱补货、整托补货、批次补货、货架之间的补货、补货类型、补货方式

2. 能力

（1）能正确叙述补货作业的流程，会有效选择补货方式；

（2）能根据库存情况，选择合适的补货时机；

（3）能做到及时补货；

（4）能根据实际需求制定补货策略。

四、项目教学任务

序号	教学任务	课时
1	任务一：认识补货作业	
2	任务二：熟悉补货作业流程	1
3	任务三：选择补货方式	

序号	教学任务	课时
4	任务四：选择补货时机	1
5	任务五：熟悉智能补货系统补货方式的应用	

任务情境

☞**任务一：认识补货作业**

任务目的：保证拣货区有货可拣。

任务形式：以托盘为单位，从货物保管区将货物移至拣货区，然后对此移库作业进行库存信息处理。

补货类型有：

（1）流动补货：将货物从保管区移至流动式货架，由流动式货架向商品拣选作业区进行补货，见图9-1。

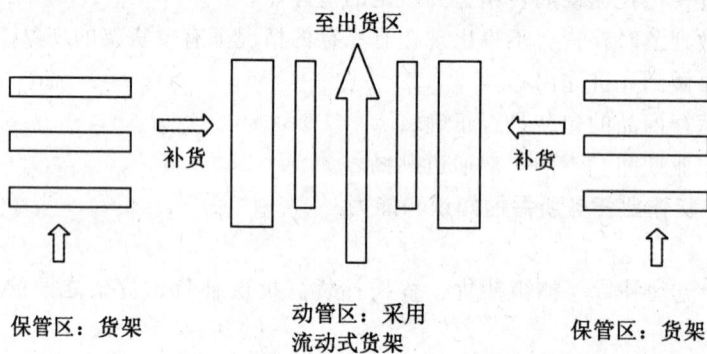

至出货区

保管区：货架　　补货　　动管区：采用流动式货架　　补货　　保管区：货架

图 9-1　流动补货

（2）移动补货：将货架的上层作为保管区，下层作为动管区，商品由上层货架向下层货架补货，见图9-2。

☞**任务二：熟悉补货作业流程**

（1）查询客户订货；

（2）检查拣货区存货；

（3）开始补货；

（4）找出空托盘；

（5）将空托盘移走；

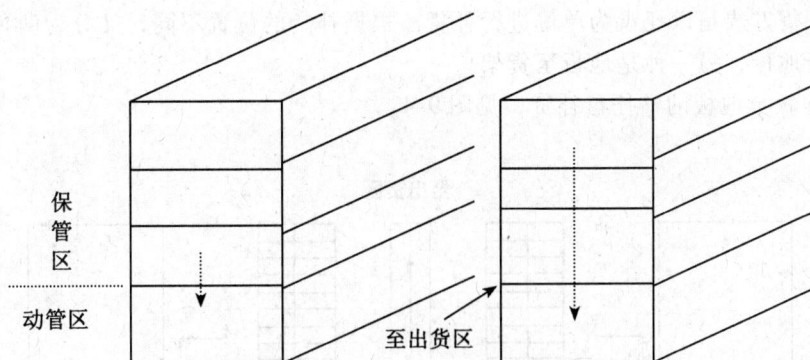

图 9-2 移动补货

（6）由保管区移托盘至动管区补货；

（7）重新记录存货档，同时将新托盘归位。

☞**任务三：选择补货方式**

与拣货作业直接相关的就是补货问题。补货作业一定要认真计划，不仅为了确保存货量，也为了将货物置于方便存取的位置。补货方式主要有如下几种。

（一）整箱补货

这是由保管区货架补货到动管区流动式货架的补货方式，见图 9-3。

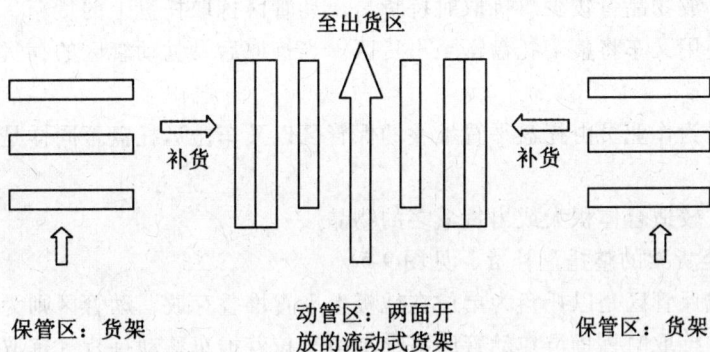

图 9-3 整箱补货由流动货架的后方（非拣取面）补货

此补货方式保管区为货架存放，动管区为两面开放式的流动式货架，拣货时拣货员在流动式货架拣取区拣取单品放入周转箱中，而后放置于输送机运至出货区。当拣取后发现动管区的存货低于要求时则要进行补货。其补货方式为作业员至保管区货架取货箱，以手推车载箱至动管区。

这种补货方式比较适合体积小且少量多样出货的物品。

（二）整托补货

这种补货方式是以托盘为单位进行补货。根据补货的位置不同，又分为两种情况：一种是地板至地板，另一种是地板至货架。

（1）地板至地板的整托盘补货，见图9-4。

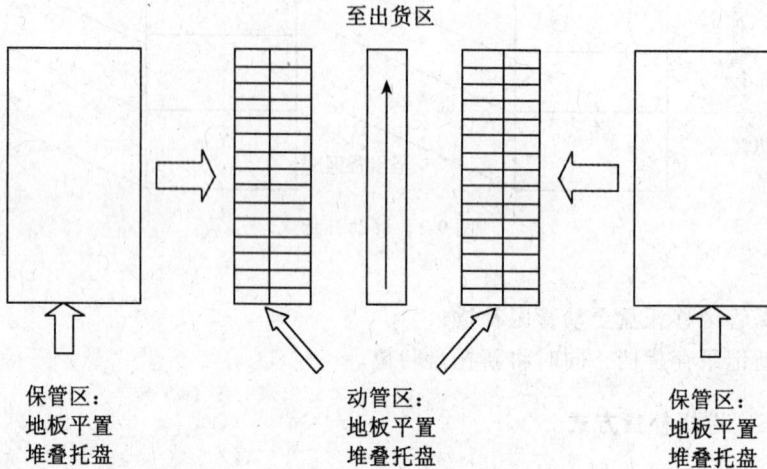

图9-4　地板至地板的整托盘补货

此补货方式保管区为以托盘为单位在地板上平置堆叠存放，动管区也为以托盘为单位在地板上平置堆叠存放，所不同之处在于保管区的面积较大，存放物品量较多，而动管区的面积较小，存放物品量较少。拣取时拣货员于动管区拣取托盘上的货箱，放至中央输送机出货，或者使用叉车将整个托盘送至出货区。当拣取后发觉动管区的存货低于要求，则要进行补货。

其补货方式为作业员由托盘平置堆叠的保管区以叉车搬运托盘至同样是托盘平置堆叠的动管区。

此补货方式较适合体积大或出货量多的物品。

（2）地板至货架的整托盘补货，见图9-5。

此补货方式保管区是以托盘为单位在地板上平置堆叠存放，动管区则为以托盘为单位在货架上存放。拣取时拣货员在动管区搭乘牵引车拉着推车移动拣货，拣取后再将推车送至输送机轨道出货。一旦发觉拣取后动管区的库存太低，则要进行补货。

其补货方式为作业员使用叉车至托盘平置堆叠的保管区搬运托盘，送至动管区货架上。

此补货方式较适合体积中等或中量（以箱为单位）出货的物品。

（三）货架之间的补货

此补货方式为保管区与动管区属于同一货架，也就是将一货架上的两手方便存取之处（中下层）作为动管，不容易存取之处（上层）作为保管区。进货时便将动管区放不下的多余货箱放至上层保管区。对动管区的物品进行拣货，当动管区的存货低于要求时则可

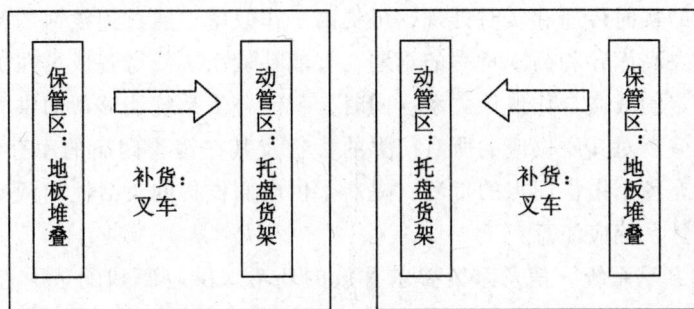

图 9-5　地板至货架的整托盘补货

利用叉车将上层保管区的物品搬至下层动管区补货。

此补货方式较适合体积不大、每品项存货量不高，且出货多属中小量（以箱为单位）的物品。

☞任务四：选择补货时机

补货作业的发生与否应视动管区的货量是否符合需求，因而应决定何时检查动管区存量，何时将保管区的货补至动管区，以避免拣货中途才发觉动管区的货量不够，需要临时补货从而影响整个出货时间的情形。对于补货时机的选择有如下三种方式，至于该选用哪种应视公司决策而定。

（一）批次补货

于每天或每一批次拣取前，经由电脑计算所需物品之总拣取量，再查看动管区的物品量，于拣取前一特定时点补足物品。此为"一次补足"的补货原则，较适合一日内作业量变化不大，紧急插单不多，或是每批次拣取量大需事先掌握的情况。

（二）定时补货

将每天划分为数个时点，补货人员于时段内检查动管区货架上物品存量，若不足即马上将货架补满。此为"定时补足"的补货原则，较适合分批拣货时间固定且处理紧急、时间也固定的公司。

（三）随机补货

指定专门的补货人员，随时巡视动管区的物品存量，如有不足随时补货。此为"不定时补足"的补货原则，较适合每批次拣取量不大，紧急插单多以至于一日内作业量不易事前掌握的情况。

☞任务五：熟悉智能补货系统补货方式的应用

智能补货系统的基本思想是在销售门店和供应商及配送中心之间，通过无线网络建立实时的库存信息共享机制，当销售门店的商品库存低于最低库存量时，立即自动向供应商或配送中心发出订货补货信息。

智能补货系统改变配送中心的现有补货模式，能够解决诸多难题，通过快速的消费者需求响应、信息的实时传递和实时处理，可提高工作效率；通过连续性的补货，降低库存量，从而彻底解决高库存和高缺货率的难题。智能补货系统使得各成员在供应链中互享信息，维持长久稳定的战略合作伙伴关系。同时，智能补货系统能够帮助供应商更好地安排供货计划，使供应商对其所供应的所有门类的货物及其在销售门店的库存情况了如指掌，从而自动跟踪补充各个销售门点的货源，提高了供应商供货的灵活性和预见性。

实施智能补货系统应注意：

（1）开放的共享系统。信息系统要求开放的环境。供应商和配送中心及各销售门店之间通过库存报告、销售预测报告和订购单报告等有关商业信息的最新数据实时交换，使供应商从过去的单纯执行配送中心的订单供货任务转而主动为配送中心分担补充库存的责任，以最高效率补充销售门店或配送中心的货物库存。

（2）零售商和供应商同步实施。智能补货系统旨在解决配送中心和供应商之间的数据共享问题。因此，实施智能补货系统很关键的一点是供应商必须和配送中心同步实施智能补货系统，进行数据对接和共享。单方面地实施系统，是没有丝毫价值的。

（3）商品编码统一。为了确保数据能够在供应链中畅通无阻地流动，供应商和配送中心都必须使用同一个通用的编码系统来识别产品、服务及位置，这些编码是确保智能补货系统实施的唯一解决方案，而条形码技术正是智能补货系统的基础。

（4）规模经济效应。要使连续补货有效率，货物的数量需要大到有运输规模经济效应才行，零售门店的销售规模要足以支撑智能补货系统的使用。

（5）智能补货和人工决策的配合。通常的补货程序是系统自动提出采购预测，管理者再结合经验作出采购决定。在供应链管理中，采购预测是影响整个供应链的关键环节，预测的准确性将影响其他各个环节的效率，对成本高低产生直接影响。但是，不能完全依赖智能补货系统的自动预测，还需要考虑其他的因素，和人工决策相配合。管理者对于系统自动提出的采购预测，要同时参考其他因素，如季节的变化、促销计划、社会上的大型活动以及整个供应链各个环节的负荷能力等，结合经验作出最后决定。

配送中心智能补货系统的实施，可使供应商共享销售门店的库存信息，把补货功能部分交给供应商来做。这样既可减少销售门店库存和资金的占用，同时也使供应商加快了对消费者的响应速度，降低了生产的盲目性，减少了产品的积压，提高了经济效益。

实践与思考

某医药企业的库存补货

李经理发现，采购部的采购员总是很忙，似乎每天都在下订单补货，但是库存状况总是会出现很多问题。看来，科学合理地补充库存，改善库存管理水平，是一个难题。于是，李经理在采购部进行了一次库存控制业务培训。

在医药零售企业，通常都需要安排固定时间进行补货，一般都是选择每周的周一，在指定的时间对库存状况进行检查，对满足补货条件的商品进行补货作业。此外，在其他时间，则通常只是针对特定商品的存量出现异常，启用临时补货政策。采购人员要尽量减少临时补货作业，虽然临时补货可以有效控制库存，但是会造成作业分散，供应商难于配合，单据作业频繁，浪费大量时间精力。

那么，医药零售行业总体补货的原则是什么？图 9-6 为科学合理的库存政策示意图。表 9-1 为医药零售行业总体补货原则。

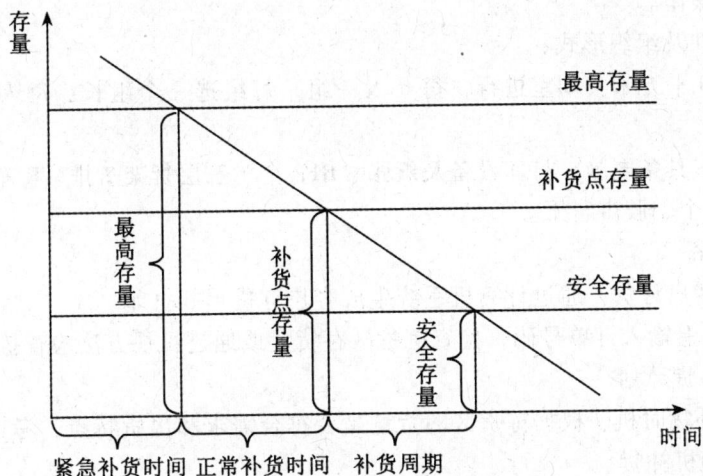

图 9-6 科学合理的库存政策示意图

表 9-1 医药零售行业总体补货原则

类别	安全存量	补货点存量	最高存量
门店	45 天	60 天	70 天
配送中心	21 天	30 天	45 天

随着库存管理水平的细化，则可以进一步对每个商品进行量化，精确把握某类商品或某一商品的库存变化规律。

李经理通过对采购人员的培训，让采购人员懂得了如何科学合理地补充库存，而不再像以往那样疲于奔命。

资料来源：余启倏：《如何合理补充库存》，《21 世纪药店报》2009 年第 1 期 B2-3 版。

思考题

李经理管理的医药公司在库存方面出现了什么难以解决的问题？他是如何解决的？

实习实训

1. 实训目的：使学生掌握补货作业的流程，学会选择补货时机，进行正确的补货操作。

2. 实训方式：实际操作及上机模拟软件操作。

3. 实训内容：

（1）查询客户订货；（2）检查拣货区存货；（3）选择补货时机；（4）选择补货方式；（5）补货操作。

4. 实训条件及组织形式：

（1）在100平方米实训室进行，每6人一组，每组选一个组长，每人或两人扮演一个角色。

（2）实训室具备电脑、打印设备及纸张、RF2个、三层货架2排、R车2台、手推车2台、木托盘6个、胶带若干。

5. 实训步骤：

（1）查询客户订货。通过计算机系统生成客户订货单并打印。

（2）在RF上输入订单号码，检查拣货区存货，或通过目视方法检查拣货区存货。若没有，则列入补货计划。

（3）选择补货时机。根据拣货区的货量是否符合需求和出货特点，考虑是批次补货、定时补货还是随机补货。

（4）选择补货方式。根据要货需求和货物特点，考虑是整箱补货、整托补货还是货架之间的补货。

（5）补货操作。利用手推车或R车将货物补充至空仓位，并用RF扫描货物条码、托盘条码、货位条码，实现"三码合一"定位。

6. 考核及评价：

（1）考核分值比例：实际操作50%，实训报告30%，团队合作表现10%，实训表现10%。

（2）考核形式：教师点评40%，学生分组互评30%，学生自评30%。

项目十　退货管理作业

项目任务单

一、企业岗位

退货员

二、岗位职责

(1) 当客户服务部收到客户的退货信息时，负责安排车辆或人员对退货商品进行回收；

(2) 将回收的退货商品集中到仓库的退货处理区进行重新清点和整理；

(3) 按照配送中心的有关规定对重新整理后的退货商品进行相应的处理。

三、完成退货作业任务所需知识和能力

1. 知识

退货管理的原因及意义、商品退货管理的原则、退货作业流程、商品退货的清点（数量清点、品质清点）、商品退货的会计流程、退货的理赔退返、理赔原则等。

2. 能力

(1) 能正确叙述退货管理的原因及意义；

(2) 能正确地对退货商品进行清点；

(3) 能正确叙述退货作业流程，会根据实际情况进行退货处理操作；

(4) 能根据退货理赔原则进行理赔退返。

四、项目教学任务

序号	教学任务	课时
1	任务一：认识退货管理的原因及意义	1
2	任务二：熟悉退货作业流程	
3	任务三：掌握退货处理方法	
4	任务四：掌握商品退货的清点	
5	任务五：了解商品退货的会计流程	1
6	任务六：了解退货的理赔退返	

任务情境

☞**任务一：认识退货管理的原因及意义**

商品退货是指配送中心按配送合同将货物发出后，由于某种原因，客户将商品退回公司的行为。退货作为配送作业的一个环节，越来越受到企业的重视。

（一）发生退货的原因

（1）依照协议退货。（2）有质量问题退货。（3）搬运途中损坏退货。（4）商品过期退货。（5）商品送错退回。

（二）做好商品退货的意义

（1）做好商品的退货工作可以满足客户需要，吸引大量订单。

（2）做好商品的退货工作可以树立良好的企业形象。

（3）做好商品的退货工作可以提高资源的利用率。

（三）商品退货管理的原则

（1）责任原则。搞清楚退货产生的责任方及责任人。

（2）费用原则。退货会产生物流成本和机会成本等，要坚持退货费用最小原则，能变通处理而不产生费用为最佳，即使产生退货费用，也要将费用降至最低。

（3）条件原则。退货是有条件的，由收货方人为造成损失的退货，供货方一般不予接受。

（4）凭证原则。退货要依合同条款规定进行，并出具有关凭证。

（5）计价原则。退货要计算损失并入账。

☞**任务二：熟悉退货作业流程**

（一）接受退货

（1）将销货退回信息通知质量管理及销售部门，确认退货的原因。退货原因明显为公司的责任，应迅速整理好相关的退货资料并及时帮助客户处理退货。销货退回的责任在客户，应向客户说明。如果客户接受，则请客户取消退货要求；如果客户仍坚持退货，应以"降低公司损失至最小，且不损及客户关系"为原则加以处理。

（2）告知客户有关销货退回的受理相关资料，并主动协助客户将货品退回销售部门。

（3）销售部门要依据客户的书面要求或电话记录并经主管同意后，由相关部门安排商品更换，不得私下换货。

（二）重新入库

（1）初步审核客户退回的货品。（2）生成销货退回单。

（三）重验货物品质

（1）通知质量管理部门按照新品入库验收标准对退回的商品进行新一轮的检查，以确认退货品的品质状况。对符合标准的商品进行储存备用或分拣配送；对有问题商品，以"拒收标签"标示后隔离存放。

（2）通知储存部门安排拣货人员进行重新挑选，或降级使用，或报废处理。

（四）退款估算

（1）将退货商品的数量、销货时的商品单价、退货时的商品单价输入企业信息系统。

（2）依据销货退回单办理退款业务。

（五）质量管理部门的追踪处理

（1）追踪销货退回的处理情况，将追查结果予以记录，并及时通知客户。

（2）冷静地接受客户抱怨，抓住抱怨的重点，分析事情发生的原因，找出解决方案。

（3）对客户加强后续服务，使客户对企业拥有良好的印象。

（4）对客户的抱怨以及销货退回处理情况存档，作为今后配送工作改善的参考。

☞任务三：掌握退货处理的方法

（一）无条件重新发货

对于因为发货人按订单发货发生错误，由发货人重新调整发货方案，将错发货物调回，重新按原正确订单发货，中间发生的所有费用应由发货人承担。

（二）运输单位赔偿

对于因为运输途中产品受到损坏而发生退货的，根据退货情况，发货人确定所需的修理费用或赔偿金额，由运输单位负责赔偿。

（三）收取费用，重新发货

对于因为客户订货有误而发生退货的，退货所有费用由客户承担，退货后，再根据客户新的订单重新发货。

（四）重新发货或替代

对于因为产品有缺陷，客户要求退货，配送中心接到退货指示后，营业人员安排车辆收回退货商品，将商品集中到仓库退货处理区进行处理。一旦产品回收结束，生产厂家及其销售部门就应立即采取步骤，用没有缺陷的同一种产品或替代品重新填补零售商店的货架。

☞任务四：掌握商品退货的清点

（一）数量清点

（1）查验退货商品的数量。

（2）注意商品的计量单位和"细数"，正确统计退货商品数量。

（3）同步进行商品规格验收。

（二）品质清点

1. 收货点验

（1）流汁商品，检查包装外表有无污渍。

（2）含有玻璃成分的制品，件件摇动或倾倒细听声音。

（3）验收香水、花露水等商品，"听声响"，"闻气味"。

（4）针棉织品等怕湿商品，注意商品包装外表有无水渍。

（5）注意商品的出厂日期和有效期。

（6）检验商品的外包装，纸箱封条是否破裂，箱盖（底）板是否粘牢，纸箱内包装或商品是否外露，纸箱是否受过潮。

2. 质量部门检验

（1）物理检验，商品的长度、细度、面积、体积、厚度、重量（质量）、密度、容重、粒度及表面光洁度等。

（2）力学检验，商品的抗拉强度、抗压强度、抗冲击强度、抗疲劳性能、硬度、弹性、耐磨性等。

（3）光学检验，商品的光学性能检验。

（4）电学检验，商品电学方面的质量特性及商品的材质、含水量。

（5）热学检验，商品的熔点、凝固点、沸点、耐热性、导热性及热稳定性。

（6）化学检验，商品的化学性质分析。

（7）微生物检验，商品中有害微生物的检验。

（三）调整库存量

（1）制作退货受理报告书，冲销销货额及应收账款；

（2）财务人员调整账面上的"应收账款余额"与"存货余额"；

（3）备货人员调整购货计划及订购量，或暂时少进，或差额补缺，以保证库存商品数量科学合理，达到既能满足客户需求，又能保持合理库存的目标。

☞任务五：了解商品退货的会计流程

（一）验收部门验收填单

（1）销售部门将"销货退回单"送至配送中心的商品验收部门。

（2）验收部门对退回商品的数量和质量清点验收后，填制验收单二联，第二联依验收单号码顺序存档，第一联送交信用部门核准销货退回。

（二）信用部门核销退货

信用部门在验收单上签名，以示负责，并将核准后的验收单送至开单部门。

信用部门可以是一个组织，也可由某级主管担任。主要任务包括：（1）验明货物的销货地点、销货单据；（2）向提出退货的客户概要说明本企业的商品退货规定；（3）协调企业与客户的关系；（4）核单签名，承担责任。

（三）开单部门编制通知单

1. 开单部门编制"贷项通知单"一式三份

第一联贷记应收账款，第二联送达客户，第三联存档。

2. "贷项通知单"的内容

（1）货品编号、名称、规格型号；（2）货主编号、货主；（3）数量、单位、单价及金额。

（四）会计部门记账存档

（1）在"应收账款明细账"上登记客户明细；

（2）在"存货明细账"上登记退货数量；

（3）保证"应收账款余额"和"存货余额"正确无误；

（4）将贷项通知单及核准后验收单存档。

（五）月底记入总分类账

每月月底记录总账的人员要从开单部门取出存档的贷项通知单，核对其编号顺序，加总一笔过入总分类账。

☞**任务六：了解退货的理赔退返**

（一）理赔费用

（1）对于易发生退货的商品，根据经营商品的具体情况，统一给予收货方某一额度的理赔费用或补偿金。

（2）对于区域代理商或大型零售商，提供较大额度的理赔费用。

（3）对于规模较小、经营范围有限的中小型收货方，可以提供适当额度的理赔费用。

（4）对于经销有一定风险商品的收货方，则适时变化理赔费用的额度。

（二）理赔原则

（1）及时原则。理赔要及时，有利于双方进行账务处理，同时也有利于形成良好信誉，保持合作。

（2）效益原则。理赔要建立在公平合理基础上，理赔方在不违反合同规定情况下尽量少支付费用。

（3）关系原则。理赔要适可而止，尽量维持双方未来友好的合作关系。

（三）退货理赔的处理

（1）组织质量管理部门人员立即开箱检验，并在"接收清单"上详细记录检验结果。

（2）配送中心与收货方代表在"接收清单"上签字确认后，收货方留存"接收清单"商家保管联的提货凭证，配送中心将故障品交由生产厂家处理。

（3）修复后，收货方凭"接收清单"商家保管联提回商品，并在备注栏注明"已归还"字样并签名。

（4）若退货责任由收货方承担，配送中心计算应付修理费用，列出清单，由收货方支付费用。

（5）若退赔的商品无法修复，销售部门要会同市场部门、财务部门及生产厂家进行审核，确认无误后，经有效审批人员签名和财务核实，按"商品退货作业流程"实施商品退换。

（6）仓管人员凭已审批同意的"商品退换货申请表"办理货物验收入库手续，同时填写"商品退换货验收情况表"。

（7）未经公司有效审批人员审批，擅自办理退换货手续者，按退换货金额的50%扣罚财务人员，10%扣罚具体责任人。

（四）结算理赔费用

结算理赔费用的指标有：退赔数量、退赔品种、退赔期限。

实践与思考

谁为缺货与退货负责?

虽然怡乐公司（以下简称怡乐）的新品牌饮料在推出 2 个月后出货量获得了好成绩，但这只是短暂的快乐，随后的情况却越变越糟，缺货与退货的情况同时出现。怡乐的问题到底出在哪里?

短短 4 个月，怡乐经历了一场大喜大悲的闹剧。

就在 6 月，酷 V 饮料刚刚推出 2 个月，月出货量就达到了 40 万箱，这让怡乐上下无不欢欣鼓舞。可是到了 8 月底，产品库存量已达到 77.3 万箱，瓶子成品 6 万箱，累计达到 83.3 万箱。库存的饮料专用瓶胚数达到 2251 万只（500ml），折算为成品大约 150 万箱，折算金额则约为 1210 万元，如果做成产品的话，那么金额高达 4650 万元。

1. 从天堂跌入地狱

怡乐曾经有过辉煌的过去，作为运动饮料的领头羊，在鼎盛时期曾是众多运动队的赞助者。然而，近年来，两大可乐进一步扩大和巩固自己的市场，茶饮料、果汁饮料不断引领市场潮流，怡乐自身在产品上又鲜有创新和市场运作的亮点，这使得怡乐与竞争对手相比渐显老态。看到对手们在市场上掀起一个个热点，赚得盆盈钵满，董事们再也坐不住了，决定让现在的总裁下课。对于新任总裁，他们很快确定了马克就是其不二人选。马克吸引他们的是其 10 年饮料企业品牌运作经验，这是他们现在最急需的。

马克一上任就把重组营销体系作为首先要做的一件大事，任命了新的销售经理，并与咨询公司合作制定了新的销售运作模式。在重组的同时，马克也在精心酝酿一个大动作。经过一系列周密的策划，在马克进入怡乐一周年的时候，怡乐推出了一个全新的品牌——酷 V 饮料。

果然不负众望，酷 V 饮料一亮相就以其独特而前卫的定位、包装、广告语和大手笔的广告活动在市场上独领风骚。这让马克和他的员工们都自信满满。但是令马克始料不及的是，酷 V 饮料销量在 6 月达到顶峰之后，却画出了落体抛物线，呈直线下滑之势。这几乎让马克和他的员工傻了眼。

2. 退货缺货齐来

酷 V 饮料的市场需求大大超出了怡乐当前的产能规划，这导致其在一些区域市场，以及时尚消费地带、部分大专院校终端出现断货。

据某经销商反映，初次经销酷 V 饮料，销售十分火爆，但在第一批货销完后，第二批货迟迟没发过来，市场出现断流导致消费者的消费热情减弱。而怡乐为了满足市场需求，进行紧急采购和运输，加班生产，结果产品口味出现偏酸偏苦等问题，影响了消费者的忠诚度和口碑。

在看到市场异常火爆之后，包括马克在内的怡乐管理者自信心有些膨胀，准备在下一年度大干一场，采购部门为此采购了可以用一个季度的酷 V 饮料原材料。但与此形成强烈反差的是，酷 V 饮料在一些社区终端由于销货慢、出货少，竟遭到店主们无情的清退。

资料来源：王海滋、赵霞：《销售管理》，武汉理工大学出版社，2008 年版。

著名企业退货物流管理对比分析

越来越多的企业认识到退货管理的重要性，它们采取积极的措施节约资金、提高客户满意度。没有人喜欢产品退货，这个供应链不可避免的"肿瘤"正在引起企业的关注，企业已经认识到退货管理对客户关系、品牌忠诚度和净收益的重要性。特别是刚刚过去的一年，更多的执行主管开始关注这一领域，他们想了解为什么会产生退货、退货对财务的影响，以及如何降低退货。退货管理很复杂，不仅包括需要快速地再储存和再销售的产品，还包括需要修理、整修的产品，这些产品往往有保修卡，以及根据环保要求需要安全处理的产品。对于销售供应链，我们会根据不同的产品成倍增加销售渠道；同样，逆向物流也需要增加渠道。但是，由于所有的退货不能以同样的方式处理，而且退货占所有售出产品的 20%，所以退货管理对大多数企业来说是一个棘手的问题。

1. 曼哈顿合伙企业的退货解决方案

为了帮助消费者处理不同的退货，曼哈顿合伙企业——美国亚特兰大一家供应链方案提供商与其他软件提供商设计了新的解决方案。大多数企业有自己处理退货的方针，要遵循许多的供应商规则，但是这些方案都不简单。据曼哈顿合伙企业逆向物流的高级总管 David 介绍，其实每一个企业都会有自己的退货产品的处理政策，但是每一个企业的政策不同，加上操作人员对其不熟悉，使得处理退货的政策指南只能束之高阁，无人问津。因此，曼哈顿合伙企业的一个目标就是要使退货政策深入人心。

曼哈顿合伙企业的"退回供应商"模型能够把所有供应商退货管理的政策纳入计划。比如说，一个 DVD 制造商要求每次退回的 DVD 数量为 20，这意味着企业必须搁置 19 件，直到第 20 件到来才能处理。然而，曼哈顿合伙企业的"退回供应商"模型可以自动生成一个拣选票据，并把票据传输给仓储管理系统。这样，曼哈顿合伙企业就可以避免退货管理中经常出现的问题。

此外，曼哈顿合伙企业的退货政策还具有"守门"功能，可以防止不符合条件的产品退回。例如，一个制造商可能与一家批发商签订协议，不管是否质量问题，都只允许一定比例的退货。在这种情况下，企业就必须实时掌握退货的数量。一些企业只允许批发商每季进行一次退货，另一些企业的退货数量与产品的生命周期有关。不管哪种情况，都涉及"守门"功能。曼哈顿合伙企业按照退货处理政策，以关系、产品或环境为基础，动态地解决各种情况，自主决策。

2. CellStar 的退货解决方案

CellStar 是美国德克萨斯州北部卡罗顿市的一家移动电话的物流服务提供商。CellStar 提供的一项新服务——Omnigistics，是专门为移动电话退货处理设计的。据 CellStar 副总裁兼总经理史密斯介绍，该企业的前向物流非常成熟，但是逆向物流非常薄弱，绝大多数使用电子制表软件和其他国产软件。

另外，移动电话行业还有许多问题。不同的移动电话不仅结构、样式各异，所应用的软件技术不同，而且保修政策也各不相同。严格来讲，每月都有无数个移动电话从客户端退回。这些退回的移动电话都必须经过检验和评估，以确定是否能保修、修理是否经济。特别是当客户退回在保修期内的电话时，企业得给客户另外一部电话，新移动电话的平均销售价格为150美元，又是一笔昂贵的费用。CellStar提供的Omnigistics服务主张为客户修好那部移动电话，而不是换部新的，这样就可以降低30%～40%的成本。

由于Omnigistics的诞生，当客户的移动电话出现问题并且在保修期内时，他们会直接打电话到电话中心。然后，电话中心记录下这部电话的信息，并传输一份客户的资料给CellsStar。第二天，CellStar就会邮递给客户另外一部价格、型号相当的新电话。收到这部新电话的同时，客户会用刚刚收到的包裹退回那部出现问题的电话。在最初客户给电话中心打电话时，有关这部电话的所有信息，包括产品序列号，都会被输入CellStar的系统。序列号也有助于Omnigistics确定产品是否仍然在保修期内。同时，当退回的产品在逆向物流链上流动时，可以计算出它的劳动成本。

Omnigistics不仅带来成本的降低和客户服务水平的提高，而且使企业获取了更多的信息。CellStar向零售商和制造商报告修理任务的情况，这可以使企业提前采取措施。另外，CellStar按照环保要求处理退货产品为公司提供了很大的发展空间。

3. 东芝电脑的退货解决方案

东芝电脑的退货管理存在着不同的问题，因为客户想他们之前使用的、存有所有资料的那个电脑，替代电脑根本不行。因此，客户满意的两个关键因素是速度和第一时间的修理。如果东芝忽略了这两个因素中的任意一个，客户满意度就会降低。

东芝采用六西格玛法寻找缩短修理时间的解决方案。东芝想外包这项业务，起初对合作伙伴的选择犹豫不决——选择修理企业，还是物流企业？实际上，对于大规模的退货处理业务，具备修理和物流服务双重功能的企业很少。最后，东芝选择了UPS集团旗下的供应链管理解决方案事业部（UPS Supply Chain Solutions），因为其具备修理能力，更为重要的是在物流领域处于核心地位。在物流与修理服务之间，东芝更加注重物流，因为东芝坚信修理技能可以学习、改进，而物流模型难以模仿。

UPS位于美国路易斯维尔的飞机跑道也是一个大的有利条件。东芝的零件存储和修理中心都位于路易斯维尔。结果，双方合作以后，库存竟然变得非常好，因为零部件不用离开工厂。而且，修理周期也大大缩短，由过去的10天降为4天。在修理周期缩短方面UPS发达的店铺网络贡献最大。现在，东芝再也不用花费几天时间，邮寄给客户一个替代产品。客户可以去任何一家UPS店铺，店铺会为客户包好产品并在当天送出。

4. Neiman Marcus的退货解决方案

使产品在供应链上顺畅地逆向传输对退货管理非常重要。美国德克萨斯州达拉斯市的一家面向高消费阶层的零售商Neiman Marcus，采用Newgistics提供的"敏捷标签"（smart label）解决方案，实现了小包装客户退货产品在供应链上的逆向传输。

据Neiman Marcus的副总裁Shields介绍，Neiman Marcus在售出一件产品的时候，会将运输标签和拣选单据放入包装箱（盒）中，运输标签记录了产品的信息，同时，拣选单据也附有一个便于退货处理的"敏捷标签"。敏捷标签的条形码上记录了装运的所有必要信息。如果客户决定退回产品，他可以使用同样的包装材料并再次使用这个敏捷标签。

客户可以把包装好的退货产品送到任意一家邮局，或者放进家附近的邮筒。然后，Newgistics 从邮局取出这些包裹，运到自己的工厂进行拣选和拼装。Newgistics 按照纸板箱的尺寸用托盘装运，这降低了劳动成本。而且，Newgistics 会送出运前通知，这使得 Neiman Marcus 能够及早行动，非常快地处理好退货。平均来讲，Neiman Marcus 处理一件退货产品只需要 3.77 天。在退货的当天，企业就能处理 50%，这大大提高了客户满意度。在一项对客户满意度的调查中，超过 90% 的客户认为 Newgistics 的服务是五星级，这也是最高的等级。此外，这项服务使零售商也非常满意。

资料来源：张广敬：《退货物流研究及对策分析》，《商业时代》，2008 年第 7 期。

思考题

1. 为何会出现缺货和退货并存的情况？
2. 如何处理退货？
3. 请分析第二篇材料中的四种退货方案，归纳它们的特点，并进行评价。
4. 简述退货处理的方法。

实习实训

1. 实训目的：使学生掌握退货作业的操作。
2. 实训方式：实际操作及上机模拟软件操作。
3. 实训内容：

（1）接受退货。（2）重新入库。（3）退货清点。（4）退款估算。（5）质量管理部门的追踪处理。

4. 实训条件及组织形式：

（1）在 100 平方米实训室进行，每 6 人一组，每组选一个组长，每人或两人扮演一个角色。

（2）实训室配备电脑、打印设备及纸张、条码扫描仪等复核设备、手推车 2 台、木托盘 6 个、胶带若干。

5. 实训步骤：

实训具体步骤参照本项目任务二、任务四。

6. 考核及评价：

（1）考核分值比例：实际操作 50%，实训报告 30%，团队合作表现 10%，实训表现 10%。

（2）考核形式：教师点评 40%，学生分组互评 30%，学生自评 30%。

项目十一 出货作业

项目任务单

一、企业岗位

出货员

二、岗位职责

(1) 根据出货作业内容及流程进行正确的出货作业;

(2) 根据车间作业要求和货物特点选择正确的出货形式;

(3) 正确按照出货检查方法进行货物的复核验收作业,做到出货无差错;

(4) 负责货物的包装、堆码和配载作业,做到合理有效;

(5) 合理高效地进行分货。

三、完成出货作业任务所需的知识和能力

1. 知识

出货作业的概念、出货单据、出货排程、出货批次报表、出货作业形式、自动分类分货的应用、自动分类机的构成、商品条码检查法、重量计算检查法、包装的主要功能、出货状况调查等。

2. 能力

(1) 能正确叙述出货作业流程,根据出货作业内容及流程进行正确的出货作业。

(2) 能根据客户需求和货物特点,正确选择出货作业形式。

(3) 能说明分货的含义与分货方法,对自动分货设备进行简单说明,熟练进行人工分货作业。

(4) 能说明出货检查的含义、出货检查的方法,会正确进行出货检查。

(5) 能说明针对不同出货形式所进行的包装作业,会正确选择包装方式。

(6) 能根据配载路线和配载效率的要求,进行货物的堆码和配载作业。

四、项目教学任务

序号	教学任务	课时
1	任务一:了解出货作业的基础知识	2
2	任务二:选择出货作业形式	

续表

序号	教学任务	课时
3	任务三：熟悉出货作业流程	2
4	任务四：掌握分货方式	
5	任务五：掌握出货复核检查方法	1
6	任务六：掌握出货前包装	
7	任务七：掌握出货前码盘和捆扎	1
8	任务八：掌握车辆配载	
9	任务九：开展出货状况调查	

任务情境

☞任务一：了解出货作业的基础知识

出货作业是指将拣取好的物品进行分类，做好出货检查，适当进行包装，做好标示，根据车辆趟次分类或厂商分类等指示将物品运至出货准备区，最后装车配送的过程。

出货作业的主要内容包含依据客户订单资料印制出货单据，确定出货排程，印制出货批次报表、出货商品上所要的地址标签及出货检核表；由排程人员决定出货方式、选用集货工具、调派集货作业人员，并决定所运送车辆的大小与数量；由仓库管理人员或出货管理人员决定出货区域的规划布置及出货商品的摆放方式。

☞任务二：选择出货作业形式

在配送中心拣货方面一般有以栈板（托盘）、箱、单品为单位的拣取。同理，出货的形式亦多以此三单位来运作，因此针对不同的拣货及出货形式，必须采用不同的作业方式。出货作业形式见表11-1。

表11-1 出货作业形式表

	拣货单位	经由作业	出货单位
订单拣取	P	捆栈（上包装膜或绳索固定）	P
	P	卸栈→捆包	C
	C	捆包	C
	B	装箱	C
	B		B

拣货单位	经由作业	出货单位
P	1. 捆栈（栈板物属同一客户） 2. 卸栈→分类→叠栈→捆栈 （栈板物不属同一客户）	P
P	卸栈→分类→捆包	C
P	卸栈→拆箱→分类→包装	B
C	1. 分类→捆包（整箱属同一客户） 2. 拆箱→分类→装箱 （整箱不属同一客户）	C
C	拆箱→分类	B
B	分类→装箱	C
B	分类	B

注：P代表栈板，C代表箱子，B代表单件。

☞**任务三：熟悉出货作业流程**

出货作业流程见图 11-1。

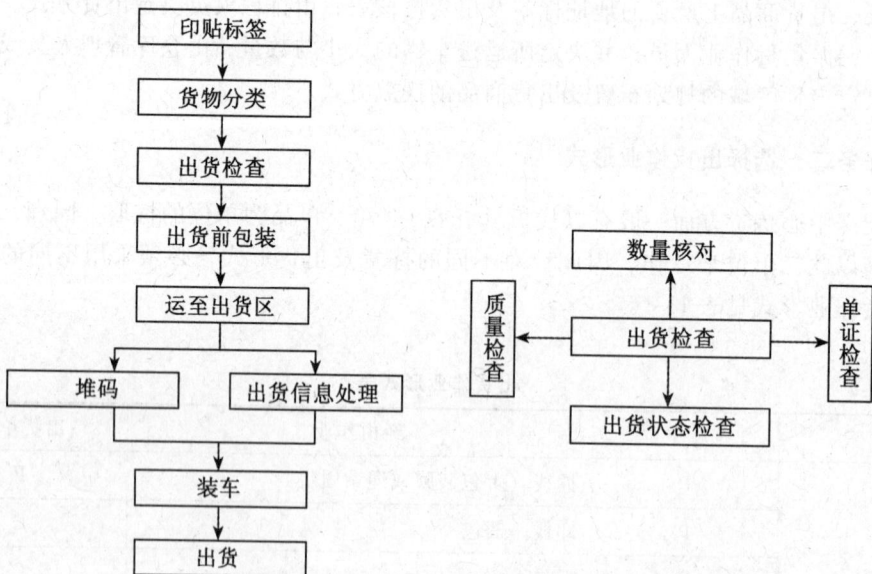

图 11-1　出货作业的基本流程

完成拣取后的商品按订单或配送路线进行分类，再进行出货检查；将商品装入适当的容器或捆包，做好标示和贴印标签的工作；根据客户和行车路线等指示，将货品运至出货准备区，装车配送，这一过程构成出货作业的基本内容。

☞**任务四：掌握分货方式**

分货就是拣货作业完毕后，再将物品依客户或配送路线作分类的工作。分货的方式一般有下述三种：

（一）人工处理

这是用人力以手推车为辅助工具，将分拣的商品分送到指定的场所堆放待运。批量较大的商品则用叉车托盘作业。目前我国的仓库、配送中心基本上都采用人工分拣。其优点是机动灵活，不需复杂、昂贵的设备，不受商品包装等条件的制约。缺点是速度慢、工作效率低、易出差错，只适用于分拣量小、分拣单位少的场合。因此，人工分货作业的复核工作是非常重要的，通常由计算机系统打印仓间配货明细表，供理货员根据各门店配货数进行复核，并打印配送汇总表（配送中心内勤与运输车之间的交接汇总单）。

（二）自动分类

1. 自动分类分货的应用

由于近年来对快速、高效、准确的物流服务的需求，为顺应多品种少量订货的市场趋势，自动分类机开始逐渐引起企业关注并广泛运用。自动分类机是利用电脑及识别系统来达到分类的目标，因而具有迅速且正确不费力的效果，尤其在拣取数量较多或分类数众多时，更有效率。在产品投入与确定目的地后，系统会按预先所设定的对应逻辑，自动将商品送至目的通道中，完成分类操作。配送中心若采用批量拣货的拣货策略，则自动分类机可应用在其后续的二次分类上，既快速又精确。

2. 自动分类机的构成

自动分类机简单来说包括以下六项装置：

（1）搬运输送机：具体包括皮带输送机、滚筒输送机、整列输送机、垂直输送机。

（2）移载装置：移载装置亦叫导入口、进入站，其将搬运来的物品适时取出，并移载至自动分类机本体上。主要有：直线形自动分类机的移载装置：移载装置与分类装置成直线配置。环状自动分类机的移载装置：移载装置与分类装置的角度大多成45度，少部分也有30度和90度。

（3）分类装置：分类装置是自动分类机的主体，依其将货品分出方式可分为以下几种：推出式、浮起送出式、倾斜滑下式、皮带送出式。

（4）排出装置：排出装置是为了将物品脱离自动分类机本体而将物品推出的装置。

（5）输入装置：这是在使用自动分类机前，将分类对象资讯输入控制系统的装置，其输入方法包括下列数种：键入式、条码及激光扫描式、光学文字读取式、声音输入式。

（6）控制装置：依分类对象资讯对分类机上之货品作分类控制的装置，其控制方式有以下两种：磁气记忆式、脉冲发信式。

由上述自动分类机六项装置的相互配合，可知自动分类机的种类非常多，且各有其特色。但依货物分出形式大体可分为两种：将载物部分倾斜滑落的倾倒式、水平分出处理式。对于易破损物品而言，采用倾倒式会有较大的损害几率，因而适合水平分出处理。此外，当系统要求较大的分类能力时，则采用较高速的自动分类机，并最好使用震荡较少的窄皮带传送方式，以免伤及货品。

3. 自动分类机的选择

在选择自动分类机时，最好从以下五个主要角度来衡量：物品数量、物品形状、物品重量、容器尺寸、易损坏程度。

4. 利用自动分类机分货的主要过程

（1）首先必须将有关货物及分类信息通过自动分类机的信息输入装置输入自动控制系统；

（2）当货物通过移载装置移至输送机上时，由输送系统运送至分类系统；

（3）分类系统是自动分类机的主体，这部分的工作过程为先由自动识别装置识别货物，再由分类道口排出装置按预先设置的分类要求将货物推出分类机。

（三）旋转架分类

为节省成本，也可使用旋转架分类的方式，将旋转架的每一格位当成客户的出货篮，分类时只要于电脑输入各客户的代号，旋转架就会自动将其货篮转至作业员面前，让其将批量拣取的物品放入进行分类。同样，即使是没有动力的小型旋转架，为节省空间也可作为人工目视处理的货篮，只不过作业员依每格位上的客户标签自行旋转找寻，以便将物品放入正确货位中。

☞任务五：掌握出货复核检查方法

出货复核检查作业包括把拣取物品依客户、车次等进行产品编号和数量的核对，以及实施产品状态与质量的检验。

出货检查过程中，其中对分拣完毕等待出货的货物进行复核，使货、单一致是一项重要的基础工作，也是计算工人作业绩效的重要依据。复核流程见图11-2。

复核要求：

（1）对照发货单核对商品的品名、条码、包装含量、发货数量；

（2）复核完一种商品，在发货单上做相对应的标记；

（3）复核完后，装箱要做到四个分（瓶装箱装要分开，食品日化要分离，玻璃器皿要分隔，乳液流汁要分箱）；

（4）如有贵重商品应交至理单室，并填写贵重商品交接表；

（5）如发现商品多发、少发、漏发、串发及残次应填写商品换货单，交现场质控组处理完后再进行封签；

（6）复核完后，签字确认，填写拼件单与出货卡，交至理单室；

（7）集货员将封签完毕的周转箱拖到待发区，准备装车。

在拣货作业后的物品检查，因耗费时间及人力，在效率上经常是个大问题，出货检查属于确认拣货作业是否产生错误的处理作业，所以若能找出让拣货作业不会发生错误的方法，就能免除事后检查的需要，或只对少数易出错物品作检查。

出货检查最简单的做法就是以纯人工进行，将物品一个个点数并逐一核对出货单，再进而查验出货的质量水平和状态情况。以状态及质量检验而言，纯人工方式逐项或抽样检查的确有其必要性，但对于物品编号及数量核对来说，以纯人工方式就可能较无效率也较

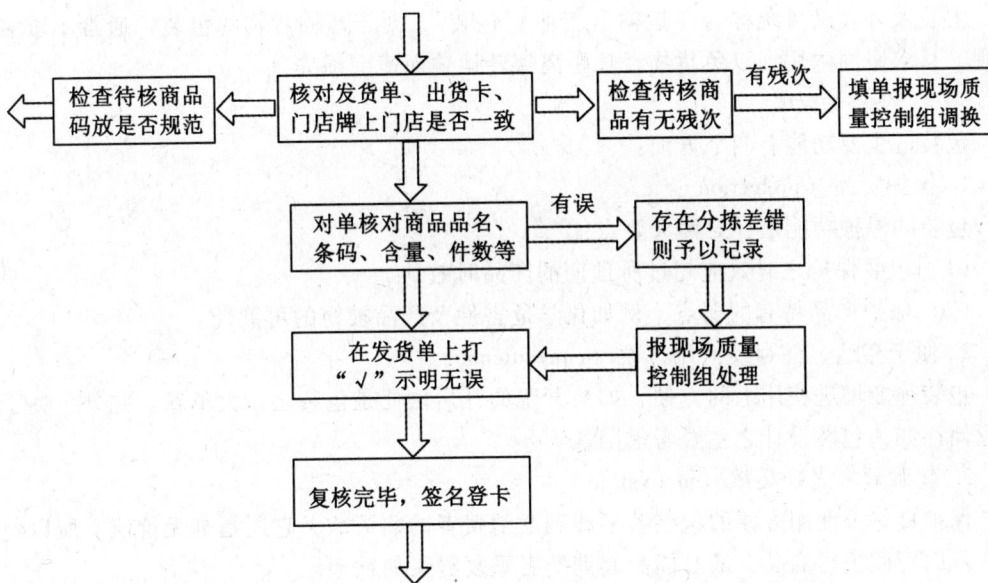

图 11-2 复核流程图

难将问题找出，即使是采取多次的检查作业，也可能是耗费了许多时间，而错误依然存在。因此，以效率及效用来考虑，如今在数量及编号检查的方式上也有许多突破，包括：

（一）商品条码检查法

运用此方法进行出货检查时，只需将拣出物品的条码以扫描仪读出，电脑则会自动将资料与出货单对照，来检查是否有数量或编号上的差异。

（二）声音输入检查法

该方法是一项较新的技术，由作业员发声读出物品的名称（或代号）及数量，之后电脑接收声音作自动识别，转成资料再与出货单进行对比。此方式的优点在于作业员只需口头读取资料。

（三）重量计算检查法

此方法是先自动加总出货单上的物品重量，而后将拣出物品以计重器称出总重，再将两者互相对照的检查方式。事实上，若能利用装有重量检查系统的拣货台车拣货，则在拣取过程中就能利用此法来作检查，拣货员每拣取一样物品，台车上的计重器就会自动显示其重量作查对，如此可完全省去事后的检查工作，在效率及正确性上的效果将更好。

☞**任务六：掌握出货前包装**

出货作业的其中一环，便是要将物品装入箱、袋、木桶、罐等容器，或在无容器之状态下，对配送货物进行重新包装、打捆、施加记号及打包符号等。

在此应注意的是，包装容器的规格也是影响物流效率的重要因素，因其尺寸与托盘、搬运设备尺寸是否搭配直接关系到进出货作业的运行速率，且其荷重、耐冲、抗压能力亦关系到货品完好程度。

内装及外装又可统称为"运输（工业）包装"，对于运输货物的包装，通常不求装潢美观，只求坚固耐用，以免货物经长距离辗转运输而遭受损失。

（一）包装的功能

包装的主要功能有四个方面：

1. 保护货品（protection）

包装的保护功能须针对两大要点：

（1）包装保护之时效应超过所预期的产品时效。

（2）保护产品特有的弱点，例如化学危害性及产品被窃的可能性。

2. 便于搬运、储存及使用方便（convenience）

包装须能增进使用上的方便，如易开罐的开启法便是包装之一大革新。此外，便于搬运及储存亦为包装设计之主要考虑因素。

3. 刺激顾客之购买欲（motivation）

保护良好及使用方便的包装若不能刺激消费者的购买欲，它还是毫无价值。所以包装要能帮助厂商销售商品，最好能激起消费者重复购买的欲望。

4. 易于辨认（identification）

就商业包装而言，外观宜富有吸引力及容易辨认；就工业包装而言，容易辨认亦为营运的主要条件。另外，包装易于辨认也可实现更高的搬运效率及作业正确性。

（二）出货包装注意事项

包装与人类的日常生活有密切的关系，因而我们对包装所产生的下列社会问题应加以重视：

（1）包装过大及包装过剩之问题→要求包装适当化。

（2）包装宣传之可靠性问题→确保包装宣传的可靠性。

（3）包装废弃物的处理问题→环保的实践。

（4）包装资源的问题→包装回收再利用。通常用周转箱代替外包装。

（5）包装安全性的问题→提升包装的安全性。

☞**任务七：掌握出货前码盘和捆扎**

（一）码盘

码盘是指将散装或散件、散箱商品，用托盘组合成较大的集装单元。码盘时应注意：

（1）码盘时，要先重后轻，下重上轻；

（2）堆码时，要有规律、整齐；

（3）码盘的高度不要太高，一般不超过5层，否则重心太高，容易倒垛；

（4）一般采用纵横交错式码垛、压缝式码垛，且最高层要用透明胶带或绳索捆扎；

（5）码盘时不要形成塔式形状，否则很容易掉货或倒垛。

几种错误或不合规范的码盘方式见图11-3。

（二）捆扎

捆扎是配送发车前的最后一个环节，也是非常重要的环节。

图 11-3　几种错误的或不合规范的码盘方式

1. 捆扎要点

（1）捆扎端点要易于固定而且牢靠；（2）可根据具体情况选择捆扎形式；（3）注意捆扎的松紧度，避免货物或其他外包装损坏，同时防止货物在运输途中倾斜。

2. 捆扎形式

（1）单件捆扎形式；（2）单元化、成组化捆扎形式；（3）分层捆扎形式；（4）分行捆扎形式；（5）分列捆扎形式。

3. 捆扎方法

（1）平行捆扎方法；（2）垂直捆扎方法；（3）相互交叉捆扎方法。

☞**任务八：掌握车辆配载**

车辆配载是货物装车之前一项细致、复杂而又十分重要的工作。它是保证车货安全、合理使用车辆、正确组织装卸、顺利完成货物运输的重要环节。在配载时，除对人员进行系统培训，还需指导装卸工人按配载计划图（表）的装货顺序、部位装车。

（一）配载原则

（1）轻重搭配原则。车辆装货时，将重货置于底部，轻货置于上部，避免重货压坏轻货。

（2）大小搭配原则。为了充分利用车厢的内容积，可在同一层或上下层合理搭配不同尺寸的货物，以减小厢内的空隙，防止在车辆运行中因发生震动而造成的货物倒塌和破损。

（3）货物性质搭配原则。拼装在一个车厢内的货物，其化学性质、物流属性不能相互抵触。如不能将散发臭味的货物与具有吸附性的货物混装，不能将散发粉尘的货物与清洁货物混装。

（4）坚持中转先运、急件先运、先托先运、合同先运的原则。对一张托运单和一次中转的货物，须一次运清，不得分批运送。

（5）凡是可以直达运送的货物，必须直达运送；必须中转的货物，应按合理流向配载，不得任意增加中转环节。

（6）同一批货物应堆置在一起，货签应向外，以便工作人员识别；运距较短的货物，应堆放在车厢的上部或后面，以便卸货作业顺利进行。

（7）加强预报中途各站的待运量，并尽可能使同站装卸的货物在吨位和容积上相适应。

（8）货与货之间、货与车辆之间应留有空隙并适当衬垫，防止货损。

（9）尽量做到后送先装。

（10）到同一地点的适合配装的货物，应尽可能一次配载。

（二）装车准备工作

（1）整理各种随货同行单据，包括提货联、随货联、托运单、零担货票及其他附送单据，按中转、直达区分开。

（2）按车辆容积、载重和货物的形状、性质进行合理配载，填制配装单和货物交接清单。填单时应按货物先远后近、先重后轻、先大后小、先方后圆的顺序填写，以便按单顺次装车，对到达站不同和需要中转的货物要分单填制，不得混填一单。

（3）将整理后的各种随货单证，分别附于交接清单后面。

（4）按单核对货物堆放位置，做好装车标记。

（三）装车组织

内容主要包括备货、交待装车任务、装车、监装。装车作业是货物运送过程中的一项重要内容。注意事项如下：

（1）装车前，应将车厢清扫干净，清理库场和作业道路，准备好相应的垫隔物料，调配好装（卸）劳力和班组，并在车辆的公共场所公布配载计划图，以便装卸工班、理货人员掌握各车配装货种和装载要求。

（2）按交接清单的顺序和要求点件装车。货物装妥后，要复查货位，防止错装、漏装、误装。

（3）起运地装车，严格遵守操作规程和货运质量标准，合理使用装卸机具，轻搬轻放，使破包不装车，重不压轻，木箱不压纸箱，箭头向上，堆码整齐。将贵重物品放在防压、防撞的位置，保证运输安全。

（4）沉重的、长大的，或包装结实的零担货物，宜放在车厢的下层。装车作业完成以后，应仔细检查货物的装载状态，清点随货单证，并将货票与交接清单逐笔对照，确认无误后随车理货员或驾驶员在交接清单上签章。

（5）检查车辆关锁、遮盖、捆扎等情况。

（6）起运地装车应做到一票一清。应在每票装车结束前检查货场、车辆、作业线路有无漏装掉件，发现漏装及时补装，发现掉件应及时拣归原批。

（7）计划配装的货物，原则上不许退装。如因故必须退装，起运地应与车辆协商同意。换装地对一次转运有困难的大宗货物，可以分批转运。

（8）装车完毕后仓方应将运单、交接清单、积载图（表）等整理好交给车方，办好交接手续。在规定的办理交接时间内，未办妥交接签证手续，车辆不得开行。车辆开行后，仓方应及时准确地向到达地拍发分车货电。

注意：图 11-4、图 11-5、图 11-6 为不合规范的配载装车方式。

图 11-4　配载时不准乱压乱堆

图 11-5　配载时不准乱压乱堆

图 11-6　配载时不准乱拆乱塞

☞**任务九：开展出货状况调查**

有效掌握出货状况等于掌握公司营运的效益，对于作业管理及服务客户有很大的帮助。因此，应编制出货状况调查表（如表 11-2 所示）来详细了解货品及车辆的出货情形。

表 11-2 　　　　　　　　　　　　**出货状况调查表**　　　　　　　　　时间：　　日

项目	平均值	极限值
出货对象数量		
一日内之出货厂数	平均：	最多：
一日内之出货品项数	平均：	最多：
配送车种	吨数：	
车辆台数／日	平均：	最多：
每一车之装货（出货）时间	平均：	最多：
出货运送点数		
每一方面之出货捆包数	平均：	最多：
出货所需人员数	平均：	最多：
一日出货的总重或总体积	总重：	总体积：
出货形式		
出货距离	平均：	最远：

出货时间带：（每一时刻出货的车数调查）

实践与思考

上海联华生鲜配送中心的高效出货管理

　　上海联华生鲜配送中心是我国国内目前设备最先进、规模最大的生鲜食品加工配送中心，总投资 6000 万元，建筑面积 35000 平方米，年生产能力 20000 吨，其中肉制品 15000 吨，生鲜盆菜、调理半成品 3000 吨。联华生鲜配送中心为联华集团位于上海及浙江地区的超级市场提供生鲜产品，亦向其他机构及独立第三方批发生鲜产品，该中心的冷却肉生产线于 2002 年 5 月通过了中国进出口质量认证中心的 HACCP 品质系统标准认定，同时还取得了国家进出口商品检验检疫局颁发的出口卫生注册证书。生鲜商品按其称重包装属性可分为定量商品、称重商品和散装商品；按物流类型分储存型、中转型、加工型和直送型；按储存运输属性分常温品、低温品和冷冻品；按商品的用途可分为原料、辅料、半成品、产成品和通常商品。生鲜商品大部分需要冷藏，其物流周转期必须很短，以节约成本；生鲜商品的保值期很短，客户对其色泽等要求很高，所以在物流过程中需要快速流转。联华生鲜配送中心的基本作业过程如下：

　　1. 订单管理

　　门店的要货订单通过联华数据通信平台，实时传输到生鲜配送中心，门店在订单上确定各商品的数量和相应的到货日期。生鲜配送中心收到门店的要货数据后，按不同的商品物流类型进行不同的处理：

（1）储存型商品：系统计算当前的有效库存，比对门店的要货需求以及日均配货量和相应的供应商送货周期，自动生成各储存型商品的建议补货订单，采购员对此订单再根据实际的情况作一些修改即可形成正式的供应商订单。

（2）中转型商品：此种商品没有库存，直进直出，系统根据门店的需求汇总按到货日期直接生成供应商订单。

（3）直送型商品：根据到货日期，分配负责各门店直送业务的供应商，直接生成供应商直送订单，并通过 EDI 系统直接发送到供应商。

（4）加工型商品：系统按日期汇总门店要货，根据各产成品/半成品的 BOM 计算物料耗用，比对当前有效的库存，系统生成加工原料的建议订单，生产计划员根据实际需求做调整，发送采购部生成供应商原料订单。

各种不同的订单生成完毕或手工创建后，通过系统中的供应商服务系统自动发送给各供应商，时间间隔在 10 分钟内。

2. 出货计划

在得到门店的订单并汇总后，物流计划部根据第二天的收货、配送和生产任务制定出货计划。

（1）线路计划：根据各线路上门店的订货数量和品种，做线路的调整，保证运输效率。

（2）批次计划：根据总量和车辆送货员情况设定加工和配送的批次，实现循环使用资源，提高效率；在批次计划中，将各线路分别分配到各批次中。

（3）生产计划：根据批次计划，制定生产计划，将量大的商品分批投料加工，设定各线路的加工顺序，保证与配送和运输协调。

（4）配货计划：根据批次计划，结合场地及物流设备的情况，做好配货的安排。

3. 储存型出货运作

拣货采用播种方式，根据汇总订单取货，取货数量为本批配货的总量，取货完成后系统预扣库存，拣取商品从仓库拉到待发区。在待发区配货员根据各路线各门店配货数量对各门店进行配货，并检查总量是否正确，如果商品的数量不足或其他原因造成门店的实配量小于应配量，配货员通过 RF 调整实发数量，配货检验无误后使用 RF 确认配货数据。在配货时，冷藏和常温商品被分置在不同的待发区。

4. 中转型出货运作

供应商送货到达时先预检，预检通过后方可进行验货配货：供应商把中转商品卸到中转配货区，中转商品配货员使用中转配货系统按配货指令执行，贴物流标签。将配完的商品采用播种的方式放到指定的路线门店位置上，配货完成统计单个商品的总数量总重量，根据配货的总数量生成进货单。中转商品以发定进，没有库存，多余的部分由供应商带回，如果不足在门店间进行调剂。三种不同类型的中转商品的物流处理方式包括：

（1）不定量需称重的商品：设定包装物皮重；由供应商将单件商品上秤，配货员负责系统分配及其他控制性的操作；电子秤秤重，每箱商品上贴物流标签。

（2）定量的大件商品：设定门店配货的总件数，汇总打印一张标签，贴于其中一件商品上。

（3）定量的小件商品：在供应商送货之前先进行虚拟配货，将标签贴于周转箱上；供应商送货时，取周转箱，按箱标签上的数量装入相应的商品；如果发生缺货，将未配到的门店标签作废。

5. 加工型出货运作

生鲜的加工按原料和成品的对应关系可分为组合和分割两种类型，两种类型在 BOM 设置和原料计算以及成本核算方面都存在着很大的差异。在 BOM 中每个产品设定一个加工车间，在产品上区分最终产品、半成品，商品的包装分为定量和不定量，对于称重的产品/半成品需要设定加工产品的换算率（单位产品和标准重量），原料的类型区分为最终原料和中间原料，设定各原料相对于单位成品的耗用量。

生产计划需要对多级产品链计算嵌套的生产计划，并生成各种包装生产设备的加工指令。对于生产管理，在计划完成后，系统按计划内容列出标准领料清单，指导生产人员从仓库领取原料以及生产时的投料。在生产计划中考虑产品链中前道工序与后道工序的衔接，各种加工指令、商品资料、门店资料、成分资料等下发到各生产自动化设备。加工车间人员根据加工批次、加工调度，协调不同商品间的加工关系，满足配送要求。

6. 配送运作

商品分捡完成后，都堆放在待发区，按正常的配送计划，这些商品在晚上送到各门店，门店第二天早上将新鲜的商品上架。在装车时按计划依路线门店顺序进行，同时抽样检查准确性。在货物装车的同时，系统能够自动算出各门店的包装物（笼车、周转箱）使用清单，装货人员也据此来核对差异。在发车之前，系统根据配载情况打印各运输车辆的随车商品清单、各门店的交接签收单和发货单。商品到门店后，由于数量的高度准确性，在门店验货时只要清点总的包装数量，退回上次配送的包装物，完成交接手续即可，一般一个门店的配送商品交接只需要 5 分钟。

资料来源：根据中国物流与采购网（www. Chinawuliu. com. cn）有关资料整理得到。

思考题

1. 用流程图的形式描述联华生鲜配送中心的物流系统运转过程，并分析和说明物流系统中的瓶颈环节。

2. 说明联华生鲜配送中心如何高效出货。

3. 分析和说明影响联华生鲜配送中心经济效益的因素。

实习实训

1. 实训目的：使学生掌握出货作业的操作。

2. 实训方式：实际操作及上机模拟软件操作。

3. 实训内容：

（1）复核。（2）搬运。（3）包装。（4）清点交接。（5）现场清理以及账务处理工作。

4. 实训条件及组织形式：

（1）在150平方米实训室进行，每6人一组，每组选一个组长，每人扮演一个角色，如复核员、包装员、配载员等。

（2）实训室配备手动打包机和半自动打包机各2台、电脑、打印设备及纸张、条码扫描仪等复核设备、手推车6台、木托盘6个、胶带若干。

5. 实训步骤：

（1）复核。复核人员根据"动碰复核"的原则，对出库商品的品名、规格、型号、单价、数量等仔细地进行复验，核查无误后，复核人员在出库凭证上签字。

（2）搬运。搬运人员将复核后的商品运到待发货整理区。

（3）包装。装箱人员打印装箱单，签字盖章后放入货品包装箱内，封箱。

（4）清点交接。发货人员向收货人或承运人按单逐件交接清楚，分清责任，在得到接货人员认可后，在出库凭证上加盖"商品付讫"印章，同时给接货人员填发出门证。

（5）现场清理以及账务处理工作。发货人员在出库凭证上填写"实发数"、"发货日期"等项内容并签名，然后将出库凭证中的一联及有关证件资料及时送交货主单位，根据留存的一联出库凭证登记商品保管明细账。同时信息录入员应及时将出库信息输入管理系统，系统自动更新数据。

6. 考核及评价：

（1）考核分值比例：实际操作50%，实训报告30%，团队合作表现10%，实训表现10%。

（2）考核形式：教师点评40%，学生分组互评30%，学生自评30%。

项目十二　配送运输作业及管理

一、企业岗位

送货员 \ 配送业务员 \ 车辆调度员

二、岗位职责：

1. 送货员岗位职责

服从调度组车辆调度的调配，按配送方案中规定的配送路线完成各项运输任务，保证所送货物的安全。

2. 配送业务员岗位职责

（1）负责客户委托代运货物的运输计划安排和组织；

（2）负责与承运部门、客户的提货、送货等业务联系及有关问题的协调与处理；

（3）负责到车站、码头、机场、邮局提取货物的到货凭证、发货运单、结算单据等单证、资料交业务受理员；

（4）熟悉和掌握各种运输方式的业务规程、要求，了解和掌握社会运输资源、信息、收费标准、交通路况等，熟悉和掌握本单位的自有运输能力及车辆、设备状况。

3. 车辆调度员岗位职责

（1）拟订配送计划及配送方案；

（2）根据所设计好的配送方案，结合客户的实际需要及配送中心现有车辆和送货员情况，合理组织、调配人力和车辆；

（3）及时协调、处理和解决运输业务中出现的各种特殊情况和问题。

三、完成配送运输作业及管理任务所需知识和能力

1. 知识

配送运输的概念、配送运输的类型、配送运输的基本作业程序、配送组织工作程序、配送线路设计方法、配送运输方案选择、配送运输车辆运行调度、提高配送运输效率的措施等。

2. 能力

（1）能正确叙述配送运输的基本作业程序；

（2）能正确叙述配送组织工作程序、提高配送运输效率的措施；

（3）能按具体运输需求情景进行配送路线设计、形成配送运输方案；

（4）能结合运输调度软件进行配送运输车辆运行调度。

四、项目教学任务

序号	教学任务	课时
1	任务一：了解配送运输基础知识	2
2	任务二：了解配送运输的类型	
3	任务三：熟悉配送运输的基本作业程序	
4	任务四：熟悉配送组织工作程序	3
5	任务五：掌握配送线路设计方法与配送运输方案选择	
6	任务六：掌握配送运输车辆运行调度	1
7	任务七：了解提高配送运输效率的措施	

任务情境

☞任务一：了解配送运输基础知识

配送运输属于运输中的末端运输，是与干线运输完全不同的概念。配送运输是较短距离、较小规模、频率较高的运输形式，一般选择汽车作为运输工具，需要解决路线选择问题及时间窗口问题。干线运输的干线是唯一的运输线，而配送运输由于配送用户多，一般城市交通路线复杂，而且由于配送终端要求的时间窗口单一性，如何组合最佳配送路线，如何使配送路线与终端客户有效衔接等是配送运输的特点，也是配送运输中难度最大的工作，对配送效率及配送成本会产生直接影响。

配送运输作业管理的困难在于其可变因素太多，且因素与因素间往往又相互影响，因而很容易遇到下述问题：

（1）从接受订货至出货非常费时；（2）配送运输计划难以制定；（3）配送运输路径选择不顺利；（4）装卸货时间太长，导致配送效率低下；（5）无法按时配送交货；（6）配送运输业务的评价基准不明确；（7）驾驶员的工作时间不均，产生抱怨；（8）物品在配送运输过程损毁与遗失；（9）配送运输费用过高，影响整个配送中心的运作成本。

上述这些问题的发生，会严重影响配送质量，影响配送服务水平。由于配送运输作业环节直接面对客户，因而显得更加重要。

☞任务二：了解配送运输的类型

在不同的市场环境下，为适应不同的生产和消费需要，配送运输表现出多种形式。这些配送运输形式各有优势，同时也有各自的适应条件。

（一）按配送运输服务的范围划分

（1）城市物流配送。城市物流配送即向城市范围内的众多用户提供服务的配送。其辐射距离较短，多使用载货汽车配送，机动性强，供应快，调度灵活，能实现少批量、多批次、多用户的"门到门"配送。

（2）区域物流配送。区域物流配送是一种辐射能力较强、活动范围较大、可以跨市、省的物流配送活动。它具有以下特征：经营规模较大，设施齐全，活动能力强；货物批量较大而批次较少；区域配送中心是配送网络或配送体系的支柱。

（二）按配送运输主体不同划分

（1）配送中心配送。指配送的组织者是专职从事配送业务的配送中心。配送中心配送的数量大、品种多、半径大、能力强，可以承担企业生产用主要物资的配送及向商店补充性配送等。它是配送的主体形式，但需要大规模的配套设施，投资较大，且一旦建成机动性较差，因此有一定的局限性。

（2）商店配送。指配送的组织者是商店，主要承担零售业务，规模一般不大，但经营品种齐全，容易组织配送。商店实力有限，但网点多，配送半径小，比较机动灵活，可承担生产企业非主要生产用物资的配送，是配送中心配送的辅助及补充形式。

（3）仓库配送。指以一般仓库为据点进行配送的形式，在仓库保持原有功能前提下，增加配送功能。仓库配送规模较小，专业化程度低，但可以利用仓库的原有资源而不需大量投资，上马较快。

（4）生产企业配送。指配送的组织者是生产企业，尤其是进行多品种生产的企业，直接由企业配送，而无需将产品发运到配送中心进行中转配送。由于避免了一次物流的中转，所以具有一定的优势，但无法像配送中心那样依靠产品凑整运输取得优势。

（三）按配送运输时间及数量划分

1. 定时配送

定时配送指按规定时间或时间间隔进行配送。每次配送的品种及数量可按计划进行，也可在配送前由供需双方商定。定时配送有以下几种具体形式：

（1）小时配。即接到配送订货要求 1 小时内将货物送达，适用于一般消费者突发的个性化配送需求，也经常用做应急的配送方式。

（2）日配。即接到订货要求 24 小时之内将货物送达。日配是定时配送中较为广泛采用的方式，可使用户获得在实际需要的前半天得到送货服务的保障，基本上无须保持库存。

（3）准时配送方式。即按照双方协议时间，准时将货物配送到用户的一种方式。这种方式比日配方式更为精密，可实现零库存，适用于装配型、重复、大量生产的企业用户，往往是一对一的配送。

（4）快递方式。这是一种在较短时间内实现货物的送达，但不明确送达的具体时间的快速配送方式。一般而言其覆盖地区较为广泛，服务承诺期限按不同地域会有所变化。快递配送面向整个社会企业型和个人型用户，如美国的联邦快递、我国邮政系统的 EMS 快递都是运作得非常成功的快递配送企业。

2. 定量配送

即按事先协议规定的数量进行配送。这种方式货物数量固定，备货工作有较强的计划性，容易管理。

3. 定时定量配送

即按规定的配送时间和配送数量进行配送，兼有定时、定量两种方式的优点，是一种精密的配送服务方式。

4. 定时定路线配送

即在规定的运行路线上，按配送车辆运行时间表进行配送，用户在指定时间到指定位置接货。

5. 即时配送

即完全按用户突发的配送要求随即进行配送的应急方式，是对各种配送服务的补充和完善，机动灵活但配送成本很高。

（四）按配送运输品种和数量不同划分

（1）单（少）品种大批量配送。配送的商品品种少、批量大，不需与其他商品搭配即可使车辆满载。

（2）多品种少批量配送。按用户要求将所需各种物资配备齐全，凑整装车后送达用户的一种配送方式。

（3）配套成套配送。按生产企业的需要，将生产每台产品所需的全部零部件配齐，按生产节奏定时送到生产线装配产品。

（五）按配送运输企业业务关系划分

（1）综合配送。指配送商品种类较多，在一个配送网点组织不同专业领域产品向用户配送的配送方式。

（2）专业配送。指按产品性质、形状的不同适当划分专业领域的配送方式。其重要优势在于可以根据专业的共同要求来优化配送设施，优选配送机械及配送车辆，制定适用性强的工艺流程等，从而提高配送各环节的工作效率。

（3）共同配送。指为提高物流效率，由多个配送企业联合在一起共同进行配送的配送方式。

（六）按配送运输加工程度划分

（1）加工配送。指在配送据点中设置流通加工环节，当社会上现成的产品不能满足用户需要，或用户提出特殊的工艺要求时，可以经过加工后进行分拣、配货再送货到户。流通加工与配送的结合，使流通加工更有针对性，可取得加工增值收益。

（2）集疏配送。指只改变产品数量组成形态而不改变产品本身的物理、化学形态，与干线运输相配合的一种配送方式，比如大批量进货后小批量、多批次发货，零星集货后以一定批量送货等。

（七）按配送运输的方式划分

（1）直送。指生产厂商或供应商根据订货要求，直接将商品运送到客户的配送方式。特点是需求量大，每次订货往往大于或接近一整车，且品种类型单一。

（2）往复配送。指与用户建立稳定的协作关系，在将用户所需的生产物资送到的同时，将该用户生产的产品用同一车运回，不仅充分利用了运力，也降低了生产企业的库存。

（3）交叉配送。指在配送据点将来自各个供应商的货物按客户订货的需求进行分拣装车，并按客户规定的数量与时间要求进行送货，有利于减少库存、缩短周期、节约成本。

☞**任务三：熟悉配送运输的基本作业程序**

配送运输基本作业流程如图 12-1 所示。

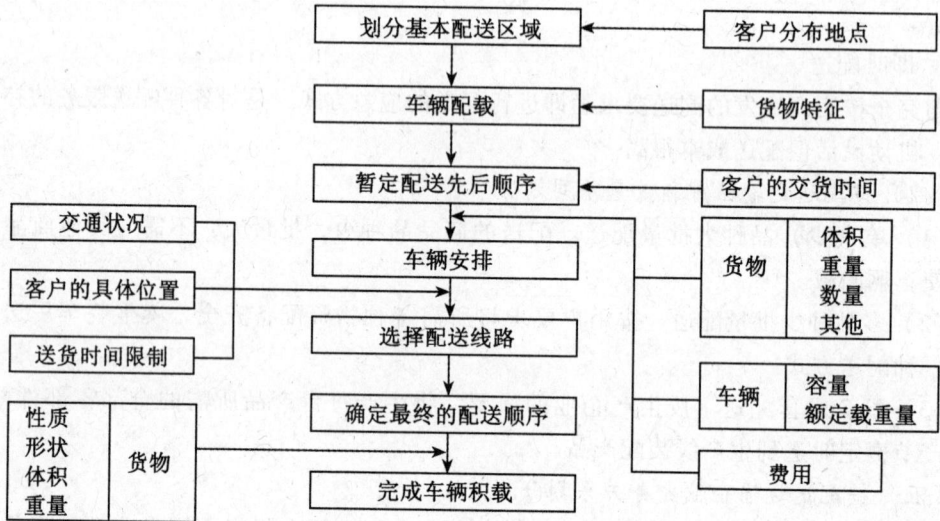

图 12-1　配送运输基本作业流程

（一）划分基本配送区域

为使整个配送有一个可循的基本依据，应首先将客户所在地的具体位置作一系统统计，并将其作区域上的整体划分，将每一客户囊括在不同的基本配送区域之中，以作为下一步决策的基本参考。如按行政区域或依交通条件划分不同的配送区域，在这一区域划分的基础上再作弹性调整来安排配送。

（二）车辆配载

由于配送货物品种、特性各异，为提高配送效率，确保货物质量，必须首先对特性差异大的货物进行分类。在接到订单后，将货物依特性进行分类，以分别采取不同的配送方式和运输工具，如按冷冻食品、常温食品、散装货物、箱装货物等分类配载；其次，配送货物也有轻重缓急之分，必须初步确定哪些货物可配于同一辆车，哪些货物不能配于同一辆车，以做好车辆的初步配装工作。

（三）暂定配送先后顺序

在考虑其他影响因素，作出确定的配送方案前，应先根据客户订单要求的送货时间将配送的先后作业次序作一概括的安排，为后面车辆积载做好准备工作。计划工作的目的，是为了保证达到既定的目标，所以，预先确定基本配送顺序既可以有效地保证送货时间，又可以尽可能提高运作效率。

（四）车辆安排

车辆安排要解决的问题是安排什么类型、吨位的配送车辆进行最后的送货。一般企业拥有的车型有限，车辆数量亦有限，当本公司车辆无法满足要求时，可使用外雇车辆。在保证配送运输质量的前提下，是组建自营车队，还是以外雇车为主，则须视经营成本而定，具体来说，当外雇车辆费用小于自有车辆费用时，应选用外雇车辆；当外雇车辆费用大于自有车辆费用时，应选用自有车辆。无论是自有车辆还是外雇车辆，都必须事先掌握有哪些车辆可供调派并符合要求，即这些车辆的容量和额定载重量是否满足要求。安排车辆之前，还必须分析订单上货物的信息，如体积、重量、数量等对于装卸的特别要求等，综合考虑各方面因素的影响，作出最合适的车辆安排。关于车辆运输管理的知识这里不做详细介绍，读者可参考其他相关资料。

（五）选择配送线路

知道每辆车负责配送的具体客户后，如何以最快的速度完成对这些货物的配送，即如何选择配送距离短、配送时间短、配送成本低的线路，这需根据客户的具体位置、沿途的交通情况等作出选择和判断。除此之外，还必须考虑有些客户或其所在地点环境对送货时间、车型等方面的特殊要求，如有些客户不在中午或晚上收货，有些道路在某高峰期实行特别的交通管制等。

（六）确定最终的配送顺序

做好车辆安排及选择最佳的配送线路后，依据各车负责配送的具体客户的先后，即可确定客户的最终配送顺序。

（七）完成车辆积载

明确客户的配送顺序后，接下来就是如何将货物装车，以什么次序装车的问题，即车辆的积载问题。原则上，知道了客户的配送顺序，只要将货物依"后送先装"的顺序装车即可。但有时为了有效利用空间，可能还要考虑货物的性质（怕震、怕压、怕撞、怕湿）、形状、体积及重量等作出弹性调整。此外，对于货物的装卸方法也必须依照货物的性质、形状、重量、体积等来做具体决定。

在以上各阶段的操作过程中，需要注意的要点有：

（1）明确订单内容；（2）掌握货物的性质；（3）明确具体配送地点；（4）选择适当的配送车辆。

☞**任务四：熟悉配送组织工作程序**

因为配送的对象、品种、数量等较为复杂，为了做到有条不紊地组织配送活动，应当遵照一定的工作程序进行。一般情况下，配送组织工作的基本程序和内容如下：

（一）拟订配送计划

拟订配送计划供调度部门执行。配送计划的主要内容包括以下几方面：

1. 配送计划的依据

（1）客户订单。客户订单对配送商品的品种、规格、数量、送货时间、送达地点、收货方式等都有要求。因此客户订单是拟订配送计划最基本的依据。客户订单包括订货合同，主要规定：订货的品种、规格、数量、送货时间、送达地点、接货人、接送货方式等；仓储配送合同，主要规定客户在配送中心存储的货品情况，及客户对配送服务的要求，包括配货的品种、规格、配送要求和其他要求；电话预约合同，资信好的长期客户可以采用电话预约配送，输入客户配送的品种、规格、配送方式及要求，随时存入计算机信息系统以供配送调度使用。

（2）客户分布、送货路线、送货距离。客户分布是指客户的地理位置分布。客户与配送据点的距离长短、配送据点到达客户收货地点的路径选择，直接影响配送成本。

（3）配送货物的体积、形状、重量、性能、运输要求。这些决定运输方式、车辆种类、载重、容积、装卸设备。

（4）运输、装卸条件。道路交通状况、送达地点及其作业环境、装卸货时间、气候等对配送作业的效率也起相当大的约束作用。

配送计划表见表12-1。

表12-1　　　　　　　　　　　　　　**配送计划表**

配送地点（部门）　　　　　　　　　　　　　　　　　　　　　　　　年　月　日

序号	客户名称	物品名称	物品规格	配送数量	配送时间	车辆状况
合计						

2. 配送计划的影响因素

主要有：配送对象（客户）、配送物品种类、配送数量或库存量、配送物品价值、物流服务水平、物流交货期、物流渠道。物流渠道大致有以下几种模式：

（1）生产企业→配送中心→分销商→零售商→消费者；

（2）生产企业→分销商→配送中心→零售商→消费者；

（3）生产企业→配送中心→零售商→消费者；

（4）生产企业→配送中心→消费者。

（二）确定并落实计划的主要内容

充分掌握上述必要信息之后，可将物流配送计划送至总调度进行具体落实：按日排定各客户所需物资的品种、规格、数量、送货时间、送达地点、接货人等；按客户要求的时间，确定配送作业准备的提前期；确定每天从各配送点发运的物资品种、规格、数量；按计划的要求选择配送服务的具体组织方式；列出详细配送计划表供审批、执行和备案。具体来说包括以下几个方面：

1. 客户订单方面

客户需要的物品品名、规格、数量、时间、地点。

2. 配送作业方面

（1）配送车辆、线路与人员；

（2）满足客户时间要求、结合运输距离而确定的配送提前期；

（3）满足客户要求所选择的配送服务的具体组织方式和规范。

3. 配送预算方面

配送计划应对以下配送成本支出项目作出合理预算：员工工资福利、行政办公费用、商务交易费用、自有车辆设备运行费、外雇车费用、保险费、工具及耗损材料费、分拣装卸搬运作业费、车辆燃油费等。

（三）下达配送计划

配送计划确定之后，就要向各配送据点下达配送任务，依此调度运输车辆、装卸及各相关作业班组与人员，并将货物送达时间、品种、规格、数量通知客户，使客户按计划准备好接货工作。

（四）做好配货和进货组织工作

按配送计划做好配送工作，并及时做好补充进货的组织工作。

（五）配送发运

理货部门按计划将各种所需的货物进行分类，标明到达地点、客户名称、配送时间、货物明细等，并按流向、距离将各类货物进行配载，将发货明细表交给驾驶员或随车送货人。

（六）送达服务与交割

当货物送达要货地点后，送货人员协助收货单位将货品卸下车，放到指定位置，并与收货人员一起清点货物，做好送货完成确认工作（送货签收回单）。如果有退货、调货的要求，则应随车带回退调商品，并完成有关单证手续。

（七）费用结算

完成配送工作后，即可通知财务部门结算。若采用计算机在线配送信息系统，则可使上述过程大大简化。

☞任务五：掌握配送线路设计方法与配送运输方案选择

（一）配送线路优化设计的意义

配送线路设计就是整合影响配送运输的各种因素，适时适当地利用现有的运输工具和道路状况，及时、安全、方便、经济地将客户所需的商品准确地送达客户手中。在配送运输线路设计中，需根据不同客户群的特点和要求，选择不同的线路设计方法，最终达到节省时间、运距和降低配送运输成本的目的。

（二）配送线路设计方式

1. 用经验试探法进行配送运输线路设计

经验试探法是指利用行车人员的经验来选择配送路线的一种主观判断方法。一般是以司机习惯行驶路线和道路行驶规定等为基本依据，拟订几个不同方案，通过倾听有经验的司机和送货人员的意见，或者直接由配送管理人员凭经验作出判断。这种方法的质量取决于决策者对运输车辆、客户地理位置与交通路线情况的掌握程度和决策者的分析判断能力与经验。尽管缺乏科学性，易受掌握信息的详尽程度限制，但运作方式简单、快速、方便。通常在配送路线的影响因素较多，难以用某种确定的关系表达时，或难以以某种单项依据评定时采用。

配送运输线路设计人员经常遇到的一个线路选择问题是起点就是终点的线路选择，即起点与终点重合。经验告诉我们，当运行路线不发生交叉时，经过各停留点的次序是合理的，同时，如有可能应尽量使运行线路呈菱形。图 12-2 是通过各点的运行路线示意图。其中，图 12-2（a）是不合理的运行路线，图 12-2（b）是合理的运行路线。根据上述两项原则物流管理人员可以很快画出一张路线图。如果点与点之间的空间关系并不真正代表其运行时间或距离（如有路障、单行道路、交通拥挤等），则用计算机寻求路线上停留点的合理次序更为方便。

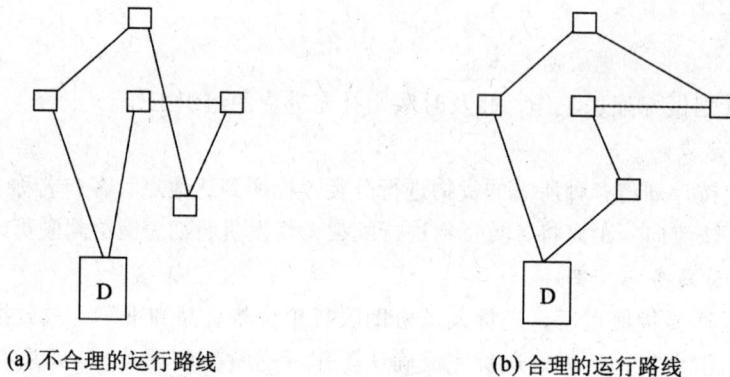

(a) 不合理的运行路线   (b) 合理的运行路线

图 12-2

2. 用位势法进行直送式配送运输线路设计

直送式配送运输通常用位势法确定最短路线，直送式配送运输是指由一个供应点对一个客户的专门送货。

举例说明用位势法确定最短路线，各点间距离见图 12-3，其步骤如下：

第一步：选择货物供应点为初始点，并取其位势值为 0。

第二步：考虑与供应点直接相连的所有线路点。

第三步：从所得的所有位势值中选出最小者，此值即为从初始点到该点的最短距离，将其标在该点旁的方框内，并用箭头标出该连线。

第四步：重复以上步骤，直到物流网络中所有点的位势值均达到最小为止。

最后，各点的位势值表示从初始点到该点的最短距离，由供应点 A 到客户 K 的最短距离为 24。最优线路图见图 12-4。

3. 用节约里程法进行分送式配送运输线路设计

分送式配送是指由一个供应点对多个客户的共同送货。

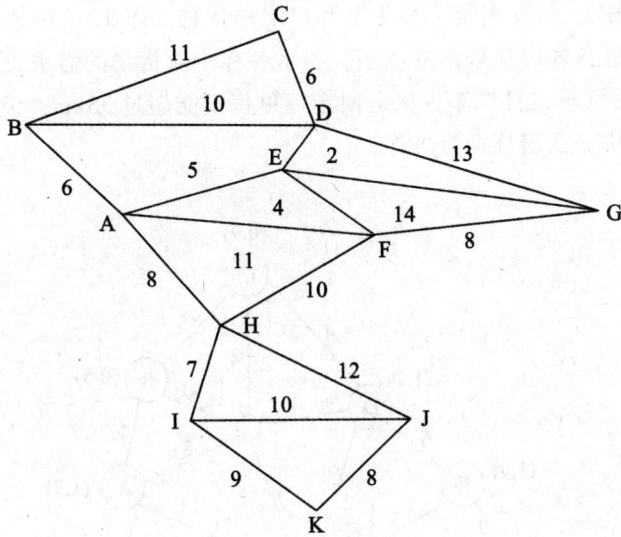

图 12-3 利用位势法确定最短路线

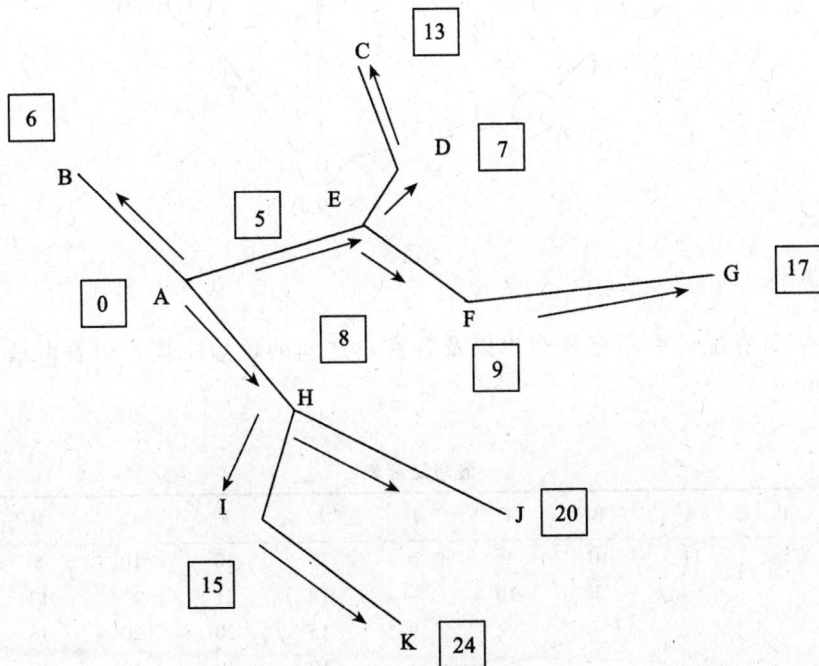

图 12-4 最优线路图

基本条件：同一条线路上所有客户的需求量总和不大于一辆车的额定载重量，送货时，由一辆车装着所有客户的货物，沿着一条精心挑选的最佳路线依次将货物送到各个客户手中，这样既保证按时按量将用户需要的货物及时送到，又节约了车辆，节省了费用，缓解了交通紧张的压力，并减少了运输对环境造成的污染。

例如，由配送中心 P 向 A 至 I 等 9 个客户配送货物。图 12-5 中连线上的数字表示公路里程（km）。靠近各客户括号内的数字，表示各客户对货物的需求量（t）。配送中心备有 2t 和 4t 载重量的汽车，且汽车一次巡回走行里程不能超过 35km，设送到时间均符合客户要求，求该配送中心的最优送货方案。

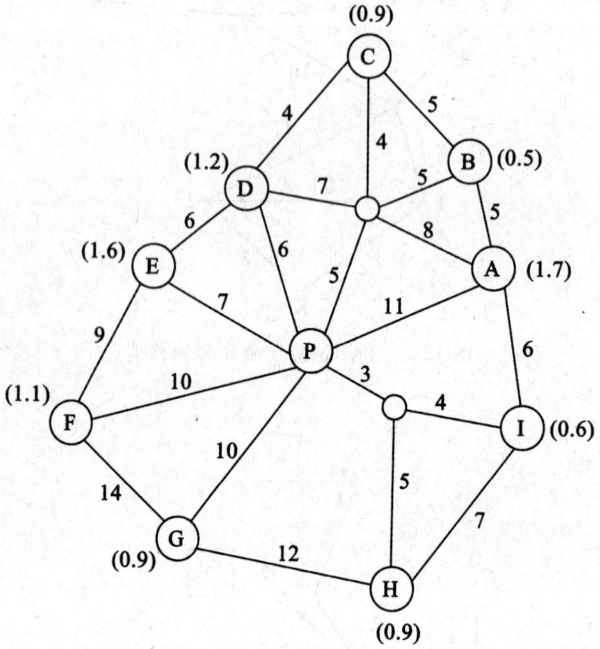

图 12-5

步骤一：计算配送中心至各客户以及各客户之间的最短距离，列表得最短距离表（见表 12-2）。

表 12-2　　　　　　　　　　　　　　　　**最短距离表**

	P	A	B	C	D	E	F	G	H	I
P		11	10	9	6	7	10	10	8	7
A			5	10	14	18	21	21	13	6
B				5	9	15	20	20	18	11
C					4	10	19	19	17	16
D						6	15	16	14	13
E							9	17	15	14
F								14	18	17
G									12	17
H										7
I										

步骤二：由最短距离表，计算出各客户之间的节约里程，编制节约里程表（见表12-3）。

表12-3   节约里程表

	A	B	C	D	E	F	G	H	I
A		16	10	3	0	0	0	6	12
B			14	7	2	0	0	0	6
C				11	6	0	0	0	0
D					7	1	0	0	0
E						8	0	0	0
F							6	0	0
G								6	0
H									8
I									

步骤三：根据节约里程表中节约里程多少的顺序，由大到小排列，编制节约里程顺序表（见表12-4），以便尽量使节约里程最多的点组合装车配送。

表12-4   节约里程顺序表

顺位号	里程	节约里程	顺位号	里程	节约里程	顺位号	里程	节约里程
1	A—B	16	6	H—I	8	10	F—G	6
2	B—C	14	8	B—D	7	10	G—H	6
3	A—I	12	8	D—E	7	15	A—D	3
4	C—D	11	10	A—H	6	16	B—E	2
5	A—C	10	10	B—I	6	17	D—F	1
6	E—F	8	10	C—E	6			

步骤四：根据节约里程顺序表和车辆的载重、车辆行驶里程等约束条件，渐进绘出配送路径，见图12-6。

配送方案为：

路径A：4t车，走行32km，载重量3.7t；

路径B：4t车，走行31km，载重量3.9t；

路径C：2t车，走行30km，载重量1.8t。

总共走行里程93km。

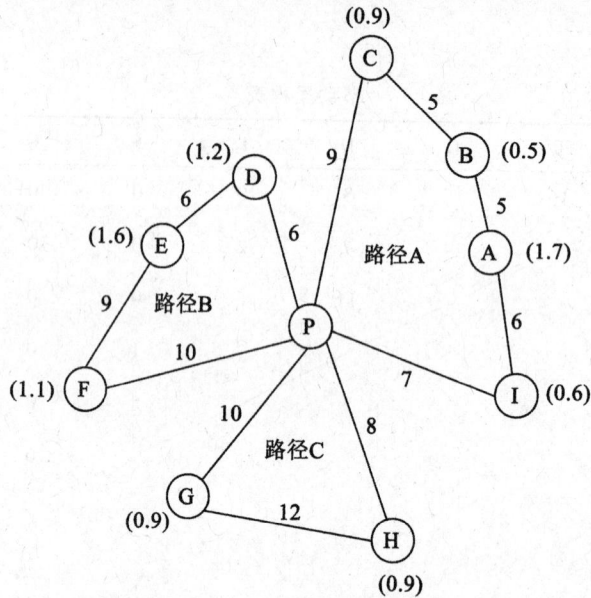

图 12-6　调整后的配送路径图

4. 用扫描法进行配送运输线路设计

扫描法是一种先分群再寻找最佳路线的算法。求解过程分为两步：第一步是分派车辆服务的站点或客户点；第二步是决定每辆车的行车路线。

扫描法的原理是：先以物流中心为原点，将所有需求点的极坐标算出，然后依角度大小以逆时针或顺时针方向扫描，若满足车辆装载容量即划分为一群，将所有点扫描完毕后在每个群内部用最短路径算法求出车辆行驶路径。

扫描法步骤为：

（1）以物流中心为原点，将所有客户需求点的极坐标计算出来。

（2）以零角度为极坐标轴，按顺时针或逆时针方向，依角度大小开始扫描。

（3）将扫描过的客户点需求量进行累加，当客户需求总量达到一辆车的载重量限制且不超过载重量极限时，就将这些客户划分为一群，即由同一辆车完成送货服务。接着，按照同样的方法对其余客户划分新的客户群，指派新的车辆。

（4）重复步骤（3），直到所有的客户都被划分到一个群中。

（5）在每个群内部用 TSP 算法求出车辆行驶最短路径。

例如，某公司用厢式货车从货主处取货，图 12-7（a）是一天的取货量，单位是件。厢式货车的载货量是 10000 件。完成所有取货任务需一天时间。公司需要多少条运输路线（即多少部车）？每条路线应该经过哪些站点？每条路线上的站点怎样排序？

首先，向北画一条直线，进行逆时针方向"扫描"。这些都是随机决定的。逆时针旋转该直线，直到所有货物能装上一辆载重 10000 件的卡车，同时又不超载。一旦所有的站点都分派有车辆，就可以利用"水滴"法安排经过各站点的顺序，图 12-7（b）是最终的路线设计。

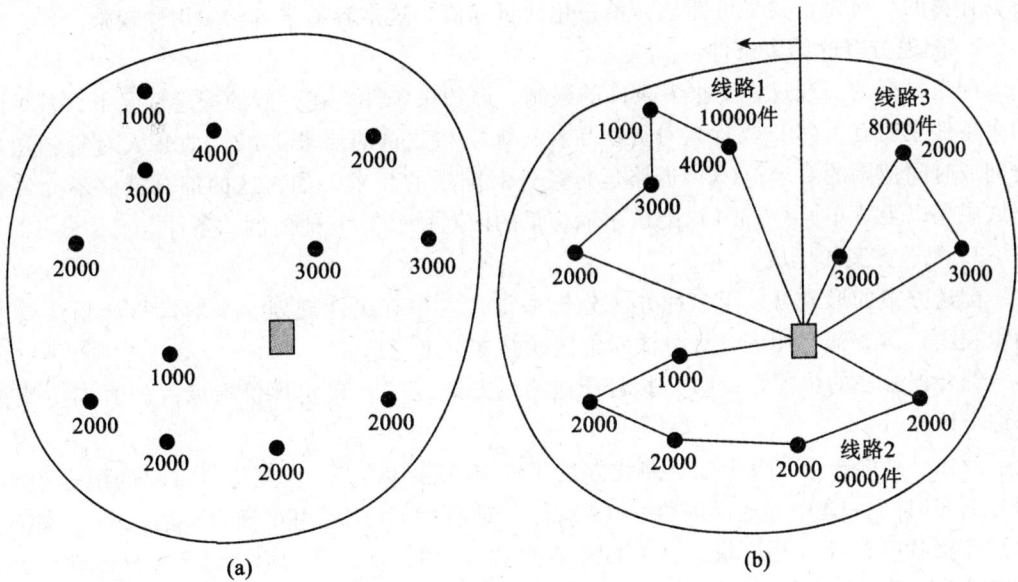

图 12-7

（三）配送线路方案的选择

配送线路合理与否，对配送效率、成本、效益影响很大，采用科学的方法确定配送线路是配送活动中非常重要的一项工作。确定配送方案涉及车辆、货物、线路等多种因素，因而设计较合理的配送方案，首先要确定试图达到的目标，根据特定目标下的约束条件，利用数学模型或结合定性分析确定配送方案。

1. 配送方案目标的选择

配送方案目标的选择可从以下几个方面考虑：

（1）配送效率最高或配送成本最低。效益是企业追求的主要的综合性目标，可以利润最大化作为目标值；成本对企业效益有直接的影响，选择成本最低化作为目标值，与前者有直接的联系。

（2）配送里程最短。如果配送成本与配送里程相关性较强，而和其他因素相关性较弱，配送里程最短的实质就是配送成本最低。所以，可考虑用配送里程最短作为目标值，这样可以大大简化线路选择方法。当配送成本不能通过里程来反映时，如道路收费、道路运行条件严重影响成本，单以最短路程为目标就不合适。

（3）配送服务水准最优。当服务水准，如准时配送要求成为第一位时，或需要牺牲成本来确保服务水准，则应该在成本不失控的情况下，以服务水准为首选目标。这种成本的损失可能从其他方面弥补，如优质服务可采用较高的价格策略。

（4）配送劳动的消耗最少。即以物化劳动和活劳动消耗最少为目标，在许多情况下，如劳动力紧张、燃料紧张、车辆及设备较为紧张的情况下，限制了配送作业的选择范围，就可以考虑以配送所需的劳力、车辆或其他有关资源作为目标值。

虽然配送方案目标实际上是多元的，但是，考虑到制定方案所选择的目标值，应当是容易计算的。所以，要尽可能选择单一化的目标值，这样容易求解，实用性较强。

2. 配送方案的约束条件

配送目标的实现过程受很多条件的限制，即约束条件。在一般的配送情况下，常见的约束条件主要有：（1）收货人对货物品种、规格和数量的要求；（2）收货人对货物送达时间或时间范围的要求；（3）道路运行条件对配送的要求，如城区的部分道路不允许货车或中型以上货车通行；（4）配送车辆容量的限制；（5）其他的制约条件。

3. 配送方案的形成

配送方案的形成可采用多种方法分析求得，主要有线性规划、车辆运行计划法（节约里程法）等，通常用综合评分法对配送线路方案进行选择。

综合评分法的步骤是：（1）拟订配送路线方案；（2）确定评价指标；（3）对方案进行综合评分。

例如，某配送企业设定配送路线方案评价 10 项指标：（1）配送全过程的配送距离；（2）行车时间；（3）配送准时性；（4）行车难易；（5）动用车辆台次数；（6）油耗；（7）车辆状况；（8）运送量；（9）配送客户数；（10）配送总费用。每个评分标准分为 5 个档次并赋予不同的分值，即极差（0 分）、差（1 分）、较好（2 分）、良好（3 分）、最优（4 分），满分为 40 分，然后为配送路线方案评分，根据最后的评分情况，在各个方案之间进行比较，最后确定配送路线。表 12-5 为对某配送路线方案进行评分的情况。

表 12-5　　　　　　　　　路线方案评分表

序号	评价指标	极差	差	较好	良好	最优
		0 分	1 分	2 分	3 分	4 分
1	配送全过程的配送距离					✓
2	行车时间					✓
3	配送准时性			✓		
4	行车难易				✓	
5	动用车辆台次数				✓	
6	油耗				✓	
7	车辆状况					✓
8	运送量					✓
9	配送客户数				✓	
10	配送总费用			✓		

表中的路线方案得分为 32 分，为满分（理想方案）的 80%，各项平均得分为 3.2分。

☞任务六：掌握配送运输车辆运行调度

（一）车辆运行调度工作的内容

车辆运行调度是配送运输管理一项重要的职能，是指挥监控配送车辆正常运行、协调配送过程以实现车辆运行作业计划的重要手段。主要内容是：

（1）编制配送车辆运行作业计划；（2）现场调度；（3）随时掌握车辆运行信息，进行有效监督；（4）检查计划执行情况。

（二）车辆运行调度工作的原则

车辆运行作业计划在组织执行过程中常会遇到一些难以预料的问题，需要调度部门有针对性地加以分析和解决，随时掌握货物状况、车况、路况、气候变化、驾驶员状况、行车安全等，确保运行作业计划顺利进行。应坚持以下原则：从全局出发，局部服从全局的原则；安全第一、质量第一原则；计划性原则；合理性原则。

（三）车辆调度方法

1. 经验调度法

在有多种车辆时，车辆使用的经验原则为尽可能使用能满载运输的车辆进行运输。在保证满载的情况下，优先使用大型车辆，且先载运大批量的货物。一般而言大型车辆能够保证较高的运输效率和较低的运输成本。

例如，某建材配送中心某日需运送水泥580t、盘条400t和不定量的平板玻璃。该中心有大型车20辆，中型车20辆，小型车30辆。各种车每日只运送一种货物，运输定额如表12-6所示。

表 12-6　　　　　　　　　　　　运输定额表

车辆种类	运送水泥	运送盘条	运送玻璃
大型车	20	17	14
中型车	18	15	12
小型车	16	13	10

根据经验派车法，车辆安排的顺序为大型车、中型车、小型车。货载安排的顺序为：水泥、盘条、玻璃。得出派车方案如表12-7所示，共完成货运量1080t。

表 12-7　　　　　　　　　　　　派车方案表

车辆种类	运送水泥	运送盘条	运送玻璃	车辆总数
大型车	20			20
中型车	10	10		20
小型车		20	10	30
货运量/t	580	400	100	

2. 运输定额比法

对于以上车辆的运送能力计算每种车运送不同货物的定额比，如表 12-8 所示。

表 12-8 　　　　　　　　　　　运送定额比表

车辆种类	运水泥/运盘条	运盘条/运玻璃	运水泥/运玻璃
大型车	20：17	17：14	20：14
中型车	17：14	15：12	18：12
小型车	20：14	13：10	16：10

在表 12-8 中小型车运送水泥的定额比最高，因而要先安排小型车运送水泥；其次由中型车运送盘条；剩余的由大型车完成，得如表 12-9 所示的派车方案，共完成运量 1106t。

表 12-9 　　　　　　　　　　　派车方案表

车辆种类	运送水泥车辆数	运送盘条车辆数	运送玻璃车辆数	车辆总数
大型车	5	6	9	20
中型车		20		20
小型车	30			30
货运量/t	580	400	126	

3. 图上作业法

（1）绘制交通图。A_1、A_2、A_3 三个配送点分别有化肥 40t、30t、30t，需送往四个客户点 B_1、B_2、B_3、B_4，已知各配送点和客户点的地理位置及它们之间的道路情况，可据此绘制出相应的交通图，见图 12-8。

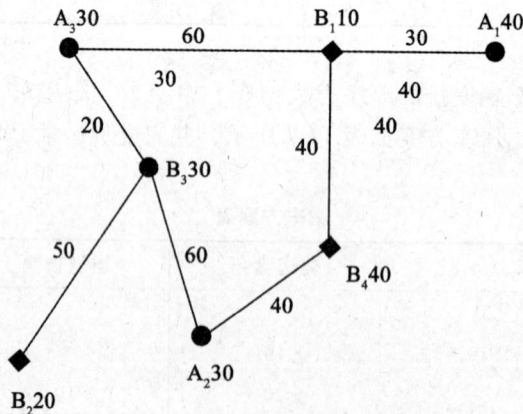

图 12-8　运距运量交通图

（2）将初始调运方案反映在交通图上。凡是按顺时针方向调运的货物调运线路（如 A_3 至 B_1、B_1 至 B_4、A_2 至 B_3），其调运箭线都画在圈外，称为外圈；否则，其调运箭线（A3 至 B3）都画在圈内，称为内圈。图 12-9 为 A—B 破圈调运图。

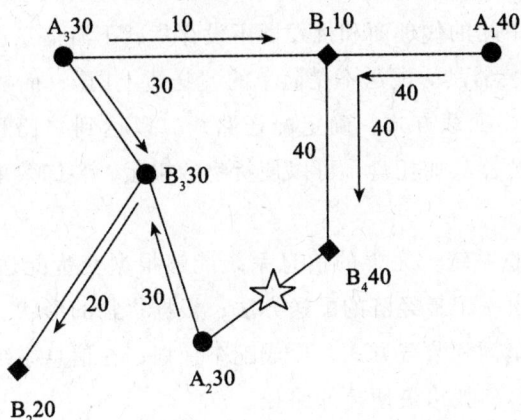

图 12-9　A—B 破圈调运图

（3）检查与调整。首先分别计算线路的全圈长、内圈长、外圈长（圈长即里程数），如果内圈长和外圈长都分别小于全圈长的一半，则该方案即为最优方案；否则，即为非最优方案，需要对其进行调整。图 12-10 为 A—B 破圈调运调整图。

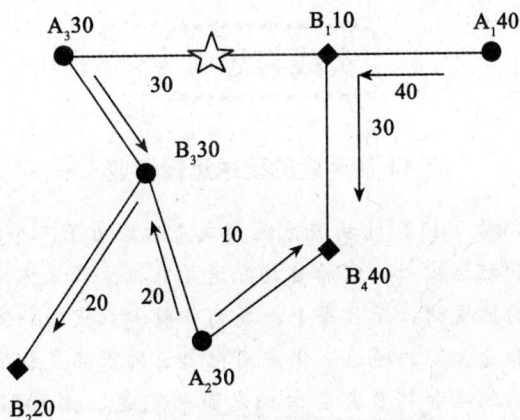

图 12-10　A—B 破圈调运调整图

☞**任务七：了解提高配送运输效率的措施**

为提高送货效率，可采用的措施包括以下几种：

（1）消除交错送货。消除交错送货，可以提高整个配送系统的送货效率。例如，将原直接由各工厂送至各客户的零散路线利用配送中心进行整合并调配转送,这样可大大缩短运输距离。

(2) 开展直配、直送。由于"商物分流",订单可以通过信息网络直接传给厂商,各工厂的产品可从厂商的物流中心直接交货到各零售店。这种利用直配、直送的方式可大幅简化物流的层次,使得中间的代理商和批发商不设存货,下游信息也能很快地传到上游。

(3) 采用标准的包装器具。配送不是简单的"送货上门",而要运用科学而合理的方法选择配送车辆的吨位、配载方式,确定配送路线,以达到"路程最短、吨公里最小"的目标。采用标准的包装器具如托盘,可以使货物的搬运、装卸效率提高,并便于车辆配装。

(4) 建立完善的信息系统。完善的信息系统能够根据交货配送时间、车辆最大积载量、客户的订货量来选出一个最经济的配送方法;根据货物的形状、重量及车辆的装载能力等,由电脑自动安排车辆和装载方式,形成配车计划;在信息系统中输入每一客户点的位置,电脑便会依最短距离找出最便捷的路径。

(5) 改善运货车辆的通信设施。健全的车载通信设施,可以把握车辆及司机的状况、传达道路信息或气象信息、掌握车辆作业状况及装载状况、传递作业指示、传达紧急指令、提高运行效率、保证安全运转。

(6) 均衡配送系统的日配送量。和客户有效沟通,尽可能使客户的配送量均衡化,这样能有效地提高送货效率。为使客户的配送量均衡,通常可以采用对大量订货的客户给予一定的折扣、确定最低订货量、调整交货时间等办法。

实践与思考

7-11 便利店的配送运输作业

7-11 便利店(以下简称7-11)的物流系统模式先后经历了三个阶段三种方式的变革。起初,7-11并没有自己的配送中心,它的货物配送是靠批发商来完成的。如早期日本7-11的供应商都有自己特定的批发商,而且每个批发商一般都只代理一家生产商,这个批发商就是联系物流、信息流和资金流的通道。供应商把自己的产品交给批发商以后,对产品的销售就不再过问,所有的配送和销售都会由批发商来完成。对于7-11而言,批发商就相当于自己的配送中心,它所要做的就是把供应商生产的产品迅速有效地运送到7-11手中。为了自身的发展,批发商需要最大限度地扩大自己的经营,尽力向更多的便利店送货,并且要对整个配送和订货系统作出规划,以满足7-11的需要。

随着7-11规模的不断扩大,这种分散化的由各个批发商分别送货的方式无法满足7-11的需要,7-11开始和批发商及合作生产商构建统一的集约化的配送和进货系统,在这种系统下,7-11改变了以往由多家批发商分别向各个便利店送货的方式,改由一家特定批发商统一管理一定区域内的同类供应商,然后向7-11统一配货,这种方式称为集约化配送。集约化配送有效地降低了批发商的数量，减少了配送环节，为 7-11 节约了物流费用。

配送中心的好处提醒了 7-11，与其让别人掌握自己的经脉，不如自己把握自己的命运。7-11 的物流共同配送系统就这样浮出水面。共同配送中心代替了特定的批发商，分别在不同的区域统一进货、统一配送。配送中心有一个电脑网络配送系统，分别与供应商及 7-11 店铺相连。为了保证不断货，配送中心一般会根据以往的经验保留 4 天左右的库存，同时，中心的电脑系统每天都会定期收到各个店铺发来的库存报告和要货报告，配送中心把这些报告集中分析，最后形成订单，由电脑网络传递给供应商，而供应商则会在预定的时间内向配送中心送货。7-11 配送中心在收到所有货物后，对各个店铺所需的货物分别打包，等待发送。第二天一早，配送车就会从配送中心鱼贯而出，择路向自己配送区域内的 7-11 连锁店送货，整个过程就这样循环往复。

配送中心的优点还在于 7-11 从批发商手上夺回了配送的主动权，7-11 能随时掌握在途商品、库存货物等数据，对供应商的其他信息也能掌握，对于一个零售企业来讲，这些数据是至关重要的。

随着店铺的扩大和商品的增多，7-11 的物流配送越来越复杂，配送时间和配送种类的细分势在必行。以台湾地区的 7-11 为例，全省的物流配送就细分为出版物、常温食品、低温食品和鲜食品四个类别，各个区域的配送中心要根据不同商品的特征和需求量每天进行不同频率的配送，以确保食品的新鲜度，以此来吸引更多的顾客。新鲜、即时、便利和不缺货是 7-11 最大的卖点。

和台湾地区的配送方式一样，日本的 7-11 也是根据食品的保存温度来建立配送体系的，日本 7-11 对食品的分类是：冷冻类（零下 20℃），如冰激凌；微冷类，如面包等。不同类型的食品会用不同的冷藏设备和方法配送，由于冷藏车在上下货时经常开关门，容易引起车厢温度的变化和冷藏食品的变质，7-11 专用一种两仓式货车来送货，这样一个仓中的温度变化不会影响另一个仓，需冷藏的食品就始终能在需要的低温下配送了。

除了配送设备，不同食品对配送时间和频率也有不同的要求。对于有特殊要求的冰激凌，7-11 会绕过配送中心由配送车早、中、晚三次直接从生产商运到店铺；对于一般的食品，7-11 实行的是一日三次的配送制度，早上 3 点到 7 点配送前一天晚上生产的一般食品，早上 8 点到 11 点配送前一天晚上生产的特殊食品如牛奶、新鲜蔬菜等，下午 3 点到 6 点配送当天上午生产的食品，这样一日三次的配送频率在保证了商店不缺货的同时，也保证了食品的新鲜度。为确保各店铺的万无一失，配送中心还有一个特别的制度与一日三次的配送制度相搭配，每个店铺都会碰到一些特殊的情况造成缺货，这时只能向配送中心电话告急，配送中心则会用安全库存对店铺进行紧急配送，如果安全库存也告罄，中心就转而向供应商紧急要货，并且在第一时间送到缺货店铺。

资料来源：根据联商网（www.linkshop.com.cn）有关资料整理得到。

思考题

从 7-11 的配送运输作业方式，我们能得到什么启示？

实习实训

1. 实训目的：使学生能够根据具体运输需求情景进行配送路线设计，形成配送运输设计方案，能够结合运输调度软件进行配送运输车辆运行调度，根据作业流程完成配送运输作业。

2. 实训方式：实际操作及上机模拟软件操作。

3. 实训内容：

（1）进行配送路线设计，形成配送运输设计方案。（2）车辆调度。（3）车辆配装。（4）配送运输作业及管理。

4. 实训条件及组织形式：

（1）在 150 平方米实训室进行，每 6 人一组，每组选一个组长，每人或两人扮演一个角色。

（2）实训室配备电脑及 GPS 软件、打印设备及纸张，纸板、××市地图各 3 张，模具汽车 2 辆，货物若干，手推车 6 台，木托盘 6 个，箱子、胶带若干。

5. 实训步骤：

（1）进行配送路线设计。根据超市布局图，结合××市地图，为几个超市送货设计一票配送运输业务，学生结合课本所学配送路线设计方法分组讨论、设计最佳配送路线，形成配送运输设计方案。

（2）车辆调度。货物准备好以后，要根据配送计划所确定的配送货物数量、特性、客户地址、送货路线、行驶趟次等计划内容，指派车辆与装卸、运送人员，下达配送作业指示和车辆配载方案，安排具体的装车与送货任务，并将发货明细单交给送货人员或司机。

（3）车辆配装。根据不同配送要求，在选择合适的车辆的基础上对车辆进行配装以提高利用率。对特性差异大的货物进行分类，并分别确定不同的运送方式和运输工具；确定哪些货物可配于同一辆车，哪些货物不能配于同一辆车，做好车辆的初步配装工作。

（4）运送。根据配送计划所确定的最优路线，在规定的时间及时准确地将货物送到客户手中，在运送过程中要注意加强运输车辆的考核与管理，可通过 GPS 软件查询运送过程中车辆位置及速度等内容。

（5）送达服务与交割。当货物送达要货地点后，送货人员协助收货单位将货品卸下车，放到指定位置，并与收货人员一起清点货物，做好送货完成确认工作。

（6）费用结算。学生可通过操作运输管理软件模拟费用结算。

6. 考核及评价：

（1）考核分值比例：实际操作 50%，实训报告 30%，团队合作表现 10%，实训表现 10%。

（2）考核形式：教师点评 40%，学生分组互评 30%，学生自评 30%。

项目十三 成本控制作业与绩效评估

项目任务单

一、企业岗位
成本核算员 \ 质量管理员

二、岗位职责
1. 成本核算员岗位职责
（1）明确配送中心所有成本构成项目，并掌握成本计算方法和成本控制方法；
（2）执行财务制度，做好日常的会计核算工作；
（3）依据会计制度和有关的规定记录与收入、成本费用有关的事项；
（4）负责营业收入和利润的明细核算，计算收入、成本费用和利润等；
（5）按期计算应负担的各种税收及其附加，及时缴纳税款；
（6）编制本公司的月度、季度、年度财务报表；
（7）根据公司下达的年度生产经营计划，编制成本费用预算报表，进行成本分析；
（8）在各种预算基础上编制成本控制计划。

2. 质量管理员岗位职责
（1）制定质量管理计划和质量考核、奖惩办法；
（2）深入配送中心作业现场对货物装卸、搬运、堆码等作业质量进行检查、监督、指导，发现不符合有关质量要求和安全生产规定的现象，有权当场提出纠正和制止；
（3）负责财物相符率的检查与考核工作，填制自查、互查考核表，建立质量检查、考核档案；
（4）负责处理货损、货差事故和货物损溢情况；
（5）受理客户提出的有关质量与服务方面的意见和建议，并进行跟踪处理，出具质量事故处理报告；
（6）向主管领导提供质量分析报告和建议，积极配合有关部门和岗位共同改进业务质量。

三、完成成本控制与绩效评价任务所需知识和能力
1. 知识
配送成本的含义、特征、构成，配送成本的影响因素，配送成本核算方法和控制方法，配送成本控制的策略，配送绩效评价的概念及应遵循的基本原则，配送绩效评价的步骤，配送中心绩效评估的内容等。

2. 能力

（1）能正确叙述配送成本的核算方法；

（2）能正确叙述影响配送成本的因素；

（3）能根据具体的配送提出合理的配送成本控制策略；

（4）能掌握配送绩效评价的步骤；

（5）能正确叙述配送中心绩效评估内容，并根据评估内容对配送中心的绩效进行合理的评估和判定。

四、项目教学任务

序号	教学任务	课时
1	任务一：掌握配送成本的概念	
2	任务二：明确配送成本的构成	
3	任务三：掌握配送成本的影响因素	
4	任务四：进行配送成本计算	2
5	任务五：掌握配送成本控制方法	
6	任务六：选择配送成本控制策略	
7	任务七：理解配送绩效评价作业的概念及原则	
8	任务八：明确配送中心绩效评估的内容	2
9	任务九：掌握配送管理绩效考核指标体系	
10	任务十：进行配送绩效评价	

任务情境

☞ 任务一：掌握配送成本的概念

配送成本是指在配送活动的备货、储存、分拣、配货、配装、送货等环节所发生的各项费用的总和，是配送过程中所消耗的各种活劳动和物化劳动的货币表现。

配送费用诸如人工费用、作业消耗、物品损耗、利息支出、管理费用等，将其按一定对象进行汇集就构成了配送成本。配送成本的高低直接关系到配送中心的利润，因此，如何以最少的配送成本"在适当的时间将适当的产品送到适当的地方"，是摆在企业面前的一个重要问题，对配送成本进行控制十分重要。

（一）配送成本与服务水平密切相关

在一定范围内，配送成本与服务水平成正相关，即配送成本越高，服务水平也越高；配送成本越低，服务水平也越低。配送的目的是以尽可能低的配送成本来实现较高的服务水平。配送服务与配送成本之间存在以下关系：

（1）配送服务不变，降低配送成本。如通过合理的车辆配载、合理的配送路线来降低配送成本等。

（2）配送成本不变，提高服务水平。

（3）配送服务水平和成本均提高。

（4）配送成本降低，服务水平提高。如重建配送模式，配送中心直接从供应商采购配送等。

（二）配送成本的隐蔽性

有人把物流成本比做冰山的一角，就是因为物流费用只有一小部分被我们发现，有很多还没有被认识，配送成本中的备货费用、人工费用等，被归入销售费用和管理费用，而没有被归入配送费用，存在隐蔽性。

（三）配送成本的二律背反

二律背反是指同一事物的两个方面处于互相矛盾的关系中，若想较多地达到其中一个方面的目的，必然使另一个方面的目的受到损失。如尽量减少库存节点，从而使配送距离变大，运输费用增大；减少库存，从而增加补货频率，运输次数增加；采用高档包装，费用增大，而破损减少。

（四）专业设备不具有通用性

当设备不具有通用性时，成本会增加。比如在国际运输中采用托盘，如托盘没有采用同一标准，则在运输过程中会很不方便，会增加搬运、装卸、包装等费用。

☞ **任务二：明确配送成本的构成**

配送成本有狭义和广义之分。广义的配送成本指配送中心开展配送业务所发生的各种直接费用和间接费用。根据配送中心的配送流程及配送环节，广义的配送成本实际上包含配送运输费用、分拣费用、配装费用、仓储保管费用、包装费用、流通加工费用及装卸搬运费用等。狭义的配送成本指配送环节特有的主要成本费用，包括配送运输费用、分拣费用、配装费用及流通加工费用等。在计算配送成本时，应该采用广义的配送成本计算方法，即应该计算以下费用：

（1）配送运输费用。主要包括在配送运输过程中发生的车辆费用和营运间接费用。

（2）分拣费用。主要包括在配送分拣过程中发生的分拣人工费用及分拣设备费用。

（3）配装费用。主要包括配装环节发生的材料费用、人工费用等。

（4）流通加工费用。主要包括流通加工环节发生的设备使用费用、折旧费、材料费和人工费用。

（5）仓储保管费用、包装费用和装卸搬运费用等其他费用。仓储保管费用主要包括储运业务费用、仓储费、进出库费、服务费用；包装费用主要包括包装材料费用、包装机械费用、包装技术费用、包装人工费用、包装辅助费用等；装卸搬运费用主要包括人工费用、营运费用、装卸搬运合理损耗费用和其他费用等。

☞ **任务三：掌握配送成本的影响因素**

配送成本是各种作业活动的费用，它的大小与下面的因素有关：

（1）时间。配送时间持续的后果是占用了配送中心，耗用了配送中心的固定成本。这种成本往往表现为机会成本，使得配送中心不能提供其他配送服务获得收入或者在其他配送服务上增加成本。

（2）距离。距离是影响配送运输成本的主要因素。距离越远，意味着运输成本越高，同时造成运输设备增加，送货员增加等。

（3）配送物品的数量和重量。数量和重量的增加虽说会使配送作业量增大，但大批量的作业往往使配送效率提高，配送的数量和重量是委托人获得价格折扣的理由。

（4）货物种类及作业过程。不同种类的货物配送难度不同，对配送作业要求不同，承担的责任也不一样，因而对成本会产生较大的影响。采用原包装配送的成本支出显然要比配装配送要低，因而不同的配送作业过程直接影响配送成本。

（5）外部成本。配送时或许需要使用配送企业以外的资源，比如当地的起吊设备租赁市场具有垄断性，则配送企业就需要租用起吊设备从而增加成本支出。如当地的路桥普遍收费且无管制，则必然使配送成本居高不下。

☞ **任务四：进行配送成本计算**

配送成本的高低直接影响物流活动的成本，进而影响企业的净收入。

配送成本是由各个环节的成本组成。其计算公式如下：

配送成本＝分拣成本＋配装成本＋流通加工成本＋配送运输成本＋其他费用（仓储保管费用、包装费用及装卸搬运费用等）

（一）分拣成本的计算

分拣成本是指分拣机械及人工在完成货物分拣过程中所发生的各项费用之和。

（1）折旧费：分拣设备按规定进行计提的折旧费，根据"固定资产折旧计算表"提取的折旧金额计入成本。

（2）修理费：分拣设备进行保养和修理所发生的工料费用，辅助生产部门对分拣设备进行保养和维修的费用，根据"辅助生产费用计入分拣成本表"分配的分拣成本金额计入成本。

（3）工资及职工福利费：工资是按规定支付给职工的标准工资、奖金与津贴等，职工福利费是按规定的工资总额和提取标准计提的福利费。根据"工资分配汇总表"和"职工福利费计算表"的金额计入分拣成本。

（4）其他费用：不属于以上各项的费用，根据"低值易耗品发出凭证汇总表"中分拣成本另用的金额计入成本。

以上四项是分拣的直接费用。

（5）分拣间接费用。这是指配送分拣管理部门为管理和组织分拣作业，需要由分拣成本分担的各项管理费用和业务费用。

（二）配装成本的计算

配装成本是指在完成配装货物过程中所发生的各种费用之和。

（1）材料费：配装过程中消耗的各种材料，如木材、包装纸、金属、塑料等。根据"材料发出凭证汇总表"、"领料单"及"领料登记表"等初始凭证，将配装过程耗用的金额计入成本。

（2）工资及职工福利费：根据"工资分配汇总表"和"职工福利费计算表"的金额计入配装成本。

（3）辅助材料费用：辅助材料是配装过程中消耗的辅助材料，如标签等。根据"材料发出凭证汇总表"、"领料单"中的金额计入成本。

（4）其他费用：不属于以上各项的费用，如配装职工的劳保用品等，根据"材料发出凭证汇总表"、"低值易耗品发出凭证汇总表"中配装成本另用的金额计入成本。

以上四项是配装的直接费用。

（5）配装间接费用。这是指配送配装管理部门为管理和组织配装作业，需要由配装成本负担的各项管理费用和业务费用。

（三）流通加工成本的计算

流通加工成本是指在配送过程中提供的各种流通加工服务所消耗的材料费、人工费和制造费用。

（1）直接材料费。流通加工的直接材料费是指在流通加工产品过程中直接消耗的材料、辅助材料、包装材料以及燃料和动力等费用。与工业企业相比，流通加工过程中的直接材料费，占流通加工成本的比例不大。直接材料费中，材料和燃料费用数额是根据全部领料凭证汇总编制的"耗用材料汇总表"确定的，外购动力费用是根据有关凭证确定的。

（2）直接人工费。流通加工的直接人工费是指直接进行加工生产的生产工人的工资总额和按工资总额提取的职工福利费。根据"工资分配汇总表"和"职工福利费计算表"的金额计入流通加工成本。

（3）制造费用。制造费用是物流中心的生产加工单位为组织和管理生产加工所发生的各项间接费用。主要包括管理人员的工资及提取的福利费，房屋、建筑物、机器设备等的折旧费和修理费，固定资产租赁费，低值易耗品摊销等。制造费用是通过设置制造费用明细账，按照费用发生的类别来归集的。

（四）配送运输成本的计算

配送运输成本是指配送车辆在完成配送货物过程中，所发生的各种车辆费用和配送间接费用。

车辆费用是指配送车辆从事配送活动所发生的各项费用，包括：

（1）工资及职工福利费：根据"工资分配汇总表"和"职工福利费计算表"中各车型分配的金额计入成本。

（2）燃料费：配送车辆运行所耗用的燃料，如汽油、柴油等费用。根据"燃料发出凭证汇总表"中各车型耗用的燃料金额计入成本。配送车辆在本企业以外的油库加油，应在发生时按照配送车辆领用数量和金额计入成本。

（3）轮胎费：配送车辆耗用的外胎、内胎、垫带的费用支出以及轮胎的翻新费用和修补费。轮胎外胎采用一次摊销法的，根据"轮胎发出凭证汇总表"中各车型领用的金额计入成本；采用按行驶公里提取法的，根据"轮胎摊提费计算表"中各车型应负担的摊提计入成本。发生轮胎翻新费时，根据付款凭证直接计入各车型成本或通过待摊费用分期摊销。内胎、垫带根据"材料发出凭证汇总表"中各车型领用金额计入成本。

（4）修理费：辅助生产部门对配送车辆进行保养和修理的费用，根据"辅助营运费用分配表"中各车型的金额计入成本，如配送车辆进行各级保养和维修所发生的工料费、修复旧件费用和行车耗用的机油费用等。

（5）折旧费：配送车辆按规定计提的折旧费。根据"固定资产折旧计算表"提取的折旧金额计入各分类成本。

（6）养路费及运输管理费：养路费是按规定向公路管理部门缴纳的营运养路费。运输管理费是按规定向运输管理部门缴纳的营运车辆管理费。配送车辆应缴纳的养路费和运输管理费，应在月终计算成本时，编制"配送营运车辆应缴纳养路费及运输管理费计算表"，据此计入配送成本。

（7）车船使用税、行车事故损失和其他费用：车船使用税是企业按规定向税务部门缴纳的营运车辆使用税。行车事故损失是配送车辆在配送过程中，因行车肇事所发生的事故损失。如果通过银行转账、应付票据、现金支付，根据付款凭证等直接计入有关的车辆成本；如果在企业仓库领用材料物资，根据"材料发出凭证汇总表"、"低值易耗品发出凭证汇总表"中各车型领用的金额计入成本。

（8）其他：不属于以上各项的车辆费用，如行车杂支、防滑链条费、中途故障救济费、司机和助手劳动保护用品费、车辆清洗费、冬季预热费、过桥费等。

以上八项是配送运输的直接费用。

（9）配送运输间接费用。这是指配送运输管理部门为管理和组织配送运输业务所发生的各项管理费用和业务费用。包括：管理人员的工资及福利费；配送运输部门为组织运输活动所发生的管理费用及业务费用，如办公费、水电费、差旅费、保险费等；配送运输部门的固定资产的折旧费、修理费；直接用于生产活动，构成营运成本但不能计入成本项目的其他费用。

配送运输成本在配送总成本中所占比重很大，应重点管理与控制。

（五）仓储保管费用、包装费用和装卸搬运费用的计算

广义的配送成本除了上述四个部分外，还包括仓储保管费用、包装费用和装卸搬运费用，这些费用都可以归结为配送成本。

（1）仓储保管费用。主要指配送物资在配送中心储存及保管过程中发生的费用，包括以下内容：

①储运业务费用。主要指货物在储存过程中所消耗的物化劳动和活劳动，如代运费、机修费、验收费、代办费及管理费。

②仓储费。专指物资储存和保管业务所发生的费用。包括仓管人员的工资，物资在保管保养过程中进行防腐和倒垛等的维护保养费，固定资产折旧费，以及低值易耗品的摊

销、修理费、劳动保护费、动力照明费等。

③进出库费。指物资进出库过程中所发生的费用。主要包括进出库过程中验收等工作所开支的工人工资、劳动保护费、固定资产折旧费、修理费、照明费、材料费、燃料费及管理费等。

（2）包装费用。包装起着保护产品、方便储运及促进销售的作用。绝大多数商品只有经过包装，才能进入流通领域。据统计，包装费用占全部流通费用的10%左右，有些包装费用高达50%。配送成本中的包装费用，一般指为了销售或配送方便所进行的再包装的费用。

①包装材料费用。包装材料不同，功能也不同，成本相差也很大。常见的包装材料有木材、纸、金属、自然纤维、合成纤维、玻璃及塑料等。

②包装机械费用。包装机械的使用，不仅可以极大提高包装的劳动生产效率，而且可以大幅度提高包装的水平，它的使用也使得包装费用明显提高。

③包装技术费用。物资在物流过程中可能受到外界不良因素影响，因此物资包装时要采取一定的措施，如缓冲包装技术、防震包装技术、防潮包装技术及防锈包装技术等。这些技术的设计及实施所支出的费用，合称包装技术费用。

④包装辅助费用。除上述包装费用外，还有一些辅助性费用，如包装标记、标志的印刷，拴挂物等费用的支出等。

⑤包装人工费用。主要指包装工人及有关人员的工资、奖金及补贴等费用。

（3）装卸搬运费用。装卸搬运是指在配送中心指定的地点以人力或机械设备装入或卸下物品的动作或过程。装卸搬运费用主要包括以下几个方面：

①人工费用。主要包括工人工资、福利费、奖金、津贴及补贴等。

②营运费用。主要包括固定资产折旧费、维修费、能源消耗费及材料费等。

③装卸搬运合理损耗费用。主要包括装卸搬运过程中发生的货物破损、散失、损耗及混合等费用。

④其他费用。主要指办公费、差旅费、保险费及相关税金等。

☞ **任务五：掌握配送成本控制方法**

进行配送成本核算的最终目的是为了实现对配送成本的控制，一般来说，配送成本的控制应从以下几方面进行：

（一）加强配送的计划性

在配送活动中，临时配送、紧急配送或无计划的随时配送都会大幅度增加配送成本。为了加强配送的计划性，需要建立客户的配送申报制度。在实际工作中，应针对商品的特性，制定不同的配送申请和配送制度。

（二）确定合理的配送路线

确定配送路线的方法很多，既可采用方案评价法，拟订多种方案，以使用的车辆数、司机数、油量、行车的难易度、装卸车的难易度及送货的准时性等作为评价指标，对各个方案进行比较，从中选出最佳方案；又可以采用数学模型，进行定量分析。无论采用何种方法，都必须考虑以下条件：

（1）满足所有客户对商品品种、规格和数量的要求；

（2）满足所有客户对送货时间范围的要求；

（3）在交通管理部门允许通行的时间内送货；

（4）各配送路线的商品量不得超过车辆容积及载重量；

（5）在配送中心现有运力及可支配运力的范围之内配送。

（三）进行合理的车辆配载

各客户所需的商品不相一致。这些商品不仅包装形态、储运性质不一，而且密度差别较大。实行轻重配装，既能使车辆满载，又能充分利用车辆的有效容积，会大大降低运输费用。

（四）量力而行建立计算机管理系统

在物流作业中，分拣、配货要占全部劳动的 60%，而且容易发生差错。如果在拣货配货中运用计算机管理系统，应用条形码技术，就可使拣货快速、准确，配货简单、高效，从而提高生产效率，节省劳动力，降低物流成本。

☞ 任务六：选择配送成本控制策略

对配送成本的控制就是要在满足一定的顾客服务水平的前提下，尽可能地降低配送成本，一般来说，要想在一定的服务水平下使配送成本最小可以考虑以下策略：

（一）混合策略

这种策略的基本思想是：由于产品品种多变、规格不一、销量不等，采用纯策略的配送方式超出一定程度不仅不能取得规模效益，反而还会造成规模不经济。采用混合策略，合理安排企业自身完成的配送和外包给第三方物流完成的配送，能使配送成本最低。

（二）差异化策略

差异化策略的指导思想是：产品特征不同，顾客服务水平也不同。当企业拥有多种产品线时，不能对所有产品都按同一标准的顾客服务水平来配送，而应按产品的特点、销售水平，设置不同的库存、不同的运输方式以及不同的储存地点。

（三）合并策略

合并策略包含两个层次，一是配送方法上的合并；二是共同配送。

（1）配送方法上的合并。企业在安排车辆完成配送任务时，充分利用车辆的容积和载重量，做到满载满装，是降低成本的重要途径。

（2）共同配送。共同配送是一种产权层次上的共享，也称集中协作配送。它是几个企业联合集小量为大量共同利用同一配送设施的配送方式，其标准运作形式是：在中心机构的统一指挥和调度下，各配送主体联合行动，在较大的地域内协调运作，共同对一个或几个客户提供系列化的配送服务。

（四）延迟策略

延迟策略的基本思想就是对产品的外观、形状及其生产、组装、配送应尽可能推迟到接到顾客订单后再确定。一旦接到订单就要快速反应，因此采用延迟策略的一个基本前提是信息传递要非常快。

实施延迟策略常采用两种方式：生产延迟（或称形成延迟）和物流延迟（或称时间延迟），而配送中往往存在着加工活动，所以实施配送延迟策略既可采用形成延迟方式，也可采用时间延迟方式。具体操作时，常常发生在诸如贴标签（形成延迟）、包装（形成延迟）、配装（形成延迟）和发送（时间延迟）等领域。

（五）标准化策略

标准化策略就是尽量减少因品种多变而导致的附加配送成本，尽可能多地采用标准零部件、模块化产品。采用标准化策略要求从产品设计开始就要站在消费者的立场去考虑怎样节省配送成本。

☞ **任务七：理解配送绩效评价作业的概念及原则**

所谓绩效，是指为了实现经营的整体目标及部门的工作目标而必须达到的经营成果。配送绩效是指在一定经营期间物流配送的运行效率和取得的财务效益等经营成果。

配送绩效分析与评价就是运用科学、规范的评价方法，对企业一定经营时期的配送活动的经营业绩和效率进行定量及定性对比分析，获取有关任务完成水平、取得效益、付出代价的信息，进而在管理活动中利用这些信息不断控制和修正工作的一个持续的动态管理过程。就像医生利用各种器械设备检查诊断病患者，找出病因对症下药一样，利用各种指标公式进行计算，对企业的配送活动进行绩效分析与评价，其目的也是要了解企业配送系统的实际运行状况，突显不足和薄弱环节，以便实现经营合理化的目标，进而提高企业的经营能力，增加企业的整体效益。

企业配送绩效评价应遵循以下基本原则：

（1）客观公正的评价原则。企业配送绩效评价必须采用科学的方法和手段，坚持定量与定性相结合、静态与动态相结合，建立科学、适用的评价指标体系及标准，避免主观臆断。以客观的立场评价优劣，公平的态度评价得失，合理的方法评价业绩，严密的计算评价效益。

（2）全面系统的评价原则。企业配送绩效评价的主要对象虽然是配送活动的经营成果，但配送活动的经营成果的形成涉及企业经营活动的全过程，是一个复杂的系统活动。因此，企业配送绩效分析，要将经营结果与经营过程、内部系统与外部系统相结合进行分析，多方收集信息，实行多层次、多渠道、全方位评价。

（3）经常化、制度化的评价原则。绩效评价是对现有能力、效率与效益的评价，也是对未来经营结果的一种预测。因此，对企业配送绩效的评价必须在制定科学合理的绩效评价制度的基础上，将正式评价与非正式评价相结合，形成经常化、制度化的绩效评价，才能充分了解配送系统的现实能力和潜能，才能发现组织中存在的问题，从而在改进中实施修正的管理。

（4）反馈与修改的评价原则。绩效评价的结果必须及时进行反馈，将反馈的两种结果区分开来，即把正确的行为、程序、步骤、措施坚持下去，发扬光大；不足之处，必须加以纠正和弥补。

（5）目标与激励的评价原则。对企业配送绩效的管理可以采用目标管理的方法，通过目标与激励相结合来有效实现绩效评价体系的设计目标。

☞ **任务八：明确配送中心绩效评估的内容**

配送中心绩效评估的内容分为内部和外部两个部分。

（一）配送中心的内部绩效评估

配送中心内部绩效评估是指对配送中心内部物流绩效进行评价，主要是将现在的物流作业结果与以前的作业结果或本期的作业目标进行比较。例如，运送错误率可以与上一期的实绩比较，也可以与本期的目标比较。内部绩效评估的数据比较容易收集，所以大多数配送中心会进行内部绩效评估。评估的内容一般包括以下几个方面：成本、顾客服务、生产率、资产管理和质量。具体内容如表 13-1 所示。

表 13-1　　　　　　　　　　配送中心内部绩效评估的内容

成本	顾客服务	生产率	资产管理	质量
总成本分析 单位成本 配装费用 仓储费用 采购费用 配送运输费用 行政管理费用 分拣费用 劳动力成本 实绩与预算的比较 成本趋势分析	填写单据速度 是否有现货 运送错误 及时发送 订货完成时间 顾客反馈 销售部门反馈 顾客调查	每个雇员发送的单位与以往的数据对比目标实现的情况生产率指标	存货周转率 库存成本 存货水平 过时存货 投资报酬率 净资产收益率	损坏频率 损坏金额 顾客退货数 退货费用

（二）配送中心的外部绩效评价

外部绩效评价是从外部，从顾客、从优秀企业的角度对配送中心进行绩效评价。一般采用的评价方法有两个：一是由顾客进行评价，通过问卷调查、顾客座谈会等与顾客的直接交流来获取有关评价信息；二是最佳实施基准，即选择模拟的或者实际的"标杆"进行对比性评价。进行外部评价时，有些指标的考核可以用定量描述，而有一些只能定性描述，所以需要采用定量和定性相结合的方法进行评价。

1. 客户满意度

客户满意度是对企业所能提供的总的客户满意度能力的衡量，可以通过产品的可用性、信息的可用性、问题的解决和产品支持、按期发货的比例等指标进行评价。

2. 最佳实施基准

基准是企业运行管理的基本准则或基础的标准。确定基准是目前经营管理中普遍采用的技术。它是识别最佳实践和修正实际知识以获得卓越绩效的系统程序。越来越多的厂商通过将自己的运作和竞争对手或顶尖厂商进行比较来确定基准。确定基准的关键领域有资产管理、成本、客户服务、生产率、质量、战略、技术、运输、仓储、订货处理等。

基准法（或标杆法）就是建立在过程概念之下，通过对先进的组织或者企业进行对比分析，了解竞争对手的长处和具体的行事方式，在此基础上，对比自己的行事方式，然后制定有效的赶超对策来改进自己的产品服务以及系统的一种有效的改进方式或改进活动。标杆法的运用对于企业不断提高物流管理水平和配送效率，使其成为企业的"第三利润源泉"具有重要意义。

☞ 任务九：掌握配送管理绩效考核指标体系

对配送进行绩效评估是配送管理的重要组成部分，也是改进配送服务的必要手段。对配送管理绩效进行评估可以从配送前、配送中、配送后配送质量指标以及车辆绩效评估几个方面进行。

（一）配送质量评估

1. 配送前的绩效考核指标

配送前的绩效考核主要是指对配送中心内部绩效进行评估。

（1）进出货作业评估指标：

①进出货作业空间利用效率指标。该指标主要考核进出货站台的利用情况和利用效果。

$$站台使用率 = \frac{进出货车次装卸货停留总时间}{（站台泊位数×工作天数×每天工作时数）}$$

若配送中心采用进出货站台分开：

$$进货站台使用率 = \frac{进货车次装卸货停留总时间}{（站台泊位数×工作天数×每天工作时数）}$$

$$出货站台使用率 = \frac{出货车次装卸货停留总时间}{（站台泊位数×工作天数×每天工作时数）}$$

$$站台高峰率 = （高峰车数/站台泊位数）×100\%$$

上述指标都是正指标，指标数值越大，说明站台使用效率越高，但进出货站台使用率指标偏高，同时也反映了站台使用的紧张状况，可能存在现有站台泊位数量不足、作业会发生拥挤和阻塞现象，造成进出货作业效率下降。

②进出货人员作业效率指标。该指标主要考核进出货作业人员的作业效率。

　　每人每小时处理进货量 = 进货量/（进货人员数×每日出货时间×工作天数）

　　每人每小时处理出货量 = 出货量/（出货人员数×每日出货时间×工作天数）

若共用进出货作业人员，则：

$$每人每小时处理进出货总量 = \frac{进出货总量}{（进出货人员总数×每日进出货总时间×工作天数）}$$

③平均收发货时间：

　　　　　平均收发货时间 = 收发货总时间/收发货总数量

④货物及时验收率：

　　　　　货物及时验收率 = 期内及时验收货物笔数/期内收货总笔数

该指标反映了配送中心按照规定时间时限执行货物验收的情况。

（2）储存作业评估指标：

①反映储存效果的绩效指标。它是反映仓库容量、能力及货物储存数量的指标。

期间货物吞吐量＝期间货物总进库量＋期间货物总出库量－期间货物直拨量

②反映储存效率的绩效指标。主要包括仓库利用率、仓库生产效率和货物周转速度指标。

$$仓库面积利用率＝（仓库有效堆存面积/仓库总面积）×100\%$$

$$仓容利用率＝（平均库存量/仓库总容量）×100\%$$

$$货物年周转次数＝全年货物出库总量/全年货物平均储存量$$

$$货物周转天数＝360/货物年周转次数$$

③反映储存作业质量绩效的指标。这类指标可以全面反映储存工作质量、货品损耗情况、费用高低和仓储经济效益。主要包括账物差错率、货物损耗率、平均保管损失率。

$$账物差错率＝（账物相符笔数/储存货物总笔数）×100\%$$

或 $$账物差错率＝（账物相符总数量/储存货物总数量）×100\%$$

$$货物损耗率＝（货物损耗金额/货物储存总金额）×100\%$$

$$平均保管损失率＝保管损失金额/货物平均储存金额$$

（3）理货作业评估指标：

①反映库存运用水平的效率指标，包括平均库存水平、库存周转率。其中库存周转率是考核配送中心货品库存量是否适当和经营绩效的重要指标。周转率越高，库存周转期越短，表示用较少的库存可完成同样的工作，使库存占用的资金减少。

$$月平均库存量＝（报告月初库存量＋报告期月末库存量）/2$$

$$年平均库存量＝报告期月平均库存量累计总和/12$$

$$库存周转率＝（报告期月出库量/日平均库存量）×100\%$$

或 $$库存周转率＝（报告期月营业额/日平均库存金额）×100\%$$

②反映库存服务水平的效率指标。主要包括缺货率、短缺率。这两个指标都是用来衡量服务水平的指标，表明配送中心服务水平的高低，也是反映存货控制决策是否合理、是否应该调整订购点及订货量的基准。

$$缺货率＝接单缺货数量/出货量$$

$$短缺率＝（出货短缺数量/出货量）×100\%$$

③反映库存管理水平的效率指标。主要包括呆废料率、存货管理费率。呆废料率是用来测定配送中心库存呆废料造成资金积压状况的指标，存货管理费率是衡量配送中心每单位存货的库存管理费用的一个相对指标。

$$呆废料率＝（呆废货品件数/平均库存量）×100\%$$

或 $$呆废料率＝（呆废货品金额/平均库存金额）×100\%$$

$$存货管理费率＝库存管理费/平均库存量$$

（4）订单处理评估指标：

①反映订单处理效率的绩效指标。主要包括日均处理订单数、平均订单处理时间、紧急订单响应率指标。这些指标都是正指标，日均处理订单数反映了配送中心订单处理的能

力，平均订单处理时间反映订单处理的效率和订单处理流程的合理性，紧急订单响应率反映了配送中心对紧急订单的快速反应能力和处理能力。

$$日均处理订单数 = 受理订单总数量 / 工作天数$$

$$平均订单处理时间 = 工作时间（小时）/ 工作时间内处理订单数$$

$$紧急订单响应率 = （未超过 12 小时出货订单数 / 受理订单总数）×100\%$$

②反映订单处理质量的绩效指标。主要包括订单延迟率、交货延迟率。这两个指标从延迟交货订单数量和延迟交货量两个方面反映了配送中心订单处理的质量，指标值偏大说明配送中心作业流程中存在作业瓶颈，作业环节间的衔接和相互支持存在问题，应找出作业流程中的关键环节，控制关键作业环节的作业效率。另外，对重点客户要严格控制定单延迟率，减少重点客户的延迟交货次数。

$$订单延迟率 = （延迟交货订单数 / 受理订单总数）×100\%$$

$$交货延迟率 = （延迟交货量 / 出库量）×100\%$$

③反映订单处理效果的绩效指标。包括订单平均订货数量、订单平均订货金额。这两个指标从数量和金额方面反映了配送中心订单处理的效果，结合日均处理订单数指标，可以反映配送中心订单处理的经济效果。如果日均处理订单数较低，而订单平均订货数量或金额较高，则说明订货批量和价值较高商品订货较多，经济效果较好；反之，日均处理订单数较多而订单平均数量或金额较少，则说明出货商品零散，整批出货较少，不利于配送中心提高作业效率，也不利于提升配送经济效果。

$$订单平均订货数量 = 出货总量 / 处理订单数$$

$$订单平均订货金额 = 出货商品总金额 / 处理订单数$$

2. 配送中的绩效考核指标

配送中的绩效考核指标涉及集货延误率、配送延误率等多个指标，如表 13-2 所示。

表 13-2 　　　　　　　　　　　　　　　配送中的评估指标

序号	指标名称	指标定义
1	集货延误率	未按合同约定时间到达指定集货地点
2	配送延误率	未按合同约定时间到达指定配送地点
3	货物破损率	在集货、城间配送、市内配送及仓管中的货物破损率
4	在途货物破损率	在城间配送、市内配送中的总破损率，以票数计
5	货物差错率	在发货过程中，错发、少发的货物占总货物的比率
6	货物丢失率	在配送过程中货物丢失的比率
7	签收率	城间配送、市内配送单据签收的比率
8	签收单返回率	城间配送、市内配送签收单的返回比率
9	信息准确率	各个部门的信息能够准确地反映客观事实
10	城间配送稳定性	将延误率、货损率、货差率等指标汇总，考评某一条线路在一定时间内的稳定性

3. 配送后的绩效考核指标

配送后的绩效考核指标涉及通知及时率、投诉预警率、客户满意率、索赔赔偿率等，如表 13-3 所示。

表 13-3　　　　　　　　　　　　配送后的评估指标

序号	指标名称	指标定义
1	通知及时率	将到货信息、货损信息、延误信息及时通知客户的比率
2	投诉预警率	在物流各环节，发生问题前给客户满意答复的比率
3	客户满意率	客户及收货方对配送公司整体满意的比率
4	索赔赔偿率	客户索赔得到赔偿的比率

（二）车辆绩效评估

车辆绩效评估指标主要有：车辆周转率、车辆装载率、车辆耗油率、轮胎耗用率、人员贡献率、平均车次收入、平均行车每公里收入。

☞ **任务十：进行配送绩效评价**

企业配送绩效评价是一项复杂的工作，必须按照评价规则有计划、有组织、按步骤进行，这样才能保证绩效评价工作顺利进行并取得客观准确的评价结论。配送绩效评价的基本步骤如图 13-1 所示。

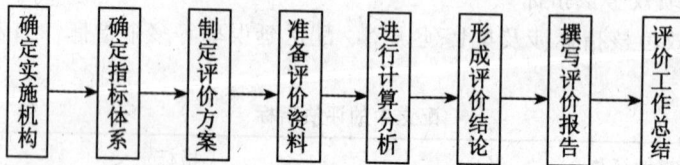

图 13-1　绩效评价步骤流程图

（1）确定实施机构。企业配送绩效评价工作涉及面广，工作量大，要求高，因此在评价过程中，为了得出客观公正准确的结果，往往需要成立评价实施机构。通常有两种方法：一是由评价组织机构直接组织实施评价，评价组织机构负责成立评价工作组，选聘有关专家组成专家咨询组。二是委托社会中介机构实施评价，先选择中介机构并签订评价委托书，然后由中介机构成立评价工作组和专家咨询组。无论是谁来组织实施评价，对工作组和专家咨询的任务与要求都应该明确。

（2）确定评价指标体系。确定评价指标体系是配送绩效评价工作的基础，评价方案的制定、材料的收集整理与计算分析都是围绕着指标体系进行的。对配送活动的成效进行度量与分析，从而判断工作的存在价值，形成客观准确的评价结论，首先必须做的就是确定配送作业绩效评价标准。评价标准一般包括客户服务水平、配送成本、配送效率和配送质量等 4 个方面的指标体系。

（3）制定评价方案。企业配送绩效的评价方案是由评价工作组制定的工作安排，内容包括：评价对象、评价目的、评价依据、评价项目负责人、评价工作人员、时间安排、评价方法与标准、准备评价资料及有关工作要求等。评价方案经评价组织机构批准后开始组织实施，并送专家咨询。

（4）准备评价资料。根据评价方案的要求及评分的需要收集、核实与整理基础资料和数据，包括评价方法、连续三年的会计决算报表，以及有关统计数据和定性评价的基础资料，制作各种调查表，分发给调查对象，并提出填写要求，然后及时收回，并对数据进行分类、登记。

（5）进行计算分析。计算分析是评价过程的关键步骤，企业配送绩效主要是通过一系列指标反映出来的，因此，应根据企业配送绩效评价的指标体系计算出相应的指标值，然后对指标值进行综合分析评价，并形成综合评价结果。

（6）形成评价结论。将企业配送绩效的综合评价结果与同行业规模相当的企业的配送绩效进行比较分析，也可以与企业自身的历史的综合评价结果进行比较分析，或者选择行业内先进的组织或企业为标杆进行对比分析。通过对企业配送绩效进行深入细致的分析判断，形成综合评价结论，并听取企业有关方面负责人的意见，进行适当的修正和调整，使评价结论能更客观、准确和全面地反映企业配送活动的实际情况。

（7）撰写评价报告。评价结论形成以后，评价工作人员要按照格式要求撰写《企业配送绩效评价报告》。评价报告的主要内容包括：评价结果、评价分析、评价结论及相关附件等，送专家咨询组征求意见。完成报告后经评价项目主持人签字，报送评价组织机构审核认定，如果是委托中介机构进行评价需加盖中介机构单位公章，方能生效。

（8）评价工作总结。评价项目完成后，工作组应进行工作总结，将评价工作背景、时间地点、基本情况、评价结果、工作中的问题及措施、工作建议等形成书面材料，建立评价工作档案，同时报送企业备案。

实践与思考

广东 A 公司成本控制问题的改进措施

广东 A 公司从 2004 年就提出"从管理环节里寻找利润、从成本效益提升中挖掘利润"，要求各单位将成本管理理念贯穿于企业运作的整个过程，而这对"固定成本杠杆效应"和"成本效益影响力"显著的仓码业务尤为重要。2007 年 1—9 月仓码业务收入仅占 A 公司收入的 20%，而利润却占 A 公司利润的 78%，是保证 A 公司利润的支柱板块。该公司成本控制取得较好成效，得益于从成本动因和作业细节管理开始，提升成本效益。以仓码板块为例，该公司从结构优化、新技术利用、生产流程优化、资源利用效率等方面控制成本、提升效益。

1. 改进组织架构设置，突显结构效益

从成本动因来讲，企业的管理成本、沟通成本、人力资源和办公资源配置成本，与它的组织架构设置有很大关系。一般而言，完整的组织架构包括操作部门、营销部门和管理部门，资源投入呈梯形分布。对于仓码单位，操作部门无疑是资源投入最大、与作业流程最密切的部门，进行部门设置时应充分考虑作业流程衔接以及所需的资源调配权。随着业务流程标准化和 V3.8 仓码系统的推广实施，各仓码单位的作业流程已大致相同，而操作部门设置有两种不同的模式：

模式一：操作部门设置简明清晰，由商务部（或称客服/文件中心）和操作中心统管操作流程。采用这种模式的包括黄埔仓码公司、东江仓码公司和江门仓码公司等单位。2004 年，黄埔仓码公司和东江仓码公司以业务为中心，逐步实施功能化组合，将原来分散在不同部门的计划、船舶调度、机械调度、集装箱管理等功能集中在操作中心，集中生产要素，缩短管理链条和沟通环节，从而形成生产合力，提高作业效率。

模式二：功能定位精细化，除商务部（或称客服/文件中心）外，操作按作业流程细分为操作中心（计划控制）、理货箱管部、操作部、仓储部等不同部门。

同一作业流程，切割出的部门越多，功能定位越精细化，这种模式有利于激发各部门形成更专业、细致的操作流程和规则，培养管理人才梯队。不足之处是作业信息流在部门间的衔接点增加，信息链条和管理链条变长，因而所需的管理控制点和沟通协调成本相应增加；为确保各部门功能完整，人力资源和办公资源需求也相应增加。

"管理没有绝对的正确与错误"，组织架构并非越精简越好或越精细越好，而是各有利弊。在公司发展的不同阶段，应评估选择不同的、合适的组织架构模式；此外，应保持发展的眼光，持续分析、完善公司组织架构。

2. 信息系统和新技术应用对成本效益的影响

近年来，A 公司持续改进仓码板块信息系统和技术，引入 V3.8 系统、E-MIS 系统、电子闸口、自动吊具等，但信息系统和新技术投入使用，不等于马上提高生产效率和成本效益，系统还需要人来开发运用。

实践中，该公司发现同样的系统资源，不同的单位应用的程度不同，或者与作业流程、内部结构优化的相互配合、相互促进程度不同，则发挥的效用有很大差异。

（1）V3.8 系统接收舱单信息的应用技术差异。为便于与外界信息的对接，信息系统大多预留了必要的信息输入/输出接口。在开始仓码装卸船作业前，仓码 V3.8 系统首先接收的是船舶舱单信息。目前几个仓码单位有不同的接收模式：

模式一：与船公司沟通协调，要求船公司舱单信息以 TXT 文档格式发送电子邮件至 A 公司，直接导入 V3.8 系统。模式二：与船公司业务系统对接，接收舱单信息，或开放端口由船公司驻点人员直接输入舱单信息。模式三：根据船公司的舱单信息，由文件中心专门人员录入到 V3.8 系统。

这三种不同的模式的操作成本和人力需求自然不同。可见，对同一系统的具体应用还有很大潜力，A 公司可以积极与外部机构沟通、协调，从系统和技术应用中挖掘更多有利于提升成本效益的方法。

（2）通过技术改造和新技术应用，突破吞吐瓶颈。作一个比较形象的比喻，码头的生产能力主要取决于"口+喉咙+肚子"。"口"反映码头装卸船和闸口车流量的能力，"喉咙"反映码头前沿堆场周转的能力，"肚子"反映后方堆场/仓库存储、操作的能力。从目前几个仓码的情况来看，存在一部分资源投入后得到提升，但受限于另一部分资源而未能发挥协同效益的情况。其中，"口"的限制是最常见的。

①码头装卸船的能力。2006年新收购的佛山仓码公司，受岸线资源制约，加上原有设备比较老旧，机械操作人员熟练度不高，岸吊装卸效率每小时仅约10个自然柜，市场上有货量但难以充分接收、消化。在岸线资源非常有限的情况下，提高岸边作业效率是突破吞吐瓶颈的关键，一方面可以通过机械改造或优化，另一方面培养或外聘熟练的技术人员，最大限度地减少船舶候港、装卸时间。东江仓码等仓码单位，将旧门座机人力挂钩改造为电子自动吊具后，装卸效率提升到每小时20～30个自然柜，每柜节省1分钟的操作时间，作业效率约提升30%，而且节约了人力挂钩成本，加强了作业安全。可见，技术应用不一样，作业效率大有不同。

②闸口车流量的能力。比较理想的闸口设置是进出车辆分流、行政车辆和操作车辆分流。但A公司大部分码头没有这样的资源条件，只能依靠先进技术提升闸口通过能力。东江仓码2006年9月投入200多万元对原有闸口实施改造，建成现用的大门闸口与集装箱号、车牌号采集系统，每套设备都有专属的计算机终端连接到公司的中心服务器，与V3.8系统进行对接，使集装箱、堆场等信息迅速传输到码头各环节，加强了各部门各环节间的配合。出入口处安装的地磅，可以利用车辆交接单的空隙完成过磅工作，前方指示屏幕能方便司机查看堆位。闸口改造后，运输车辆进出闸时间由原来约2分钟/车大幅缩短为约1分钟/车。随着拖车司机对闸口操作的进一步熟悉，效率有望提高到30秒/车。

可见，通过分析瓶颈在哪里，找到突破口，将信息系统和新技术运用好、运用到位，提升作业效率、提升效益还是有空间的。

（3）挖掘信息系统隐藏的功能，为优化流程、分析决策提供数据支持。仓码各个环节的操作人员在V3.8系统中记录了所负责的信息，信息衔接后形成整个作业流程，积累成一个很有价值的、庞大的信息库。例如，无功作业翻箱率这个数据是A公司安排堆位计划、进行作业效率分析需要的非常重要的信息，而此前没有很好的渠道取得它。中山分公司操作中心利用V3.8系统找到了统计方法：V3.8系统中记录了每一项移箱动作（目标是移动哪一个箱，中间牵动了多少个无功的翻箱动作），通过系统信息输出、加工就可以得出无功翻箱率，而不需要在堆场旁人工抽样统计。

可见，不能仅满足于用系统处理作业，更要从细节中发现系统隐藏的功能，有意识地积累有分析价值的信息，总结形成规律，指导实践，从而提升计划的科学性和企业的成本效益。

3. 优化作业流程，从作业链中挖掘成本效益

2005年，各仓码公司全面对作业流程进行优化改造，特别是V3.8系统增加了计划作业环节，加上视频监控系统的应用，改变了过去的随机作业和现场计划控制模式。

目前几个仓码单位的总体作业流程大致相同，装/卸船、重出吉回/不回、吉出重回或陆运重进等都有相对标准化的作业流程，对泊位安排、堆位计划、机械计划等逐步形成了一些规律，有的还将规律输入V3.8系统来自动安排。

实际工作中，上述作业流程还可以细分为许多作业细节，部分仓码单位结合工作经验提炼规律、持续改进，因而作业细节体现出不同的亮点：

（1）加强和客户、船公司的沟通，在提箱时尽量安排提取翻箱量少的箱号；对即将

装船的箱做好堆位安排，减少移箱、翻箱动作。比如江门仓码公司的进口吉柜卸船环节，通过与客户、船公司的沟通，尽可能岸吊上拖车，直接离场到工厂装货，减少了"场内拖车—吉柜入堆—机械作业上外拖车"的作业环节，降低堆场和机械压力。例如，江门仓码公司的进口吉柜量约占总吞吐量的35%，每年8~9万TEU，如果50%的进口吉柜可以采用该流程，则可以节约大量机械操作、场内拖车成本和堆场资源。

（2）紧密衔接内部作业流程，缩短信息流。如中山分公司龙门吊上设置V3.8系统终端，龙门吊操作手作业后直接核销集装箱堆位，与其他仓码单位相比，减少了操作对讲机反馈到操作中心核销堆位的环节，也提高准确率。

（3）对质量高、信誉好的大客户或拖车公司，通过特定的单证流转和信息传递方法来加快作业效率。如东江仓码公司对大客户南青的卸船重箱，除"中转柜"、"CFS"和"两港驳运"外，其他重箱凭南青提供的卸船清单，按提单号直接办理"重出吉回"，费用由南青托收。业务完成的提货单，全交由南青统一发放给客户和司机。这种操作流程一方面减少了排队办单的时间和车辆进场后的作业环节，提高作业效率；另一方面也有利于舒缓码头区内外的交通压力，减少公司承担的货物提货风险，值得借鉴。

这些仅仅是作业流程细节的一些改进，但对资源使用效率、成本效益、服务质量影响深远。对于其他板块，同样可以细分为很多的物流作业环节，只要以成本管理为主线进行细致梳理和总结，减少重复操作环节，为每一项操作提供精确的作业标准，同样可以帮助企业合理控制成本、提升服务质量和运营效益。

4. 合理计划资源调配，提升资源运用效益

对于码头来说，岸线资源、堆场资源、机械资源都是非常珍贵的，资源新增投入会提高码头固定成本水平，打破成本平衡点。因此，A公司可考虑如何提高现有资源的运用效益。

（1）泊位计划。作业高峰期，泊位资源非常紧缺，需要对船舶靠泊的先后顺序作出计划。在时间管理上有一个原则："重要且紧急"的事情优先，后面依次为"不重要但紧急"、"重要不紧急"、"不重要且不紧急"的事情。这个原则同样可以应用在作业计划中。中山广运结合实践经验，总结出在卸船作业高峰期，不同船公司、不同货类船舶的泊位安排规律，如首先保证固定航班船靠泊，优先安排货值较大、检验要求高、周转较快的五金船类等。

（2）堆场计划。目前，各仓码单位都结合各自情况形成了堆场规划、堆位安排规则，按进出口、柜类（如重吉柜、危险柜、冷冻柜等）、机械覆盖情况来划分堆位，使得场地、机械、操作手资源利用更充分。东江仓码公司结合大客户比重较大、船期较为稳定的特征，还按船公司、船期或堆存期来安排堆位，减少翻箱率。黄埔仓码公司通过调研分析，总结出各船公司吉箱周转天数规律，结合吉箱周转天数、自有堆场资源和二线堆场操作单位成本进行合理调度，也是提高资源运用效益的好方法。

（3）错峰作业。由于A公司码头在珠三角水陆航运中所处的位置，以及内外贸结构、客户结构、货类结构、到出口地接驳大船等因素，码头在一周内、一天内形成相对固定的作业高峰期。如一周内，中山周三至周五是作业高峰期，江门周一、周五作业量比较多，周四散货拼箱作业量比较多；在一天内，进口金属柜船、废纸船往往集中在每天早上靠

泊，以便海关查验、报关离场，拖车装柜离场一般在下午，这样就形成了高峰期和相对空闲的时段。A公司可以考虑错峰作业，并开拓、引入相对空闲时段的业务，以平衡机械运作、提高资源使用率。

中山分公司对第二天准备出口的集装箱，利用作业相对空闲的时段，从后方堆场提前移到码头前沿堆场（岸吊旁），该操作可缓解高峰期的资源压力，提高机械使用率，而作业环节增加了卸车操作，相应增加机械作业成本。因此，在错峰作业安排时，还要进一步考虑作业效率和成本效益的关系。

5. 单机成本效益核算和技术应用

机械成本是各仓码公司的关键成本因素，单机产值与能耗直接影响企业的收益。江门仓码公司早在2005年前已引入单机系统，积累单机成本和作业数据。A公司在此基础上，设计出单机核算表格，见表13-4。

表13-4

设备情况			设备直接耗费							设备人力成本			设备作业成本	单位作业平均成本
类型	名称	购买时间	设备作业量	折旧费	维修费	燃料费	润滑油费	用电费用	其他分摊	小计	操作	维修	管理	

这样，从单机成本入手，逐步积累数据，分析异动情况，制定单机的标准能耗，在单机成本数据采集和应用中，还可考虑以下思路：

(1) 利用系统信息，提高单机成本核算效率。在现阶段，A公司可以借助V3.8系统、E-MIS系统、BIS系统功能，改变手工统计单机能耗的现状，提高效率。如表13-5中的单机核算信息，大部分可在E-MIS系统采集、导出。由于目前对系统的应用还不充分，有的信息更新不及时，有的还未改变手工记录的习惯，影响了系统数据的完整性和有效性。好的系统还有赖于公司规范、应用，才能发挥更大的效益。

(2) 加强作业记录，辅助统计、分析、评价。中山分公司优化装卸船作业记录表、龙门吊工作表等辅助工具，对每台岸吊/龙门吊及其操作手的作业进行有效统计，得到单船单机效率、能耗的现状，有助于提高效率。

(3) 结合单机成本效益信息，为日后机械选购、分析评价提供依据。目前码头修理维护费用主要在吊具、钢丝绳、电缆、轮胎等方面，而这些修理维护费用与设备本身有很大关联。同类的门座机，采用电缆供电还是采用集电器供电，在维修费用方面就有很大差异：电缆价格高（约800元/米），易遭盗窃，监管成本高，而且损坏时很难修补，如置换则花费数万元；而集电器只需1000多元/个，一般使用寿命1~2年，相关维修费用可大大节约。因此，各单位在机械选择时应充分考虑对日后维修保养成本、操作成本的影响。

A公司层面可以更好地整合、提炼各仓码机械信息,一方面分析各单位同类机械应用的不同情况及其原因,提出改进措施,帮助各单位提高机械使用效益;另一方面积累不同机械的能耗信息,为日后机械选购提供依据。

6. 完善宣传、考评和激励机制,促进全员成本管理

成本控制不仅是财务部门和操作部门的事情,而且需要各个部门甚至外界机构的协调和努力。

在企业内部,成本管理理念需要加以宣传、推广,还需要分析、考评和激励等管理机制的配合。近年来,仓码单位全员成本管理意识有所增强,例如在作业安排和操作时,操作管理人员会考虑到成本因素,主动提出标杆成本、操作可行性分析等信息需求。

外部机构对该公司的成本管理也有很大的影响力,如船公司、供应商、海关联检等单位。该公司很难对外部机构实施监控,但可以从"双赢"的角度寻找方法,如提供优惠政策、利用社会影响力等,引导外部机构配合该公司的成本管理工作。例如给予适当的优惠鼓励客户重出重回,减少吉进、卸柜、堆存、装柜、吉出一系列环节,从而减轻堆场、闸口压力以及装卸成本。

"众人拾柴火焰高",调动每个机构、每个人的积极性,提升成本效益就有更多的可能性。

资料来源:麦丽娜:《从仓码作业细节和成本动因开始,探讨成本管理效益》,《新外运》电子期刊第48期。

思考题

1. 有人说,要有效进行成本控制,应该通过标准成本管理,请分析如何建立标准成本。

2. 如何解决一体化产品的成本计算、利润分配的问题?

3. 如何准确核算每一项业务的标准成本,为客户制定跨板块的、具备成本优势的物流解决方案?

实习实训

1. 实训目的:使学生掌握成本控制方法和绩效评价方法。

2. 实训方式:对模拟企业进行成本核算和绩效评价。

3. 实训内容:

(1) 核算配送成本;(2) 对不同的物流企业进行评价,并形成价值判断。

4. 实训条件及组织形式:

(1) 在100平方米实训室进行,每6人一组,每组选一个组长,各组成员协调分工,查找相关资料。

(2) 配备纸、笔、计算器等工具。

5. 实训步骤:

（1）虚拟几家物流企业，设定这几家企业的财务状况；或者找几家实际的物流企业，尽可能地取得其相关的财务数据，核算其配送成本。

（2）建立评价的参照系统，确定评价主体、评价指标、评价标准和评价方法。

（3）根据以上的标准，对这几家物流企业的各指标打分。

（4）计算分值，找出与目标值最接近的物流企业。

6．考核及评价：

（1）考核分值比例：实际操作50%，实训报告30%，团队合作表现10%，实训表现10%。

（2）考核形式：教师点评40%，学生分组互评30%，学生自评30%。

参 考 文 献

1. 杜文. 物流运输与配送管理. 北京：机械工业出版社，2006.
2. 石佐生. 配送管理. 北京：冶金工业出版社，2010.
3. 朱文涛. 仓储与配送管理. 北京：冶金工业出版社，2010.
4. 王登清. 仓储与配送管理. 北京：北京大学出版社，2009.
5. 杨爱明，李述容. 配送管理实务. 大连：大连理工大学出版社，2009.
6. 黄安心. 配送中心动作与管理实务. 武汉：华中科技大学出版社，2009.
7. 胡国良. 仓储与配送管理实务. 北京：清华大学出版社，2008.
8. 王妮娜. 仓储与配送中心管理实务. 济南：山东科学技术出版社，2008.
9. 郭曙光. 仓储与配送管理实务. 北京：北京大学出版社，2008.
10. 吴斌. 配送管理实务. 北京：科学出版社，2007.
11. 郑克俊，朱海鹏等. 仓储与配送管理. 北京：科学出版社，2005.
12. 刘华. 现代物流管理与实务. 北京：清华大学出版社，2004.
13. 刘娜，许杨等. 物流配送. 北京：对外经济贸易大学出版社，2004.
14. 刘志强，丁鹏等. 物流配送系统设计. 北京：清华大学出版社，2004.
15. 李永生，郑文岭等. 仓储与配送管理. 北京：机械工业出版社，2004.
16. 俞仲文，陈代芬. 物流配送技术与实务. 北京：人民交通出版社，2004.
17. 汝宜红，田源，徐杰. 配送中心规划. 北京：北方交通大学出版社，2002.
18. 丁力言，张铎. 仓储规划与计划. 北京：清华大学出版社，2002.
19. 刘昌祺. 物流配送中心设计. 北京：机械工业出版社，2001.